CONTEÚDO DIGITAL PARA ALUNOS

Cadastre-se e transforme seus estudos em uma experiência única de aprendizado:

1 Entre na página de cadastro:
www.editoradobrasil.com.br/sistemas/cadastro

2 Além dos seus dados pessoais e de sua escola, adicione ao cadastro o código do aluno, que garantirá a exclusividade do seu ingresso a plataforma.

1433775A5226141

CB015056

3 Depois, acesse: www.editoradobrasil.com.br/leb
e navegue pelos conteúdos digitais de sua coleção :D

Lembre-se de que esse código, pessoal e intransferível, é valido por um ano. Guarde-o com cuidado, pois é a única maneira de você utilizar os conteúdos da plataforma.

Editora do Brasil

SILVIA PANAZZO
- Licenciada em História pela Pontifícia Universidade Católica – SP
- Licenciada em Pedagogia pela Universidade Cidade de São Paulo
- Pós-graduada em Tecnologias na aprendizagem pelo Centro Universitário Senac
- Professora de História no Ensino Fundamental e Ensino Médio

MARIA LUÍSA VAZ
- Licenciada em História pela Universidade de São Paulo
- Mestre em História Social pela Universidade de São Paulo
- Professora de História no Ensino Fundamental, Ensino Médio e Ensino Superior

APOEMA
HISTÓRIA
8

1ª edição
São Paulo, 2018

Dados Internacionais de Catalogação na Publicação (CIP)
(Câmara Brasileira do Livro, SP, Brasil)

Panazzo, Silvia
 Apoema: história 8 / Silvia Panazzo, Maria Luísa Vaz. – 1. ed. – São Paulo: Editora do Brasil, 2018. – (Coleção apoema)

 Bibliografia.
 ISBN 978-85-10-06910-6 (aluno)
 ISBN 978-85-10-06911-3 (professor)

 1. História (Ensino fundamental) I. Vaz, Maria Luísa. II. Título. III. Série.

18-22093   CDD-372.89

Índices para catálogo sistemático:
1. História: Ensino fundamental 372.89

Maria Alice Ferreira - Bibliotecária - CRB-8/7964

© Editora do Brasil S.A., 2018
Todos os direitos reservados

Direção-geral: Vicente Tortamano Avanso

Direção editorial: Felipe Ramos Poletti
Gerência editorial: Erika Caldin
Supervisão de arte e editoração: Cida Alves
Supervisão de revisão: Dora Helena Feres
Supervisão de iconografia: Léo Burgos
Supervisão de digital: Ethel Shuña Queiroz
Supervisão de controle de processos editoriais: Marta Dias Portero
Supervisão de direitos autorais: Marilisa Bertolone Mendes

Supervisão editorial: Priscilla Cerencio
Edição: Mariana Tomadossi
Assistência editorial: Rogério Cantelli
Auxílio editorial: Felipe Adão
Apoio editorial: Camila Marques e Mariana Gazeta
Coordenação de revisão: Otacílio Palareti
Copidesque: Gisélia Costa e Sylmara Beletti
Revisão: Alexandra Resende, Andréia Andrade, Elaine Silva e Martin Gonçalves
Pesquisa iconográfica: Odete Ernestina Pereira e Priscila Ferraz
Assistência de arte: Carla Del Matto e Letícia Santos
Design gráfico: Patrícia Lino
Capa: Megalo Design
Imagem de capa: Museu do Louvre, Paris/Bridgeman Images/Easypix Brasil
Ilustrações: Alex Argozino, Fabio Nienow, Jane Kelly/Shutterstock.com (ícones seções), Tatiana Kasyanova /Shutterstock.com (textura seção Documentos em foco), Tarcísio Garbellini
Produção cartográfica: DAE (Departamento de Arte e Editoração), Jairo Souza, Sônia Vaz, Stúdio Caparroz, Tarcísio Garbellini
Coordenação de editoração eletrônica: Abdonildo José de Lima Santos
Editoração eletrônica: NPublic/Formato Comunicação
Licenciamentos de textos: Cinthya Utiyama, Jennifer Xavier, Paula Harue Tozaki e Renata Garbellini
Controle de processos editoriais: Bruna Alves, Carlos Nunes, Jefferson Galdino, Rafael Machado e Stephanie Paparella

1ª edição / 2ª impressão, 2023
Impresso na Pifferprint

Rua Conselheiro Nébias, 887
São Paulo, SP - CEP 01203-001
Fone: +55 11 3226-0211
www.editoradobrasil.com.br

APRESENTAÇÃO

Esta coleção coloca-o em contato com os saberes historicamente produzidos para que você interprete os diferentes processos históricos, bem como as relações estabelecidas entre os grupos humanos nos diferentes tempos e espaços.

Você irá se deparar com fatos relevantes da história do Brasil e do mundo, desde os primórdios aos dias atuais, para conhecer aspectos sociais, culturais, políticos, econômicos e o cotidiano dos diferentes sujeitos históricos.

O objetivo é apresentar um panorama amplo da história das sociedades para possibilitar uma interpretação dela, mesmo não sendo a única possível. A História pode sempre ser revista e reinterpretada à luz de novas descobertas e novos estudos de fontes históricas – ou seja, trata-se de um saber que está sempre em processo de construção.

Com base no conhecimento do passado e do presente, a coleção oferece subsídios para a compreensão das transformações realizadas pelas sociedades. Desse modo, você perceberá que, como sujeitos e agentes da história, todos nós podemos e devemos lutar por uma sociedade mais justa e digna, exercitando a tolerância, a pluralidade e o respeito. Pretendemos, por meio deste livro, contribuir para o processo de formação de cidadãos críticos, atuantes e preocupados com o mundo do qual fazemos parte.

As autoras

SUMÁRIO

■■■ UNIDADE 1 – Rumo à modernidade 8

Capítulo 1 – Revoluções Inglesas do século XVII ... 10
O absolutismo inglês 11
• O governo de Elizabeth I 12
Documentos em foco – Cotidiano das mulheres da nobreza na corte de Elizabeth I....12
• A instabilidade política da dinastia Stuart.......13
O governo de Jaime I............13
O conturbado governo de Carlos I............14
A Revolução Puritana 15
• A República Puritana 16
A República em crise 16
Retorno dos Stuart ao poder 17
• Oposição a Carlos II 17
• O curto reinado de Jaime II............17
A Revolução Gloriosa 18
Conviver – Bill of Rights............18
Atividades 19

Capítulo 2 – A Revolução Industrial 20
Origem do capital inglês 21
• Surgimento do proletariado 22
Documentos em foco – Consequências dos cercamentos............22
A indústria e as novas tecnologias 23
• Aumenta o ritmo de produção 24
De olho no legado – Nosso mundo emergiu da Revolução Industrial............24
Atividades 25
Caleidoscópio 26

Capítulo 3 – Novas relações sociais e de trabalho ... 28
A indústria e as novas relações sociais 29
Viver – O relógio como instrumento de dominação............30
Trabalho assalariado 31
• As reações do proletariado 32
De olho no legado – Proletários x burgueses ...32
Trabalho infantil e feminino na Revolução Industrial 33
Viver – Urbanização via industrialização............34
Atividades 35
Visualização 36
Retomar 38

■■■ UNIDADE 2 – Crise do Antigo Regime 40

Capítulo 4 – Filosofia iluminista............ 42
À luz da razão 43
Direitos naturais 44

• Comportamentos e atitudes burguesas............44
Os filósofos iluministas 45
Viver – Direitos dos brasileiros 46
• Enciclopedismo: a difusão das ideias iluministas............46
Pontos de vista – Tripartição dos poderes no Brasil............47
Liberalismo econômico 48
• Despotismo esclarecido............48
Atividades 49

Capítulo 5 – Às armas, franceses! 50
As transformações do século XVIII 51
França pré-revolucionária 52
• Os Estados-Gerais............53
• A Assembleia Nacional Constituinte 54
Em busca de igualdade 54
• A Declaração dos Direitos do Homem e do Cidadão............55
Documentos em foco – Em defesa da propriedade............55
A monarquia constitucional 56
Viver – Participação política e cidadania............57
Atividades 58

Capítulo 6 – Da República Jacobina ao Consulado............ 60
A República e o governo da Convenção 61
República Jacobina 62
• O Terror............63
De olho no legado – Uma praça com muita história............64
• O Diretório e a instabilidade política 65
Viver – A revolução na linguagem 65
O Golpe do 18 Brumário e o Consulado............66
Conviver – Estudo comparativo 66
O legado da Revolução Francesa 67
• Reflexos dos ideais franceses no Brasil............67
Atividades 68
Visualização 70
Retomar 72

■■■ UNIDADE 3 – Era Napoleônica e crise colonial 74

Capítulo 7 – O império de Napoleão............ 76
Estabilidade política............77
Napoleão se faz imperador 78
Expansão territorial............78
• Bloqueio Continental............79
• Campanha da Rússia 79
• O declínio de Napoleão 79
Conviver – A construção de um mito............80

Congresso de Viena 81
• A Santa Aliança 82
Documentos em foco – Arquitetura como documento 82
Conviver – Moda feminina no Império Napoleônico 83
O avanço liberal na Europa..84
Viver – A velha ordem mudou 85
Atividades 86

Capítulo 8 – O nascimento dos Estados Unidos 88

As Treze Colônias inglesas..89
• Guerra dos Sete Anos 89
Nova política colonial..90
Viver – Festa do Chá 91
• Reação colonial 91
• Pilares da nova nação 92
Documentos em foco – Os documentos da nova nação 92
Atividades 93

Capítulo 9 – Libertação do Haiti e da América Espanhola... 94

Reflexos da independência das Treze Colônias inglesas..95
Independência da América Espanhola 95
• Sociedade colonial 96
• Mobilizações pela independência..96
• As lutas pela independência 97
• Independência sem autonomia 97
• Projetos dos "Libertadores da América"..98
Propostas de transformação no México..98
Os franceses no Haiti 99
Movimentos populares pela independência....99
Viver – O Haiti hoje 100
Atividades 101
Visualização 102
Retomar 104

■■■ UNIDADE 4 – Rumo à independência........ 106

Capítulo 10 – Conjuração Mineira 108

Descontentamento na colônia 109
• Transformações causadas pela mineração ..109
A crise em Portugal 110
• Política tributária sobre as minas 110
Alvará de 1785 110
A organização do movimento 111
• Os planos dos rebeldes..111
• Punição aos conjurados..112
A condenação de Tiradentes..112

Documentos em foco – Jornada dos Mártires 113
Atividades 114

Capítulo 11 – Revoluções na Bahia e em Pernambuco... 116

Ideal de liberdade em Salvador 117
• Repressão do governo..117
• O movimento nas tradições orais 118
Documentos em foco – A sentença dos réus ..118
Revolução Pernambucana 119
• As propostas do movimento..119
• Desdobramentos da revolução 120
Documentos em foco – O governo revolucionário 121
Atividades 122

Capítulo 12 – D. João no Brasil 124

A partida para o Brasil..125
Novos rumos na colônia 125
• Incentivo às manufaturas..126
• Novas medidas econômicas 126
Documentos em foco – Debret e as transformações no Rio de Janeiro..127
• Obras do Período Joanino: mais despesas e impostos 127
De colônia a reino unido 128
A anexação de territórios 128
A situação de Portugal..129
• Revolução Liberal do Porto..129
Repercussões da Revolução Liberal do Porto 129
A regência de D. Pedro 130
• Rumo à emancipação 130
Atividades 131
Visualização 132
Retomar 134

■■■ UNIDADE 5 – Primeiro Reinado e Regência 136

Capítulo 13 – O governo autoritário de D. Pedro I 138

Uma independência com poucas mudanças ..139
• Reconhecimento da Independência 139
Reconhecimento dentro do Brasil: a Independência da Bahia..140
Reconhecimento fora do Brasil: África, América e Europa..141
O autoritarismo do governo D. Pedro I 142
• A Constituição outorgada em 1824..142
Documentos em foco – Exclusão e centralização outorgadas..143

A Confederação do Equador 144
• Atuação da imprensa 144
• A Confederação se organiza 145
• A repressão ao movimento 145
O fim do Primeiro Reinado 146
• A Guerra da Cisplatina chega ao fim...........146
Viver – Casamentos no Brasil imperial...........147
A crise política se aprofunda...................148
Atividades 149

**Capítulo 14 – Da Regência ao Golpe
da Maioridade.....................................150**
Um governo provisório: as regências trinas ..151
• Regência Trina Provisória 151
• Regência Trina Permanente 151
A Regência Una 152
• Origens dos partidos Liberal
e Conservador 152
Movimentos sociais na Regência 153
• Cabanagem...154
• Revolução Farroupilha 155
• Revolta dos Malês 156
• Sabinada 157
• Balaiada 157
Documentos em foco – O futuro do país
era incerto 158
Golpe da Maioridade 159
• Os desafios do jovem D. Pedro II 159
Atividades 160
Visualização 162
Retomar 164

UNIDADE 6 – Segundo Reinado 166

**Capítulo 15 – Sociedade e Política nos tempos
de Pedro II 168**
Cenário político do início do Segundo
Reinado 169
• Eleições de deputados 169
• A adoção do parlamentarismo 170
Viver – Bolsinho imperial 171
Revolução Praieira 172
• A Revolução 173
Novas forças políticas 173
Cenário econômico do Segundo Reinado.......174
Economia cafeeira 175
• A produção de café 176
Era Mauá 177
Conflitos platinos 178
• A reação paraguaia 179
• O início da guerra contra o Paraguai............179
Documentos e foco – Voluntários da Pátria 180
• A Tríplice Aliança 181

• Vitória aliada..181
• Desdobramentos da Guerra do Paraguai 182
Pontos de vista – As visões da Guerra do
Paraguai 183
A população indígena no Império 184
• A situação legal do indígena 184
• Bugreiros 185
Atividades 186

**Capítulo 16 – Abolição, imigração e
urbanização 188**
Fim do tráfico negreiro 189
• Divergências de historiadores
sobre o oeste paulista 190
A transição para o trabalho assalariado 191
• Imigração europeia 191
• O regime de parceria................................192
O processo de urbanização 193
Documentos em foco – Imigração
e urbanização..194
Campanha abolicionista 195
Conviver – Interpretar charge 196
As leis abolicionistas 197
Repercussões da abolição............................198
De olho no legado – A abolição resultou
em igualdade para a população brasileira? 199
Atividades 200
Visualização 202
Retomar 204

UNIDADE 7 – Monarquia em xeque 206

**Capítulo 17 – Forjando uma identidade
nacional 208**
O Império do Brasil: uma tentativa de Europa
nos trópicos 209
• A última moda em Paris 210
Documentos em foco – Os anúncios
nos jornais 210
O império investe na invenção do Brasil 211
Romantismo e Indianismo no Brasil 212
Viver – Identidade social 212
• Imagens e narrativas da nação 213
O uso da figura do indígena pelo Império 214
De olho no legado – Líder indígena na luta
pela identidade dos povos nativos 214
Atividades..215

**Capítulo 18 – Questão Religiosa e
Questão Militar..................................216**
A monarquia chegava ao fim 217
• Questão Religiosa....................................217
Viver – Revoltas populares no
Segundo Reinado 218

- A questão da abolição 219
Documentos em foco – Um cadáver que
não quer passar 219
- A Questão Militar...220
Pontos de vista – A participação popular........220
Atividades 221
Visualização 222
Retomar 224

■■■ **UNIDADE 8 – Liberalismos e
nacionalismos................................... 226**

Capítulo 19 – Onda de revoluções no mundo
europeu 228
A onda de revoluções....................................229
- Industrialização e urbanização.....................229
- Transformações políticas..............................229
Avanço do liberalismo na França...................230
- A Revolução de 1848 230
Documentos em foco – França, 1848 231
   Luís Bonaparte, mais um Napoleão
   no poder..231
A unificação da Alemanha............................232
- A Prússia lidera a unificação 232
A unificação da Itália....................................233
- Piemonte e Sardenha....................................233
- As guerras na Península Itálica....................234
   Estado do Vaticano 234
Atividades 235
Caleidoscópio 236

Capítulo 20 – EUA: da prosperidade
à secessão..238
Um tempo de prosperidade..........................239

- Expansão territorial.......................................239
- A conquista do Oeste....................................239
Documentos em foco – A Marcha para
o Oeste 240
A Febre do ouro..240
Sul *versus* Norte 241
- Os estados do Norte......................................241
- A eleição de Abraham Lincoln 241
- O fim da Guerra de Secessão 242
Conviver – A conquista do Oeste nas telas do
cinema 242
Atividades 243

Capítulo 21 – A Era do Imperialismo................244
Rivalidades entre as nações imperialistas 245
Imperialismo na América..............................245
- Ações imperialistas dos Estados Unidos 246
Viver – Barack Obama e a base de
Guantánamo em Cuba 246
**Imperialismo na África: a dominação
europeia**...247
- A colonização do Congo 247
Documento em Foco – Levar "civilização"
à África 247
- Estratégias de dominação e de resistência
   na África 248
- A partilha da África..248
Imperialismo na Ásia...................................249
- A guerra do Ópio..249
Atividades 250
Visualização 252
Retomar 254
Referências 256

UNIDADE 1

> **Antever**

Problemas comuns em diversas regiões do mundo atual são o desemprego e o fim dos dispositivos legais que garantiam direitos aos trabalhadores. Isso é provocado por diversos fatores, entre os quais destaca-se o uso de máquinas e sistemas informatizados, que possibilitam a redução da necessidade de mão de obra. Você acredita que há muitos desempregados em sua comunidade? Quais seriam os principais fatores que provocam essa situação?

Até o século XVIII, a produção ainda dependia da força de trabalho humana ou animal. No entanto, com o início da Revolução Industrial, surgiram as primeiras máquinas. Use seus conhecimentos para identificar três atividades que utilizam máquinas ou computadores na produção de mercadorias.

A Revolução Industrial foi uma das principais marcas do início da modernidade com as transformações políticas que provocaram o fim dos regimes absolutistas. Esta unidade analisará esses dois processos e permitirá entender a forma como a modernidade rompeu com o modo de organização social que existia até então.

Quais teriam sido os efeitos da mecanização sobre as primeiras sociedades que se industrializaram? Que situações sociais e políticas teriam favorecido a Revolução Industrial?

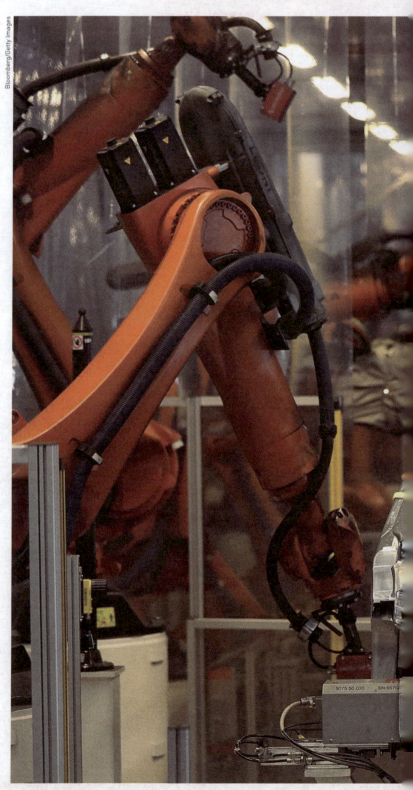

Braços robóticos operam dentro de fábrica automotiva. Emden, Alemanha, 2018.

Rumo à modernidade

CAPÍTULO 1
Revoluções Inglesas do século XVII

Frequentemente, a imprensa mundial dá destaque aos acontecimentos relacionados às atividades públicas e privadas da família real inglesa, como visitas oficiais, casamentos, nascimento dos herdeiros e morte de seus membros. Por isso, a rainha e a família real da Inglaterra são muito famosas e conhecidas no mundo inteiro.

A popularidade da família real inglesa, contudo, não se reflete em poderes políticos. Isso ocorre pelo fato de a Inglaterra ser uma monarquia parlamentarista, em que o poder político efetivo é exercido pelo Parlamento, composto de deputados eleitos pela população. Essa forma de governo foi resultado de uma longa série de transformações históricas que limitaram a autoridade dos reis e fortaleceram os poderes dos cidadãos daquele país.

As primeiras transformações que possibilitaram a formação desse tipo de monarquia datam do século XVII, quando duas revoluções acabaram com o absolutismo monárquico inglês, rompendo com o regime de governo em que a última palavra cabia somente ao rei.

Para entender o processo que culminou no fortalecimento do Parlamento em detrimento da monarquia, é preciso conhecer as particularidades do absolutismo inglês.

Autoria desconhecida. *Apresentação da Declaração de Direitos aos reis Guilherme de Orange e Maria II*, c. 1750. Gravura, 16,4 cm × 20,6 cm.

O absolutismo inglês

Assim como outras nações europeias na Idade Moderna, a Inglaterra adotava o absolutismo monárquico – seus reis controlavam a economia do país e a exploração colonial, comandavam o exército, decidiam a participação em guerras e assinavam tratados de paz. Além disso, desde 1534, quando Henrique VIII criou a Igreja Anglicana, os monarcas ingleses passaram a ser chefes religiosos, ampliando ainda mais a autoridade que tinham sobre o país.

No entanto, esses monarcas não concentravam totalmente os poderes, como era típico dos governos absolutistas; isso porque a Inglaterra obtivera grandes lucros com o comércio marítimo, fazendo com que os burgueses assumissem crescente importância na vida econômica do reino. Diante da necessidade de estabelecer uma aliança com a burguesia, em 1215 (ainda na Idade Média, quando o poder político era descentralizado e a autoridade do rei era pequena), foram criados no país a Magna Carta e o Parlamento.

A Magna Carta estabeleceu as funções do monarca e do Parlamento, que era uma assembleia primeiramente formada por membros do clero e da nobreza e, depois, também pela burguesia, com a função principal de criar impostos e elaborar leis.

Os reis da dinastia Tudor, que governaram a Inglaterra entre 1485 e 1603, impuseram o absolutismo naquele país e souberam conciliar seus interesses aos do Parlamento. Eles pretendiam continuar governando, mas se mostravam dispostos a ceder espaço no poder à burguesia, que, com seus negócios, enriquecia o país.

Ampliar

Hamlet, de William Shakespeare (Scipione). Livro que narra uma sucessão de acontecimentos que envolvem o assassinato de um rei, pai de Hamlet, que culmina num final trágico.

Lucas de Heere. *A família de Henrique VIII – alegoria da sucessão Tudor*, c. 1572. Óleo sobre painel, 1,31 m × 1,84 m.

O governo de Elizabeth I

A rainha Elizabeth I, sucessora de Henrique VIII (ambos da família Tudor), foi a principal monarca absolutista inglesa. Em seu governo (1558 a 1603), fortaleceu o anglicanismo e estimulou o crescimento econômico do país por meio das manufaturas têxteis, de atividades comerciais e agrícolas e de ataques às embarcações espanholas que transportavam metais preciosos.

Elizabeth I permitiu os **cercamentos**; interessados em obter lucros com a venda de lã para as manufaturas têxteis, os novos donos de terras utilizaram-nas para a criação de ovelhas, atividade que exigia menos trabalhadores do que a agricultura. Dessa forma, os cercamentos provocaram o desemprego no campo e, como consequência, o **êxodo rural**.

> **Glossário**
> **Cercamento:** Processo no qual as terras do Estado, até então cultivadas coletivamente por camponeses, foram cercadas e transformadas em propriedades privadas de nobres e burgueses.
> **Êxodo rural:** Grande migração de pessoas do campo para a cidade em busca de melhores condições de vida.

A permanência dos Tudor no poder chegou ao fim com a morte de Elizabeth I, que não tinha herdeiros. O sucessor foi seu primo, Jaime Stuart, que já era rei da Escócia e acumulou também o trono da Inglaterra, recebendo o título de Jaime I.

Autoria desconhecida. *Retrato de Elizabeth I da Inglaterra*, 1588. Óleo sobre madeira, 1,1 m × 1,27m.

Os reis Elizabeth I e Henrique VIII foram os principais representantes do absolutismo monárquico inglês.

zoom O que podem representar a coroa, os navios e o globo terrestre presentes no retrato?

Documentos em foco

Cotidiano das mulheres da nobreza na corte de Elizabeth I

As mulheres inglesas [da nobreza] estavam completamente sob o poder dos maridos, que, no entanto, não tinham sobre elas direito de morte.

[...] Não tinham de viver fechadas em casa. Eram mais livres do que em qualquer outro país; envergavam fatos [roupas] extremamente belos e dedicavam a maior atenção às suas golas e ao tecido dos vestidos. Muitas delas, para ir à rua, cobriam-se de veludo, não tendo em casa um bocado de pão seco para comer. [...] Entretinham-se a passear, a montar a cavalo, a jogar as cartas e a fazer visitas às amigas, a conversar com os vizinhos, a assistir aos nascimentos, batizados e funerais, e tudo isto com licença dos maridos. [...] Entre as pessoas da mesma condição [social], o beijo era uma forma de saudação muito frequente. Mesmo nas estalagens, a patroa e toda sua família recebiam os clientes com um beijo. Beijar era uma forma de saudação tão corrente como o aperto de mão nas outras nações.

Léon Lemonnier. *A vida quotidiana em Inglaterra no tempo de Isabel I*. Lisboa: Livros do Brasil. p. 188; 202-203.

1 Que conhecimentos sobre a condição das mulheres da nobreza na Inglaterra de Elizabeth I podemos obter com base no texto?

2 De acordo com o autor, na Inglaterra, muitas mulheres da nobreza "para ir à rua cobriam-se de veludo, não tendo em casa um bocado de pão seco para comer". O que esse trecho indica sobre a condição social da nobreza na Inglaterra durante o reinado de Elizabeth I?

A instabilidade política da dinastia Stuart

Jaime I e os demais monarcas da dinastia Stuart que o sucederam no trono inglês – Carlos I, Carlos II e Jaime II – enfrentaram o descontentamento da população, que os considerava estrangeiros.

Foram reis absolutistas e provocaram constantes conflitos com o Parlamento, gerando uma ampla **instabilidade política** no país. Além disso, governaram ao mesmo tempo Inglaterra, Escócia e Irlanda (na época, sob domínio inglês), o que dificultou as relações entre as forças políticas dessas três regiões.

> **Glossário**
>
> **Instabilidade política:** falta de estabilidade nas ações de um governo, que não consegue manter equilíbrio entre os diversos interesses das camadas que compõem uma sociedade.

O governo de Jaime I

O reinado de Jaime I (1603-1625) foi marcado por revoltas na Irlanda e por intensas perseguições religiosas a católicos e puritanos, que não aceitavam o anglicanismo como religião oficial. Precisando de recursos financeiros para equipar seu exército, o rei criou impostos e aumentou os já existentes.

O Parlamento, que não fora consultado sobre a questão dos impostos, reagiu e acusou Jaime I de desrespeitar a Magna Carta. Em resposta, ele fechou o Parlamento durante sete anos (de 1614 a 1621) e manteve a cobrança dos impostos que havia criado.

Muitos dos que se opunham a esse governo impopular fugiram para as colônias inglesas na América do Norte, contribuindo para amenizar a tensão social e política do período.

Paul van Somer. *Jaime I*, c.1620. Óleo sobre tela, 2,27 m × 1,49 m.

John Gilbert. *Guy Fawkes em frente ao Rei James*, 1869-1870. Aquarela sobre papel, 52 cm × 90 cm.

Em 1605, o governo inglês descobriu um atentado planejado para matar o rei e impediu-o, conseguindo prender e executar os principais líderes envolvidos no caso. O episódio, conhecido por Conspiração da Pólvora, revelou as tensões entre católicos e protestantes no reinado de Jaime I, pois líderes católicos tramaram explodir o Parlamento com barris de pólvora quando Jaime I abrisse a sessão de 5 de novembro.

O conturbado governo de Carlos I

O filho e sucessor de Jaime I, Carlos I, agravou a crise que já existia. Inicialmente, aproximou-se do Parlamento, assinando em 1628 o documento Bill of Rights (Declaração de Direitos), pelo qual se comprometia a respeitar a função parlamentar de criar ou aumentar impostos. No entanto, rompeu o compromisso no ano seguinte, quando fechou o Parlamento numa atitude tipicamente absolutista.

Insistindo em sua postura autoritária, Carlos I impôs a religião anglicana na Escócia, perseguindo os calvinistas daquele país. Após protestos e lutas, os escoceses invadiram Londres.

Temeroso da reação popular e necessitando de apoio, o monarca reabriu o Parlamento em 1640. Após onze anos sem exercer suas funções, o Parlamento aproveitou para elaborar leis que limitavam o poder real. Dias depois, irritado com essas medidas, que ele considerava ser uma reação desobediente, Carlos I fechou-o novamente.

No entanto, os escoceses continuavam a desafiar a Coroa. Disposto a equipar melhor o exército e a acabar com a rebelião, no final daquele ano o monarca convocou novamente o Parlamento para dividir com ele a responsabilidade de elevar os impostos. A arrecadação foi aumentada, e o governo pôde organizar melhor suas tropas e derrotar os rebeldes.

Os parlamentares, por sua vez, determinaram que se reuniriam a cada três anos, independentemente da vontade do rei; exigiram o cumprimento do Bill of Rights e o controle sobre assuntos e conflitos religiosos. Na mesma ocasião, condenaram à morte o lorde Strafford, assessor do rei, encarregado de cobrar os impostos, e prenderam o arcebispo William Laud, homem de confiança de Carlos I, responsável pelos assuntos da Igreja Anglicana.

O momento era delicado: crescia a insatisfação popular com o governo; parte dos parlamentares se opunha cada vez mais ao absolutismo, e, no final de 1641, os católicos irlandeses revoltaram-se contra o domínio inglês.

Ampliar

Bill of Rights (Declaração de Direitos)

www.dhnet.org.br/direitos/anthist/decbill.htm

Documento de 1689, traduzido na íntegra.

ZOOM Em que medida as questões religiosas agravaram as tensões políticas do governo de Carlos I?

Wenzel Hollar. *Representação de uma sessão do Parlamento inglês na sentença do Conde de Stafforce*, 1641. Gravura, 25 cm × 27 cm.

A Revolução Puritana

Nesse cenário de crise, Carlos I invadiu o Parlamento para reassumir o controle total da situação. Dessa vez, a população de Londres reagiu e uniu-se aos parlamentares da oposição, iniciando em 1642 uma guerra civil denominada Revolução Puritana.

No conflito opuseram-se diversas camadas sociais com interesses próprios: grandes e pequenos proprietários rurais, grandes e pequenos mercadores, camponeses e artesãos. Alguns defendiam o rei, outros desejavam que ele respeitasse o Parlamento, e outros, ainda, queriam o fim da monarquia no país e a adoção do regime republicano.

Apesar das divergências de interesses, formaram-se dois grupos principais: o que apoiava a monarquia porque pretendia manter seus privilégios (na maioria, nobres e latifundiários seguidores do anglicanismo e do catolicismo) e o que lutava contra o rei (em sua maioria, pequenos proprietários de terra, camponeses e comerciantes seguidores do puritanismo).

Os aliados do rei organizaram o exército dos cavaleiros e seus opositores organizaram o exército dos cabeças-redondas (que receberam esse nome por não usarem as perucas típicas da nobreza).

Foram sete anos de intensos combates, vencidos ora pelos cavaleiros, ora pelos cabeças-redondas. Na tentativa de derrotar seus opositores, Carlos I fugiu para a Escócia em busca de apoio. Lá, no entanto, foi preso, e os escoceses somente o libertaram mediante o pagamento de um resgate de 40 mil libras. Novas batalhas ocorreram até a vitória definitiva dos cabeças-redondas, em 1649. Carlos I foi capturado e decapitado; sua morte teve um papel simbólico muito forte, já que pela primeira vez um rei europeu era executado por seu povo. Esse acontecimento marcou o fim do absolutismo inglês.

O parlamentar Oliver Cromwell, puritano e pequeno proprietário de terra que pertencia à nobreza, destacara-se como principal líder dos cabeças-redondas e, apoiado por grande parte do Parlamento, instaurou na Inglaterra o regime republicano.

Guerras civis britânicas – século XVII

Área controlada pela monarquia – 1643
Área controlada pelo Parlamento – 1643
Campanhas da monarquia
Campanhas do Parlamento
Área controlada pela monarquia – 1645
Área controlada pelo Parlamento – 1645
Batalhas

© DAE/Tarcísio Garbellini

Fonte: *History of the world map by map*. Londres: Dorling Kindersley, 2018. p. 170-171.

A República Puritana

À frente do governo republicano, Oliver Cromwell enfrentou a resistência da Irlanda e da Escócia ao novo regime: esses países reconheceram como sucessor de Carlos I seu filho, Carlos II. Contando com aproximadamente 12 mil homens, o exército inglês derrotou os irlandeses e, seguindo ordens de Cromwell, executou os líderes e **confiscou** suas terras, doadas posteriormente aos puritanos. A tropa enviada à Escócia foi ainda maior: 16 mil ingleses lutaram por mais de um ano até vencer os soldados de Carlos II.

Em 1651, Cromwell criou o **Ato de Navegação**, também aprovado pelo Parlamento. O documento estabelecia que as mercadorias importadas deviam chegar à Inglaterra e às suas colônias somente em embarcações inglesas. O objetivo era favorecer os mercadores ingleses diante da concorrência dos holandeses – até então, principais responsáveis pelo transporte marítimo e comércio internacional. Em resposta, a Holanda declarou guerra à Inglaterra.

Os britânicos venceram a guerra, o que permitiu ampliar os investimentos na construção naval e promover o desenvolvimento do comércio marítimo e o enriquecimento da burguesia.

A República em crise

A vitória na guerra aumentou a influência dos comandantes militares sobre as decisões políticas. O Parlamento, no entanto, chocava-se com esse crescente poder. Na tentativa de equilibrar forças, Cromwell ora prestigiava os militares, ora o Parlamento.

Durante nove anos de governo (de 1649 a 1658), ele fechou o Parlamento e convocou-o apenas em momentos específicos, agindo da mesma maneira que Carlos I, que tanto combatera. Com o apoio do exército, Cromwell foi nomeado Lorde Protetor da Inglaterra, título **vitalício** e hereditário que lhe deu poderes semelhantes aos de um monarca.

Em 1658, após a morte de Cromwell, seu filho Richard tornou-se o novo Lorde Protetor. Porém, sem a mesma habilidade política do pai e com poucos aliados, no mesmo ano foi afastado do governo.

Seguiu-se então um período de disputas pelo poder entre os comandantes militares.

Glossário

Confisco: ato de tomar posse de algo, em geral praticado pelo Estado.
Vitalício: o que dura a vida inteira.

Cromwell é representado como aquele que enriqueceu a Inglaterra depois do Ato de Navegação.

Robert Walker. *Oliver Cromwell*, c. 1649. Óleo sobre tela, 1,25 m × 1 m.

Retorno dos Stuart ao poder

Após dois anos de instabilidade política, o Parlamento apoiou a volta da monarquia, coroando Carlos II como rei da Inglaterra e iniciando o período conhecido por Restauração.

Oposição a Carlos II

Em seu reinado, de 1660 a 1685, Carlos II demonstrou pretensões absolutistas, fechando o Parlamento em algumas oportunidades, ordenando perseguições religiosas e prisões arbitrárias. Assim, os choques com os deputados recomeçaram.

O novo governo fortaleceu as relações externas com a França, o que gerou desconfiança por parte da população inglesa – a França, na época, era um país absolutista, cujo rei católico (Luís XIV, conhecido como o "rei Sol") justificava seu amplo poder atribuindo-o à vontade de Deus.

Hieronymus Janssens. *Carlos II dançando em baile na corte*, c. 1660. Óleo sobre tela, 1,6 m × 2,1 m.

A maioria dos parlamentares era formada por anglicanos e puritanos. Sabendo que Carlos II não tinha herdeiros e que o futuro sucessor (seu irmão, Jaime Stuart) era católico, o Parlamento pressionou o rei a assinar a Lei da Exclusão em 1679, proibindo católicos de assumir cargos públicos. No mesmo ano, votou a lei do *habeas corpus*, pela qual nenhum cidadão poderia permanecer na prisão por mais de 24 horas sem ter sido julgado e condenado.

O curto reinado de Jaime II

Com a morte de Carlos II, em 1685, as tensões políticas se agravaram: Jaime Stuart assumiu o trono com o título de Jaime II e, assim, o caráter hereditário da monarquia prevaleceu sobre a Lei da Exclusão, ficando o governo da Inglaterra nas mãos de um católico.

O reinado de Jaime II durou apenas três anos. O Parlamento tramou sua queda oferecendo o trono à sua filha, Maria Stuart, casada com Guilherme de Orange, príncipe holandês – ambos protestantes.

Lutando contra um exército de 14 mil homens, Jaime II foi deposto e, isolado politicamente, exilou-se na França. Ele ainda tentou manter seu poder sobre a Escócia e a Irlanda. No entanto, foi totalmente derrotado em 1689.

> O reinado do católico Jaime II ameaçou a permanência do anglicanismo como religião oficial da Inglaterra. No entanto, foi breve, e sua queda representou a vitória do Parlamento sobre o absolutismo.

Autoria desconhecida. *Rei Jaime II*, c. 1690. Óleo sobre tela, 120 cm × 98,4 cm.

A Revolução Gloriosa

O golpe contra Jaime II é chamado de Revolução Gloriosa. Com ela, concretizou-se um antigo objetivo da sociedade inglesa: colocar fim à dinastia Stuart e ao absolutismo. Comprometidos com o Parlamento, Guilherme e Maria juraram obediência ao Bill of Rights, reafirmando o poder do Parlamento.

A Revolução Gloriosa fortaleceu a burguesia inglesa, que tinha expressiva representatividade no Parlamento. Dessa forma, além do poder econômico, ela passou a ter poder político, tomando decisões que favoreciam seus interesses.

Aos poucos, outros países europeus também passaram a questionar o absolutismo, a exigir leis que limitassem o poder real e a buscar formas de organização menos autoritárias para seus governos.

Chegada de Guilherme de Orange na Inglaterra, em novembro de 1688. Ilustração retirada de The Worlds History, a Survey of Mans Record, 1903.

Conviver

Bill of Rights

Leia a seguir alguns fragmentos do Bill of Rights:

> Os Lords espirituais e temporais e os Comuns, hoje [22 de janeiro de 1689] reunidos [...] declaram [...] para assegurar os seus antigos direitos e liberdades:
> [...] Que o pretenso direito da autoridade real de suspender as leis ou a sua execução [...] é ilegal;
> [...] Que qualquer levantamento de dinheiro para a Coroa ou para seu uso [...] sem o consentimento do Parlamento [...] é ilegal; [...]
> Que o recrutamento e a manutenção de um exército no reino, em tempo de paz, sem o consentimento do Parlamento, é ilegal; [...]
> Que as eleições dos membros do Parlamento devem ser livres; [...]
> Que a liberdade de palavra ou a das discussões ou processos no Parlamento não podem ser impedidas ou discutidas em qualquer tribunal ou lugar que não seja o próprio Parlamento; [...] Que, [...] para a alteração, ratificação e observação das leis, o Parlamento deve ser frequentemente reunido [...].
> Tendo sido particularmente encorajados, pela declaração de Sua Alteza o Príncipe de Orange, a fazer esta reclamação dos seus direitos, considerada como o meio de obter o seu completo reconhecimento e garantia [...].
>
> Gustavo Freitas. *900 textos e documentos de História.* Lisboa: Plátano, [s.d.]. v. II. p. 206-207.

A partir da leitura do documento, reúna-se em grupo e realizem o seguinte roteiro de atividades.

1. Expliquem por que o Bill of Rights representou a obediência da Coroa ao Parlamento inglês.

2. Assim como o Bill of Rights limitou os poderes dos reis ingleses, em nosso país existe uma Constituição. Pesquisem algumas das principais características dela e quais são as principais funções de nossos governantes no presente. Para finalizar, apresentem suas descobertas aos colegas em sala de aula.

1. Leia, a seguir, o texto que analisa a história da monarquia absolutista inglesa.

> Durante a Idade Média, a monarquia feudal da Inglaterra foi, de modo geral, muito mais poderosa que a da França. [...] Foi precisamente a força da monarquia medieval inglesa que permitiu as suas ambiciosas aventuras territoriais no continente, em detrimento da França. A Guerra dos Cem Anos, ao longo da qual sucessivos reis ingleses, ao lado de sua aristocracia, tentaram conquistar e subjugar vastas áreas da França, atravessando uma arriscada barreira marítima, representou um feito militar sem similares na Idade Média: sinal agressivo da superioridade organizacional do Estado insular. Contudo, a mais forte monarquia medieval do Ocidente foi justamente aquela que produziu o absolutismo mais fraco e de menor duração. Enquanto a França se tornava a terra natal do mais formidável Estado absolutista da Europa ocidental, a Inglaterra experimentava uma variante de governo absolutista particularmente acanhada, em todos os sentidos.
>
> Perry Anderson. *Linhagens do Estado absolutista*. São Paulo: Brasiliense, 2004. p. 112.

a) De acordo com o texto, qual a transformação que ocorreu no Estado inglês entre a Idade Média e o período absolutista?
b) Quais foram as particularidades do absolutismo inglês?
c) Caracterize o reinado de Elizabeth I.
d) Durante os governos da dinastia Stuart, a Inglaterra enfrentou períodos de instabilidade política. Que situações provocaram essa instabilidade?

2. O historiador inglês Christopher Hill assim descreve o desfecho da Revolução Puritana:

> Depois de um julgamento sumário, o rei foi executado em 30 de janeiro de 1649, como "inimigo público do bom povo desta nação". A monarquia foi declarada "desnecessária, opressiva e perigosa para a liberdade, segurança e interesse público do povo" e foi abolida.
>
> Christopher Hill. *A Revolução Inglesa de 1640*. Lisboa: Presença, 1977. p. 96-97.

- Com base no estudo sobre a situação política que culminou com a Revolução Puritana, comente as razões de os revolucionários ingleses declararem Carlos I como "inimigo público" e a monarquia como "perigosa para a liberdade, segurança e interesse público do povo".

3. A Inglaterra passou por importantes transformações econômicas no século XVII. Dois acontecimentos que tiveram grande impacto na forma como a economia inglesa estava organizada foram os cercamentos e o Ato de Navegação. Explique o que foram esses acontecimentos e destaque de que modo eles afetaram a economia inglesa.

4. É possível dividir as Revoluções Inglesas em diversas etapas. Crie uma linha do tempo organizando as principais etapas desse processo e, em seguida, elabore um texto explicando brevemente as informações da linha do tempo.

5. Leia a seguinte análise sobre os rumos finais da Revolução Puritana:

> Era o Parlamento, em sua maioria, partidário da reposição do Rei ao trono, mediante compromisso de sua parte. Todavia, aproveitando-se das dissensões internas, Cromwell reuniu em torno de si uma minoria de puritanos extremados, conhecidos como "independentes" e recorreu a uma solução de força [...]. Cento e cinquenta e três parlamentares foram expurgados e os cinquenta e poucos remanescentes, todos homens de confiança de Cromwell, atribuíram-se poderes legislativos.
>
> E. D. Botelho. Teoria da Divisão dos Poderes: antecedentes históricos e principais aspectos. *Revista da Faculdade de Direito da Universidade de São Paulo*. v. 102. jan./dez. 2007. p. 29.

- Comente as divergências no Parlamento inglês a respeito do desfecho da Revolução Puritana.

CAPÍTULO 2
A Revolução Industrial

O mundo contemporâneo tem discutido os possíveis impactos que os avanços na criação da inteligência artificial terão sobre o mundo do trabalho nas próximas décadas. Muitos estudiosos apontam para a tendência de que a revolução tecnológica que está em curso (e que deve acentuar-se no futuro) diminuirá fortemente a oferta de empregos, obrigando as sociedades a se reestruturarem para uma realidade totalmente nova.

Pouco mais de duzentos anos atrás, teve início na Inglaterra o processo de produção industrial que, naquele contexto, também representou um conjunto de profundas transformações socioeconômicas.

Até o século XVIII, toda mercadoria produzida pelas sociedades humanas (a produção agrícola, a criação de roupas e ferramentas, a exploração de minérios) dependia da força de pessoas que executavam o trabalho necessário para produzi-las.

Desde então, um conjunto de transformações sociais, econômicas e políticas possibilitaram o surgimento das primeiras máquinas que utilizavam combustíveis para alimentar suas engrenagens e produzir mercadorias diversas. Esse processo, conhecido como Revolução Industrial, afetou a estrutura das sociedades humanas e tem reflexos na forma como nosso mundo se organiza no presente.

Anônimo. *Operários de fábrica inglesa de tecidos de algodão*, c. 1834. Gravura.

Origem do capital inglês

A Revolução Industrial ocorreu na Inglaterra e consolidou o sistema capitalista no mundo. Diversos fatores contribuíram para o **pioneirismo** inglês nesse processo, e sobretudo para a acumulação de capitais ocorrida entre os séculos XVI e XVIII.

Um desses fatores está relacionado ao ataque de **corsários** ingleses aos navios espanhóis que saíam da América carregados de metais preciosos. A Coroa britânica estimulava essas verdadeiras ações de pirataria como uma forma de acumular riquezas.

A assinatura do Ato de Navegação, em 1651, representou outro passo importante na acumulação de capitais: os navios estrangeiros estavam proibidos de transportar para os portos ingleses quaisquer produtos que não fossem originários de seus próprios países. Pelo Ato de Navegação, as embarcações inglesas passavam a monopolizar o transporte das mercadorias vindas de suas colônias.

Com essas medidas, a Inglaterra conseguia praticamente eliminar a Holanda – sua principal concorrente – do comércio internacional da época.

A assinatura do Tratado de Methuen (também conhecido por Tratado dos Panos e Vinhos) com Portugal, em 1703, também contribuiu para a acumulação de capitais por parte da Inglaterra. De acordo com esse tratado, os ingleses se comprometiam a importar vinhos de Portugal, que, em troca, importava tecidos da Inglaterra. Essa relação comercial gerava déficit na balança comercial de Portugal e superávit na balança comercial da Inglaterra, que investiu os lucros na industrialização.

Outros fatores que geraram capitais foram a exploração colonial, a produção de manufaturados e as práticas protecionistas inglesas, como a cobrança de **impostos alfandegários** sobre produtos importados.

Além de acumular capitais, a burguesia inglesa havia conquistado poder político após a Revolução Gloriosa, o que lhe garantiu participação no Parlamento. Para atingir seus objetivos, os burgueses defendiam o liberalismo econômico, um conjunto de práticas que estimulavam a livre concorrência, o livre-cambismo (ausência de impostos sobre os produtos importados) e a não interferência do Estado na economia.

W. Pritchard. Retrato de Henry Avery. Gravura.

> **Glossário**
>
> **Corsário:** pirata que persegue e saqueia outros navios.
> **Imposto alfandegário:** taxas cobradas pelos governos sobre produtos importados e exportados.
> **Pioneirismo:** qualidade de se antecipar, de abrir caminho a outros.

> **Ampliar**
>
> **O grande livro de história de piratas e corsários,** de Joan Vinyoli e Albert Vinyoli (Ciranda Cultural).
>
> Livro de ficção baseado em histórias reais de piratas.
>
> **Piratas!,** de Celia Rees (Companhia das Letras).
>
> A história de duas amigas que são forçadas pelas circunstâncias a fazer parte da tripulação de um navio pirata no século XVIII.

Surgimento do proletariado

A partir do século XVII, em razão de uma série de decisões do Parlamento, os campos ingleses passaram por um processo de cercamentos: as terras do Estado (ou as antigas terras comunais), até então cultivadas coletivamente por camponeses e pequenos proprietários, foram apropriadas por membros da nobreza e da burguesia.

Interessados em obter lucros com a venda de lã para as manufaturas têxteis, Elizabeth I permitiu os cercamentos. Isso provocou o desemprego no campo e, como consequência, o êxodo rural.

As pessoas desempregadas enfrentavam duras condições de vida e leis que recomendavam severas punições às que fossem apanhadas mendigando pelas estradas, acusadas de vadiagem: deveriam ser marcadas com ferro em brasa ou chicoteadas.

Com a crescente industrialização durante o século XVIII, parte daqueles desempregados foi absorvida como mão de obra assalariada nas fábricas. Nas cidades, esses trabalhadores aos poucos constituíram uma nova camada social – o proletariado –, submetida à exploração da burguesia industrial (camada que detinha o capital, as máquinas e as matérias-primas).

Gustave Doré. *Adormecidos sob as estrelas*, 1872. Gravura em madeira.

ZOOM: A cena representada na gravura de Doré reflete uma situação socioeconômica totalmente superada atualmente? Por quê?

Pode-se observar um grupo de pessoas desabrigadas dormindo em uma ponte, em Londres, centro urbano da época da Revolução Industrial. Os trabalhadores chegavam das áreas rurais com toda a família e pertences e, diante das restritas possibilidades de emprego nas fábricas, enfrentavam fome, miséria e frio.

Documentos em foco

Consequências dos cercamentos

O filósofo alemão Karl Marx, na obra *O capital*, assim descreveu as consequências sociais dos cercamentos na Inglaterra:

> [...] o povo agrícola, primeiro [era] expropriado da terra à força, expulso das suas casas, lançado para a vagabundagem, e depois chicoteado, marcado com ferros, torturado por leis grotescamente terríveis, até estar disciplinado para o sistema do trabalho assalariado.

Karl Marx. O capital apud Christopher Hill.
A Revolução Inglesa de 1640. Lisboa: Presença, 1977. p. 40.

1. Qual teria sido a intenção do autor do documento ao afirmar que, após os cercamentos, os camponeses ficariam "disciplinados" para o trabalho assalariado?

2. Com base na leitura do texto é possível afirmar que Karl Marx via o trabalho assalariado de forma positiva? Justifique sua resposta.

A indústria e as novas tecnologias

Desde o século XV, com o renascimento cultural, a burguesia europeia passou a valorizar a capacidade criadora e transformadora do ser humano. No século XVIII, reafirmaram-se alguns pensamentos filosóficos, como o racionalismo e o cientificismo. Nas universidades europeias, além dos conhecimentos há muito tempo ensinados (por exemplo, Matemática e Filosofia), passou-se também a ensinar Física e Química. Essas novas ciências e os estudos científicos contribuíram para o desenvolvimento de inovações tecnológicas, aplicadas na fundição de metais, na geração de energia, no tingimento de lã e algodão, na fabricação de cerâmica e na mecanização do trabalho.

A burguesia inglesa, detentora de sólido poder econômico e político, desejava ampliar seus lucros e as atividades produtivas. Para isso, pretendia colocar a ciência a serviço de seus interesses, buscando aplicações práticas para as descobertas científicas – isto é, as novas técnicas deveriam proporcionar o aumento da produção.

Fonte: Georges Duby. *Atlas histórico mundial*. Paris: Larousse, 2007. p. 230.

zoom Observe o mapa e identifique um elemento geográfico importante para o comércio dos produtos industrializados ingleses.

Ampliar

Revolução Industrial

www.dmm.im.ufrj.br/projeto/diversos/exp71.html

Texto que apresenta as principais máquinas criadas a partir do século XVIII.

23

Aumenta o ritmo de produção

Os inventos mais significativos no contexto da Revolução Industrial foram a máquina de fiar e a máquina a vapor. A máquina de fiar, aperfeiçoada progressivamente na segunda metade do século XVIII, impulsionou o desenvolvimento da indústria têxtil. A máquina a vapor, baseada na utilização de vapor de água obtido com a queima de carvão, foi progressivamente aperfeiçoada e utilizada na mineração (nas bombas de sucção de água das minas), na metalurgia (na fundição de metais) e no transporte (na movimentação das locomotivas).

Durante a Revolução Industrial, a tendência de substituição de energia humana por energia mecânica foi cada vez mais marcante, acelerando o ritmo de produção.

Máquina de fiar hidráulica, construída em 1764. Ela permitia que uma pessoa girasse várias linhas de uma só vez.

De olho no legado

Nosso mundo emergiu da Revolução Industrial

O mundo que conhecemos hoje é filho da Revolução Industrial. Ela abre um período da história humana em que, pela primeira vez, os limites para a produção de riquezas pelos homens foram implodidos e nunca mais deixaram de ser superados e expandidos. Pode-se dizer, sem medo de exagero, que ela virou o mundo de ponta-cabeça, fazendo com que hoje pensemos, vivamos, trabalhemos e produzamos de uma forma que está relacionada, direta ou indiretamente, à Revolução Industrial.

Longe de afetar somente a estrutura produtiva da sociedade europeia (e posteriormente global), essa transformação afeta sua alma. Dela emerge um tipo distinto de sociedade (e, talvez, também de homens ou, melhor dizendo, da forma de os homens estarem no mundo): a sociedade capitalista, aquela cuja razão de ser é a produção em massa de mercadoria. Nesse novo tipo de sociedade, o crescimento contínuo e ininterrupto, ao mesmo tempo uma propriedade e uma esperança vã do capitalismo, torna-se seu elemento definidor. Mesmo não o tendo inventado, a Revolução Industrial generaliza o capitalismo.

Mas os contemporâneos das mudanças que começaram a se dar na Europa na segunda metade do século XVIII não tiveram essa percepção, por se tratar de um daqueles tipos de fenômeno social que só podem ser percebidos em uma larga escala de tempo, por ser um processo lento, ainda que firme. [...]

Se por um lado, hoje conseguimos ver sem dificuldade que, entre os séculos XVIII e XIX, coisas aconteceram que resultaram em um salto jamais visto na capacidade humana de produção de riquezas, por outro, não podemos ainda prever seu fim. [...]

Luís Edmundo Moraes. *História contemporânea: da Revolução Francesa à Primeira Guerra Mundial.* São Paulo: Contexto, 2017. p. 47-48.

1. Na sua opinião, que elementos justificam a afirmativa: "O mundo que conhecemos hoje é filho da Revolução Industrial"?

2. Discuta com os colegas em que medida a Revolução Industrial abriu caminho para a sociedade de consumo, estimulada pela crescente propaganda de produtos.

Atividades

1 Observe as imagens e faça o que se pede.

George Walker. *Mineiro inglês e transporte de minério de carvão.* Gravura colorizada.

Autoria desconhecida. *Máquina a vapor na agricultura,* 1890. Xilogravura colorizada posteriormente.

a) Observe que a chaminé é um elemento visual bastante presente nas representações sobre a Revolução Industrial. Por quê?

b) As imagens evidenciam uma importante relação entre o processo de mecanização e a transformação do meio ambiente. Explique qual é essa relação e identifique isso nas imagens.

2 A Revolução Industrial foi um marco para as maneiras das sociedades produzirem e viverem, por ser um processo de transformações não apenas técnicas mas também sociais, econômicas, políticas e culturais.

a) Que razões explicam a Inglaterra ser o país pioneiro na Revolução Industrial?

b) Relacione o processo de cercamentos e a formação do proletariado inglês.

3 Leia o texto a seguir e faça o que se pede.

O que significa a frase "a revolução industrial explodiu"? Significa que a certa altura da década de 1780, e pela primeira vez na história da humanidade, foram retirados os grilhões do poder produtivo das sociedades humanas, que daí em diante se tornaram capazes da multiplicação rápida, constante, e até o presente ilimitada, de homens, mercadorias e serviços [...]. Nenhuma sociedade anterior tinha sido capaz de transpor o teto que uma estrutura social pré-industrial, uma tecnologia e uma ciência deficientes, e consequentemente o colapso, a fome e a morte periódicas, impunham à produção.

Eric Hobsbawn. *A Era das Revoluções.*
Rio de Janeiro: Paz e Terra, 1977. p. 44.

a) O que mudou com a Revolução Industrial, no modo como as sociedades humanas estavam organizadas?

b) Que obstáculos impediam o aumento da produção nas sociedades pré-industriais?

4 O texto a seguir é um fragmento do Tratado de Methuen. Leia atentamente o texto e, em seguida, responda ao que se pede.

Art. I. Sua Sagrada Majestade El-Rei de Portugal promete tanto em Seu próprio Nome, como no de Seus Sucessores, de admitir para sempre daqui em diante no Reino de Portugal, os panos de lã, e mais fábricas de lanifício de Inglaterra, como era costume até o tempo que foram proibidos pelas leis, não obstante qualquer condição em contrário.

Art. II. É estipulado que Sua Sagrada e Real Majestade Britânica, em Seu próprio Nome, e no de Seus Sucessores, será obrigada para sempre, daqui em diante, de admitir na Grã Bretanha os vinhos do produto de Portugal, de sorte que em tempo algum (haja Paz ou Guerra entre os Reinos de Inglaterra e de França) não se poderá exigir de direitos de alfândega nestes vinhos, ou debaixo de qualquer outro título, direta ou indiretamente, ou sejam transportados para Inglaterra em pipas, tonéis, ou qualquer outra vasilha que seja; mais que o que se costuma pedir para igual quantidade, ou de medida de vinho de França, diminuindo ou abatendo uma terça parte do direito de costume. Porém, se em qualquer tempo esta dedução, ou abatimento de direitos, que será feito, como acima é declarado, for por algum modo infringido e prejudicado, Sua Sagrada Majestade Portuguesa poderá, justa e legitimamente, proibir de lã, e todas as mais fábricas de lanifício de Inglaterra.

Felipe de Alvarenga Batista. *Os Tratados de Methuen de 1703: guerra, portos, panos e vinhos.* Rio de Janeiro: UFRJ. . 2014. p. 3

a) No que consistia o Tratado de Methuen?

b) Qual foi o papel dele nas transformações econômicas inglesas da primeira metade do século XVIII?

25

Caleidoscópio

O meio ambiente muda

Durante bilhões de anos, a Terra transformou-se em decorrência de inúmeros fenômenos naturais e conheceu cinco eras geológicas. A origem da espécie humana ocorreu no último período da Era Cenozoica, chamado de Quaternário.

Durante a Pré-História, os hominídeos povoaram o planeta e, ao longo do Período Paleolítico, ou Idade da Pedra Lascada, fizeram utensílios primitivos para poder sobreviver. No entanto, uma invenção desenvolvida há apenas 12 mil anos mudou tudo: a agricultura, que possibilitou a uma única espécie dominar o planeta e, com suas atividades, mudá-lo profundamente.

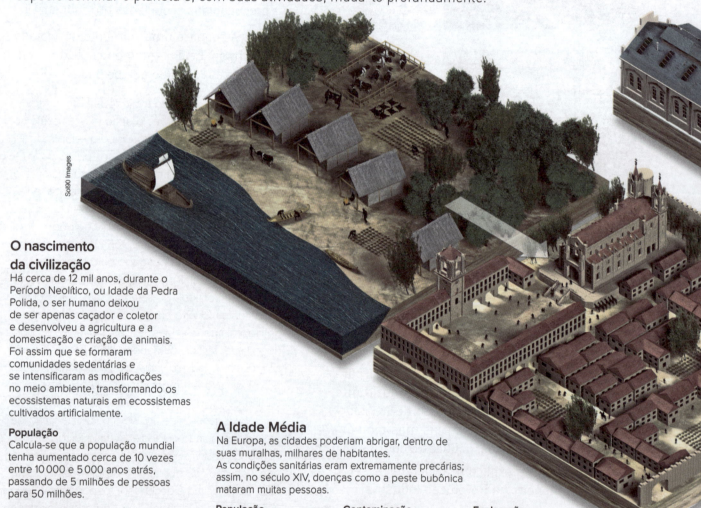

O nascimento da civilização
Há cerca de 12 mil anos, durante o Período Neolítico, ou Idade da Pedra Polida, o ser humano deixou de ser apenas caçador e coletor e desenvolveu a agricultura e a domesticação e criação de animais. Foi assim que se formaram comunidades sedentárias e se intensificaram as modificações no meio ambiente, transformando os ecossistemas naturais em ecossistemas cultivados artificialmente.

População
Calcula-se que a população mundial tenha aumentado cerca de 10 vezes entre 10 000 e 5 000 anos atrás, passando de 5 milhões de pessoas para 50 milhões.

Contaminação
Havia pequenos focos contaminantes por causa do amontoado de lixo que as primeiras comunidades geravam, mas eram considerados pouco relevantes.

Exploração de recursos
As construções das primeiras comunidades foram erguidas com barro, pedra, madeira e palha. O impacto ambiental era pequeno. As propriedades que se formaram a partir de então não modificaram muito o ambiente.

A Idade Média
Na Europa, as cidades poderiam abrigar, dentro de suas muralhas, milhares de habitantes.
As condições sanitárias eram extremamente precárias; assim, no século XIV, doenças como a peste bubônica mataram muitas pessoas.

População
Foi uma época de crescimento. Estima-se que a população média da Terra variasse em torno de 400 milhões de habitantes.

Contaminação
Importantes áreas eram contaminadas com lixo e até metais pesados, como chumbo, ainda que pouco significativas em escala global. Cidades com condições sanitárias insalubres favoreciam o surgimento pestes e outras doenças.

Exploração de recursos
A partir do século XI, aumentou na Europa o desmatamento de bosques a fim de ampliar as áreas de cultivo e extração de madeira para queima e construção. Algumas espécies sofreram deslocamentos e exploração intensa. Em nível global, o impacto ainda era pouco.

A Revolução Industrial

Em meados do século XVIII, a máquina a vapor foi difundida pelo mundo. A madeira, primeiro combustível que alimentava as máquinas, foi substituída pelo carvão mineral, que emite grande quantidade de contaminantes na atmosfera, como o enxofre.

População
Cerca de 800 milhões de pessoas habitavam o planeta em 1750, ano em que geralmente é datado o início da Revolução Industrial. A partir desse momento, a população começou a crescer em um ritmo sem precedentes.

Contaminação
Em algumas regiões, a contaminação alcançou níveis importantes. Aparecem substâncias nocivas no ar e na água, resultantes da industrialização. As cidades industrializadas começaram a ficar envoltas em uma nuvem de fumaça.

Exploração de recursos
Nessa época, já havia registro da extinção de algumas espécies por causas atribuídas à ação do ser humano. Bosques inteiros haviam sido cortados, já que a madeira era um recurso básico. A mineração, sem regulação, também fazia estragos em algumas regiões.

O mundo contemporâneo

No início do século XXI, o planeta atravessa uma crise ambiental. O ser humano debate-se entre antigas práticas destrutivas e a busca de soluções sustentáveis que preservem os recursos naturais e diminua ao máximo os impactos ambientais promovidos pelas sociedades humanas.

População
Superados os 7 bilhões de habitantes, o índice de natalidade desacelera e, por isso, as previsões para os próximos anos são muito complexas.

Contaminação
Há grandes áreas e regiões contaminadas. Extinguem-se ecossistemas completos. A emissão de gases de efeito estufa, produto dos combustíveis fósseis, parece contribuir para o aquecimento global, que tem consequências planetárias. A camada de ozônio é deteriorada.

Exploração de recursos
Novas tecnologias possibilitam incrementar a produção de alimentos e abastecer toda a humanidade, ainda que a distribuição siga muito desigual. Alguns recursos são protegidos, outros estão esgotados.

---

1 Discuta com os colegas por que a Revolução Industrial abriu caminho para que as sociedades industrializadas colocassem em risco o equilíbrio ambiental.

2 Levando em conta que as soluções para a atual crise ambiental envolvem ações de governos, setores produtivos e dos cidadãos, que ações sustentáveis você já pratica no cotidiano e quais você estabelece como meta pessoal ao longo deste ano?

CAPÍTULO 3
Novas relações sociais e de trabalho

O trabalho infantil é considerado atualmente crime em vários países. A Organização Internacional do Trabalho (OIT) e o Fundo das Nações Unidas para a Infância (Unicef) defendem que menores de 16 anos não devem desempenhar atividades profissionais idênticas às dos adultos, pois precisam ter tempo para estudar, desenvolver-se e realizar atividades que contribuam para seu amadurecimento emocional, intelectual e físico. Contudo, ainda há grande número de crianças e adolescentes sujeitos ao trabalho, realidade também presente no Brasil.

As fábricas que surgiram no contexto da Revolução Industrial, iniciada em meados do século XVIII, empregavam mão de obra infantil. Foi preciso a organização dos trabalhadores em sindicatos e outros movimentos sociais para exigir mudanças na legislação e proibir o trabalho infantil na Inglaterra e em outras nações.

Biblioteca da Faculdade de Medicina, Paris. Fotografia: Bridgeman Images/Easypix Brasil

Autoria desconhecida. Crianças trabalhando em bobinas em Londres, 1848. Gravura.

Nas fábricas do século XIX era comum que os donos contratassem capatazes para castigar fisicamente as crianças que não trabalhassem de acordo com o que era considerado correto.

A indústria e as novas relações sociais

Até a Revolução Industrial, o sistema produtivo era baseado no artesanato doméstico e na manufatura. Nas atividades artesanais, o próprio dono das matérias-primas e das ferramentas de trabalho realizava todas as etapas da produção. Um tecelão, por exemplo, criava e tosquiava suas ovelhas, tecia e tingia a lã, confeccionava mantas e casacos. O preço do produto era determinado por ele com base em sua habilidade no ofício, no tempo gasto na produção e no domínio das técnicas. A produção era demorada, o que encarecia o produto. Muitas vezes, os artesãos trabalhavam sob encomenda.

Com o objetivo de baratear e aumentar a produção, alguns burgueses investiram seu capital em outra maneira de produzir – a manufatura –, na qual os artesãos de um mesmo ofício trabalhavam para o patrão, um capitalista que ficava com a maior parte dos lucros. Cada trabalhador exercia uma tarefa na produção. Esse processo ficou conhecido como divisão do trabalho.

 Ampliar

Revolução Industrial, de Francisco M. P. Teixeira (Ática).

O livro aborda a Revolução Industrial e as transformações que esse processo trouxe.

Gillis Salomonsz Rombouts. *A oficina de um tecelão*, 1656. Óleo sobre tela.

A pintura representa mulheres fiando lã numa manufatura de tapetes. Essa característica da produção manufatureira se manteve quando a produção passou a ser feita no sistema industrial. Esse tipo de produção, realizado em ambientes de trabalho separados do ambiente doméstico, passaram a ser chamados de oficinas e na fase industrial, de fábricas.

Diego Velásquez. *As Fiandeiras ou A fábula de Aracne*, 1655-1660. Óleo sobre tela, 2,2 m × 2,8 m.

Viver

O relógio como instrumento de dominação

Até a Revolução Industrial, o ritmo da produção baseava-se nos ciclos da natureza – as estações do ano e as condições climáticas definiam a época do plantio, da colheita, da engorda do gado, da tosquia das ovelhas. No sistema de artesanato doméstico, a sucessão de dias e noites marcava os momentos de trabalho, descanso e lazer.

A industrialização e a urbanização transformaram a relação do ser humano com o tempo; produzir mais em menos tempo era uma exigência. O ritmo de trabalho passou a ser determinado pela máquina, que não precisava descansar, alimentar-se, conviver com a família. As fábricas funcionavam dia e noite; consequentemente, os proletários tiveram de acompanhar esse ritmo.

Os capitalistas estabeleceram horários para o início e o fim das jornadas de trabalho, para as refeições, para os poucos momentos de descanso. O relógio passou a ser um instrumento de controle sobre o tempo gasto para produzir, simbolizando a exploração do trabalho nas fábricas.

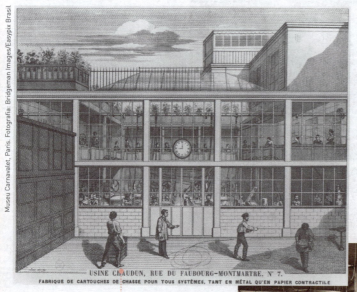

Anônimo. Litografia de uma fábrica do século XIX.

Mulheres trabalhando em uma fábrica, c. 1910.

Na duas imagens os relógios são facilmente identificados.

1. Explique por que, no sistema capitalista, costumamos dizer que "tempo é dinheiro".
2. Se antes da Revolução Industrial o ritmo de trabalho era determinado pela natureza, após a Revolução Industrial a natureza humana teve de se adaptar ao ritmo da máquina. Você concorda com isso? Justifique.
3. Explique por que, com a Revolução Industrial, o relógio passou a representar um instrumento de dominação.
4. De que modo o ritmo da vida segundo o rígido controle do relógio afeta seu cotidiano no presente?

Trabalho assalariado

Com a Revolução Industrial, consolidou-se o trabalho assalariado. As relações de produção transformaram-se e aprofundaram as desigualdades sociais. Ao proletariado (formado por ex-camponeses desempregados pelos cercamentos e ex-artesãos empobrecidos pelo crescimento das manufaturas) restava vender sua força de trabalho à burguesia capitalista, proprietária das fábricas, das matérias-primas, das máquinas e da produção.

Diante da abundância de mão de obra nas cidades, os capitalistas impuseram condições de trabalho desumanas. As jornadas variavam entre 14 e 16 horas por dia. As instalações das fábricas, mal iluminadas e pouco ventiladas, ficavam praticamente ocupadas pelo maquinário. O manuseio das máquinas exigia muita atenção – qualquer descuido poderia resultar em graves acidentes, como mãos decepadas nos teares, membros esmagados nas prensas e rostos queimados nas fornalhas.

Os patrões preferiam empregar mulheres e crianças porque constituíam mão de obra mais barata do que a dos homens. Além disso, tinham mais facilidade para movimentar-se nos poucos espaços livres entre as máquinas e eram mais ágeis para operá-las.

Nas minas de carvão, os mineiros trabalhavam por longos períodos e recebiam baixos salários, sob riscos de soterramento, de doenças respiratórias pela falta de ventilação e por causa da umidade nas galerias subterrâneas.

Crianças trabalhando em uma mina, 1842. Gravura (detalhe).

ZOOM
Compare as duas imagens e aponte quais são as principais diferenças entre as condições de trabalho dos mineiros no século XIX e no presente.

Mineiro trabalhando com equipamentos de segurança (máscara, capacete, luvas, botas de borracha, fones de ouvido) em mina. Cordilheira dos Andes, Chile, 2018.

As reações do proletariado

As precárias condições de trabalho do proletariado inglês motivaram muitas revoltas. Inicialmente, alguns operários destruíam as máquinas acreditando que, diante dos prejuízos, os capitalistas desistiriam de utilizá-las e reativariam as manufaturas.

No início do século XIX, essas revoltas dos trabalhadores passaram a apresentar características de movimento organizado; elas eram previamente combinadas e realizadas durante a noite, em vários lugares ao mesmo tempo. Esse movimento ficou conhecido como **ludismo**, em referência a um provável líder, Ludd, cuja existência não foi comprovada.

O movimento ludista, por um lado, levou alguns patrões a pagar salários ligeiramente mais altos; por outro, motivou a criação de leis que ameaçavam com pena de morte os trabalhadores que ousassem colocar em risco o patrimônio dos donos das fábricas.

Ampliar

O ludismo – a rebelião contra o futuro
http://educaterra.terra.com.br/voltaire/artigos/ludismo.htm

Artigo de Voltaire Schilling sobre o movimento conhecido como ludismo.

De olho no legado

Proletários x burgueses

As greves eram outra forma de reivindicação por melhores condições de trabalho. Os primeiros movimentos grevistas ocorreram no final do século XVIII e foram duramente reprimidos pelo governo e pelos industriais.

Os confrontos entre proletários e burgueses foram se agravando à medida que avançava a industrialização. Tal oposição de interesses entre as classes sociais permanece como uma das características mais marcantes do sistema capitalista.

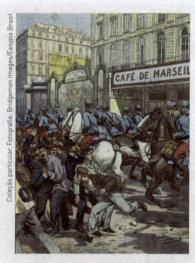

Achille Beltrame. Greve de trabalhadores em Marselha, França, reprimida pela cavalaria. Ilustração para o jornal *La Domenica del Corriere*, de Milão, em 1901.

Achille Beltrame. Representação de manifestação de mineiros em greve em Londres, Inglaterra. Ilustração para o jornal *La Domenica del Corriere*, de Milão, em 1922.

Na faixa, os dizeres "Antes a morte do que a fome".

1. Quais elementos das imagens acima indicam que se trata de um confronto entre operários e patrões?
2. Por que razão essas cenas ocorreram na Inglaterra e na França nas primeiras décadas do século XX?
3. Que tipos de reivindicação levam os trabalhadores a realizar protestos ou greves?
4. Você já viu algum protesto de trabalhadores? Descreva-o.

Trabalho infantil e feminino na Revolução Industrial

Uma das mudanças sociais promovida pela Revolução Industrial inglesa foi a inclusão da mão de obra de crianças e mulheres nas fábricas, compondo parte da classe trabalhadora.

Na produção fabril, as crianças constituíram grupos de operários mirins e eram submetidas a jornadas de trabalho que chegavam a 12 horas diárias. Elas tinham de respeitar a mesma disciplina imposta aos trabalhadores adultos e, apesar da idade, assumiam total responsabilidade pelas tarefas executadas. Os salários pagos aos pequenos trabalhadores eram baixos, mas ajudavam no orçamento familiar.

O trabalho feminino, por sua vez, era entendido como complementar ao masculino. Em muitos casos, as mulheres desempenhavam nas fábricas atividades auxiliares, cujos salários eram inferiores aos dos homens que exerciam funções especializadas.

Mesmo quando executavam tarefas que exigiam qualificação e força física, como nas indústrias metalúrgicas da cidade de Birmingham, por exemplo, as mulheres não tinham sua capacidade produtiva reconhecida pela sociedade local. Nessas indústrias, o risco de acidente era constante, pois as fagulhas podiam provocar queimaduras no corpo das operárias. A insegurança aumentava quando algumas delas levavam à fábrica filhos e filhas, alguns ainda bebês, que engatinhavam ou andavam entre as faíscas.

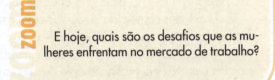

zoom
E hoje, quais são os desafios que as mulheres enfrentam no mercado de trabalho?

As mulheres exerceram importante papel nas tecelagens inglesas, constituindo a principal mão de obra desse setor. Tornaram-se preferidas em relação aos homens, por ganharem salários mais baixos, causarem menos conflitos, serem mais obedientes e igualmente eficientes. Essa situação provocou tensões com alguns tecelões que, sentindo a concorrência do trabalho feminino, se opunham a que as operárias levassem os filhos para o local de trabalho.

Também nas minas de carvão, matéria-prima que impulsionava as máquinas das nascentes indústrias inglesas, houve trabalho feminino e infantil. O trabalho cansativo no interior das minas, arrastando grande quantidade de carvão por um ambiente mal ventilado, escuro e úmido, debilitava grande parte dessas mulheres, muitas das quais morriam prematuramente. Porém, aquelas que trabalhavam na superfície, por exemplo, carregando os barcos com carvão, conseguiam ser mais resistentes.

Meninas de 6 a 7 anos de idade trabalhavam como guardas na entrada das minas; eram as primeiras a chegar e as últimas a deixar o local, após uma jornada que podia variar de 10 a 12 horas de trabalho. Em geral, contraíam doenças por beberem água da mina, imprópria para o consumo, e por permanecerem com suas roupas molhadas pela água que escorria do interior da mina.

H.D.M. Spence-Jones. Trabalho infantil e feminino nas minas de carvão anteriores a 1843. Litografia publicada em *The Church of England: A History for the People*, 1910.

Viver

Urbanização via industrialização

O melhor exemplo da urbanização foi, sem dúvida, o da Inglaterra, primeiro espaço de desenvolvimento pleno do capitalismo industrial. No começo do século XIX, a proporção de pessoas nas cidades de mais de cem mil habitantes era da ordem de 10%, sendo que 40 anos depois era de 20% – aumento grande se comparado ao crescimento observado no século anterior para a Europa. [...]

Certamente essa urbanização correspondeu a movimentos migratórios campo-cidade, decorrentes de mudanças estruturais no campo, nos séculos anteriores, face ao desenvolvimento capitalista, que deu às cidades uma capacidade produtiva maior. [...]

A expressão da urbanização via industrialização não deve ser tomada apenas pelo elevado número de pessoas que passaram a viver em cidades, mas sobretudo porque o desenvolvimento do capitalismo industrial provocou fortes transformações [...] no que se refere ao papel desempenhado pelas cidades, e na estrutura interna destas cidades. [...] Assim, não devemos apenas enxergar na urbanização que se dá via industrialização uma acentuação da proporção de pessoas vivendo em cidades. Devemos analisá-la no contexto da passagem da predominância da produção artesanal para a predominância da produção industrial [...].

As cidades comerciais europeias eram o lugar da riqueza acumulada na primeira fase do capitalismo. Já se constituíam espaços de concentração de capitais disponíveis acumulados com o mercantilismo, eram o espaço do poder econômico e político (lugar de moradia dos capitalistas e sede dos Estados Modernos), e nelas também se concentrava uma grande reserva de força de trabalho. Além disso, o capitalismo comercial ajudou a criar nas cidades uma infraestrutura muito importante para o desenvolvimento industrial. Houve um grande avanço técnico e científico, formou-se uma rede bancária e um mercado urbano, na medida em que, afastados de suas condições de produção no campo e impedidos de continuar a realizar sua produção artesanal, os trabalhadores tornaram-se consumidores dos elementos necessários à sua sobrevivência. [...]

Maria Encarnação Beltrão Sposito. *Capitalismo e urbanização*. 8. ed. São Paulo: Contexto, 1997. p. 49-51.

Movimento na rua Harrogate. Inglaterra, 1925.

1 Segundo a autora, qual é a relação entre industrialização e urbanização?

2 Pergunte a familiares e professores como ocorreu o processo de urbanização de sua cidade. Houve influência da industrialização? Elabore um comentário com base nas informações obtidas.

3 Pesquise em atlas geográficos, almanaques ou no *site* do Instituto Brasileiro de Geografia e Estatística (IBGE) a porcentagem da população brasileira que vive nas cidades e no campo. Discuta esses dados em classe.

Atividades

1) Leia o texto abaixo e observe a imagem. Em seguida, responda ao que se pede:

> Os ludistas agiam mascarados ou com roupas de camuflagem; montavam sentinelas e utilizavam correios; comunicavam-se entre si por meio de códigos e senhas; um disparo de pistola podia ser sinal de perigo ou retirada.
>
> Os assaltantes apareciam repentinamente, formando grupos armados a mando de um chefe; o líder, não importando qual fosse seu nome, era chamado 'general Ludd'. Obedeciam às suas ordens com a mesma presteza que teriam para obedecer às ordens de um monarca.
>
> Acreditava-se que os ludistas agiam sob um juramento solene e que a desobediência às ordens do general poderia ser castigada com a morte.
>
> Edward P. Thompson. *The making of the english working class.* Harmondsworth: Penguin Books, 1986. p. 606. Tradução nossa.

Ned Lud. Caricatura inglesa publicada na ocasião do Ludismo, 1812.

a) Quem eram os ludistas e o que eles buscavam?

b) Observe a imagem e explique, com base no texto, por que o personagem retratado está com esse tipo de vestimenta.

c) Além do movimento ludista, que outra estratégia foi utilizada pelos trabalhadores para lutar por melhores condições de vida?

2) Observe a imagem abaixo. Em seguida, responda ao que se pede:

Autoria desconhecida. Representação de mulheres trabalhando em fábrica em Thompson, Nova York, 1859. Gravura.

a) Descreva a imagem e identifique que tipo de situação social do contexto da Revolução Industrial ela representa.

b) Explique qual razão justificava a situação representada na imagem.

c) Pode-se dizer que a imagem representa adequadamente as condições de trabalho nas fábricas do início da Revolução Industrial? Justifique.

3) O trecho a seguir é um fragmento da obra de Benjamin Franklin, um americano que viveu no século XVIII. Muitos acreditam que ele foi o responsável pela formulação de "Tempo é dinheiro". Leia atentamente os textos e, em seguida, responda ao que se pede.

> Se você ama a vida não desperdice o tempo, pois é de tempo que a vida é feita. [...] Se o tempo é o mais precioso de todos os bens, desperdiçá-lo seria a maior das prodigalidades. Tempo perdido jamais se recupera e o que achamos que dura muito, dura muito pouco.
>
> Benjamin Franklin. O caminho da riqueza. p. 26 apud Ana Maria Brito Sanches. *Virtude, trabalho e riqueza: a concepção de sociedade civil em Benjamin Franklin.* São Paulo: USP, 2006. p. 58.

a) De acordo com Franklin, qual é o bem mais precioso dos seres humanos? Por quê?

b) De que modo é possível relacionar as ideias defendidas por Franklin com os ideais da sociedade que começava a se industrializar?

Visualização

REVOLUÇÕES INGLESAS

Elizabeth I
- Principal monarca absolutista
- Fortalecimento do anglicanismo
- Crescimento econômico
- Cercamentos
- Êxodo rural
- Fim da Dinastia Tudor

Absolutismo inglês
- Carta Magna
- Parlamento
- Poder da burguesia
- Monarca como líder religioso

Revolução Gloriosa
- Fim do absolutismo
- Parlamentarismo
- Obediência à Bill of Rights
- Poder político e econômico da burguesia

Jaime I
- Início da Dinastia Stuart
- Revoltas sociais
- Perseguição religiosa
- Criação e aumento de impostos
- Fechamento do Parlamento
- Migração para as Treze Colônias

Jaime II
- Hereditariedade do poder
- Agravamento da crise política
- Golpe parlamentar
- Conflito armado
- Exílio na França

Carlos II
- Retorno da monarquia
- Autoritarismo
- Conflitos com o Parlamento
- Proximidade com a França absolutista
- Lei de Exclusão
- *Habeas corpus*

Carlos I
- Autoritarismo
- Relação conflituosa com o Parlamento
- Momentos de aproximação e repressão
- Bill of Rights
- Perseguição aos calvinistas escoceses
- Resistência e ataques rebeldes
- Crise social

Revolução Puritana
- Invasão do Parlamento por Carlos I
- Guerra civil
- Cavaleiros: apoio ao rei
- Nobres e latifundiários (anglicanos e católicos)
- Cabeças-redondas: apoio ao Parlamento
- Pequenos proprietários de terra, camponeses e comerciantes (puritanos)
- Vitória do Parlamento
- Carlos I decapitado
- Fim do absolutismo inglês
- Oliver Cromwell
- República

República
- Resistência de Escócia e Irlanda
- Guerra: vitória inglesa
- Atuação intermitente do Parlamento
- Ato de Navegação
- Favorecimento da economia inglesa
- Lordes Protetores
- Morte de Cromwell
- Deposição do sucessor
- Crise política

REVOLUÇÃO INDUSTRIAL

Acumulação de capital

- Atuação de corsários
- Ato de Navegação
- Tratado de Methuen
- Exploração colonial
- Produção de manufaturados
- Protecionismo econômico
- Impostos alfandegários

Reação proletária

- Contra as precárias condições de trabalho
- Ludismo
  - Destruição de máquinas
  - Movimento articulado
- Greves
- Consequências
  - Pequeno aumento salarial
  - Aumento da repressão a greves

Novas tecnologias

- Valorização da criatividade e da transformação
- Ensino de novas ciências
- Aumento dos lucros
- Invenções
- Máquina de fiar
- Máquina a vapor
- Desenvolvimento industrial
- Têxtil
- Mineração
- Metalurgia
- Transporte

Surgimento do proletariado

- Cercamentos
- Desemprego no campo
- Migração para as cidades
- Mão de obra assalariada nas fábricas
- Exploração do trabalho

Mudanças

- Atividade artesanal
  ↳ Manufatura
    ↳ Fábricas
- Um só responsável pelas etapas de produção
  ↳ Divisão do trabalho
- Tempo da natureza
  ↳ Tempo da máquina

Trabalho assalariado

- Muitos desempregados
  - Camponeses sem trabalho
  - Artesãos empobrecidos
- Venda da força de trabalho
  - Homens, mulheres e crianças
- Longas jornadas de trabalho
- Baixos salários
- Má alimentação
- Pouco descanso
- Ambiente impróprio para a saúde
- Doenças e acidentes de trabalho
- Aprofundamento das desigualdades sociais

Fabio Nienow

37

Retomar

1. O dramaturgo William Shakespeare nasceu em 23 de abril de 1564, na cidade de Stratford-upon-Avon, e morreu na mesma cidade, em 1616. Ele viveu o auge de sua carreira em Londres, durante o reinado de Elizabeth I.

   Em duplas, pesquisem sua biografia e enumerem as principais peças teatrais escritas por ele. Depois, escrevam um pequeno resumo de uma das obras.

2. Forme um grupo para elaborar um painel sobre o desenvolvimento das técnicas que impulsionaram a Revolução Industrial inglesa, apresentando uma sequência cronológica das invenções e das máquinas da época. Expliquem também como funcionavam e que transformações promoveram na produção. Para realizar a atividade, consultem enciclopédias, almanaques, internet ou outras fontes.

John Taylor. *William Shakespeare*, c. 1610. Óleo sobre tela, 55,2 cm × 43,8 cm.

3. Observe atentamente a imagem ao lado. Em seguida, responda ao que se pede:

   a) A imagem é uma representação dos efeitos sociais da Revolução Industrial. De acordo com a imagem, como eram as condições de vida das crianças operárias na Inglaterra durante o processo de industrialização?

   b) Por que existiam tantas crianças operárias nesse período?

   c) De que modo os operários organizaram-se para lutar contra a situação social da época?

Autoria desconhecida. *Meninos famintos, trabalhadores de fábrica, comendo junto a um porco*, 1840.

4. Observe a imagem a seguir. Trata-se de uma representação do século XVII de um dos episódios da Revolução Puritana. Com base na observação da imagem e de seus conhecimentos, responda ao que se pede:

   a) Explique, com base nos elementos da imagem, qual episódio da Revolução Puritana a imagem representa.

   b) Qual é a importância desse processo para se compreender os rumos da Revolução Puritana e as transformações nas relações políticas da Inglaterra no século XVII?

John Weesop. *Uma testemunha ocular da execução do rei Charles I em 1649*, séc. XVII. Óleo sobre tela.

5 Observe a tabela a seguir. Ela mostra dados de exportação de algodão inglês para diversas regiões do mundo entre 1820 e 1840. Com base na análise dos dados, responda ao que se pede.

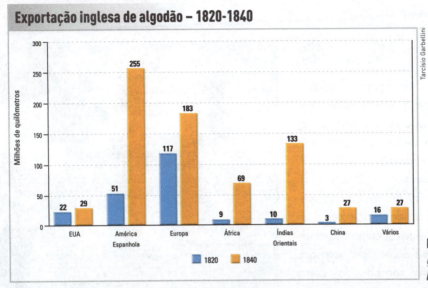

Fonte: Eric Hobsbawn. *A Era das Revoluções*. Rio de Janeiro: Paz e Terra, 1977. Anexo.

a) O que é possível afirmar sobre a exportação de algodão inglês entre 1820 e 1840?

b) De que modo os dados do gráfico podem ser relacionados com a industrialização da economia inglesa no período?

6 Leia o texto e responda às questões.

> A introdução de uma nova técnica poderia situar uma empresa à frente de suas concorrentes. Para tanto, caberia ao capitalista o dever de proporcionar aparelhagem científica e produtos novos a serem utilizados pelos cientistas em seus experimentos. O objetivo final era obter o máximo domínio sobre o meio natural, a fim de explorar-lhe os mínimos recursos em proveito dos lucros de mercado.
>
> Letícia Bicalho Canêdo. *A Revolução Industrial*. São Paulo: Atual, 1994. p. 29.

a) No texto, a autora identifica características do sistema capitalista constituídas com a Revolução Industrial. Quais são elas?

b) A Revolução Industrial inaugurou um novo sistema de produção. Compare esse sistema com o artesanal e o manufatureiro.

c) As transformações provocadas pela Revolução Industrial foram apenas positivas? Justifique sua resposta.

7 Leia o texto e faça o que se pede.

> Hoje, pode-se afirmar que o Brasil tem economia bastante industrializada. Entretanto, como mostram os noticiários econômicos, os índices de superávit na balança comercial dependem sobretudo de produtos da agroindústria [...]. Além disso, as atividades artesanais não desapareceram totalmente e, com incentivos ao turismo cultural, o artesanato se tornou mesmo uma atividade produtiva vinculada ao mercado externo.
>
> Kalina Vanderlei Silva e Maciel Henrique Silva. *Dicionário de conceitos históricos*. São Paulo: Contexto, 2014. p. 233.

a) As exportações brasileiras são predominantemente de produtos industrializados? Justifique com informações do texto.

b) De acordo com o texto, qual é o papel do artesanato na atual economia brasileira?

UNIDADE 2

> **Antever**

Estruturado pela crise do sistema feudal, o chamado Antigo Regime (caracterizado pelo absolutismo, mercantilismo e pela sociedade estamental) foi colocado em xeque no século XVIII, sobretudo pela Revolução Francesa (1789-1799) e os ideais que a embasaram.

A Revolução Francesa foi um marco na História ocidental por difundir as ideias de direitos individuais e coletivos dos homens, como liberdade e igualdade. Foi um ponto de partida para que todos os indivíduos fossem reconhecidos como iguais perante o Estado.

Desde então, as democracias têm se orientado por esse princípio. Contudo, tal princípio não isentou de tensões, conflitos e lutas sociais as realidades históricas que o incorporaram. No passado e no presente, os direitos de cidadania lançados pelos revolucionários franceses ganham diferentes contornos à medida que emergem novas demandas sociais.

Quais transformações sociopolíticas teriam sido promovidas pela Revolução Francesa? Que relações podemos estabelecer entre as atuais mobilizações por direitos e a luta dos revolucionários franceses do século XVIII?

Manifestantes participam da Marcha das Mulheres Negras contra a violência de gênero em Brasília, 2015.

Crise do Antigo Regime

41

CAPÍTULO 4

Filosofia iluminista

Como cidadãos e cidadãs brasileiros, nossa vida coletiva e individual é regida pela atual Constituição Federal de 1988, que expressa, em seu artigo 5º, o seguinte texto: "Todos são iguais perante a lei, sem distinção de qualquer natureza".

O princípio de igualdade acima foi formulado pela primeira vez no século XVIII pelo movimento filosófico europeu denominado Iluminismo. A filosofia iluminista criticava o absolutismo monárquico, o mercantilismo e a sociedade estamental vigentes nas nações europeias da época. Expressando os interesses da burguesia em ascensão, o Iluminismo defendia a igualdade de direitos e se opunha aos privilégios obtidos pela posição social do indivíduo.

Glossário
Tertúlia: reunião.

Denis Diderot. A **tertúlia**. Gravura colorizada publicada em *The Artistic Illustration*, 1888.

Este quadro do século XIX mostra uma reunião de iluministas. As roupas tipicamente burguesas fazem alusão a qual camada social as pessoas pertencem, as estantes representam o conhecimento e o biombo representa a vida privada. Note a ausência de mulheres na cena, indicando sua exclusão dos círculos de debates sobre questões sociopolíticas da época.

À luz da razão

O Iluminismo foi um movimento filosófico da Europa Ocidental que reuniu teorias políticas e econômicas entre o final do século XVII e início do século XVIII. Na transição da Idade Média para a Idade Moderna, a nobreza feudal estava enfraquecida e o poder político centralizou-se, chegando ao auge com o absolutismo e o mercantilismo. Os interesses da burguesia renascentista, que fez aliança com a realeza, eram diferentes dos interesses da burguesia iluminista, que reivindicava maior participação política, igualdade de direitos e liberdade tanto religiosa como econômica. Chocava-se, assim, com o Antigo Regime, no qual vigorava o poder absoluto dos monarcas e os privilégios da nobreza e do clero.

O enfrentamento do autoritarismo real ocorreria pela capacidade humana de conhecimento, raciocínio e escolha. O Iluminismo valorizava a **razão** como a forma mais confiável para alcançar o conhecimento, opondo-se às explicações religiosas para os fenômenos naturais, sociais e políticos. Com isso, no século XVIII, também chamado de Século das Luzes, houve grande desenvolvimento científico, resultado de investigação, pesquisa e estudo dos cientistas que buscavam teorias sobre o funcionamento da natureza.

O filósofo inglês Francis Bacon, que era empirista – ou seja, considerava que os estudos científicos deveriam ser comprovados por meio da experimentação e da observação –, acreditava que o conhecimento impulsionava o desenvolvimento.

O também inglês Isaac Newton, estudioso dos fenômenos naturais, decompôs a luz em um prisma, explicou a força da gravidade e, com base nela, o ciclo das marés. Na França, destacou-se René Descartes, defensor do racionalismo que se dedicou à matemática e à compreensão do mundo pelo raciocínio. Afirmou que o ato de pensar comprova a existência humana, por meio do enunciado: "Penso, logo existo".

Glossário

Razão: capacidade de chegar a conclusões com base em hipóteses; capacidade de produzir conhecimentos e analisar fenômenos.

Ilustração produzida no século XIX sobre o experimento de Newton com o prisma.

Ao fundo, sobre a mesa, aparece na imagem o telescópio refletor criado pelo cientista, que, contudo, ainda não havia sido inventado quando Newton fez o experimento com o prisma, no início de 1666.

43

Direitos naturais

Diversos filósofos iluministas dedicaram-se a formular teorias e propostas adequadas aos anseios burgueses. De maneira geral, eles afirmavam que a natureza concedeu a todos os seres humanos o direito à vida, à liberdade, à igualdade e à propriedade privada. De acordo com as ideias iluministas, os direitos naturais eram **invioláveis** e deveriam ser assegurados pelos governos como forma de promover a felicidade da sociedade.

Com esses direitos, pretendia-se que os monarcas absolutistas respeitassem a liberdade de expressão dos indivíduos, aceitando críticas aos seus governos, e declarassem a liberdade de religião, colocando fim a perseguições e prisões por motivos religiosos. Pretendia-se ainda defender a liberdade econômica, questionando o controle do Estado sobre as atividades econômicas.

Com relação à igualdade, os iluministas defendiam o fim dos benefícios concedidos pelos governos ao clero e à nobreza, como a isenção do pagamento de impostos.

Por fim, a defesa da propriedade privada feita pelos filósofos iluministas anunciava que não se pretendia organizar uma sociedade igualitária. O Iluminismo propunha a igualdade de direitos entre todos e não a igualdade social, o que estava em sintonia com as aspirações da burguesia, que não tinha interesse em partilhar bens, propriedades e riquezas que havia acumulado.

Glossário

Inviolável: que não pode ser violado, isto é, desrespeitado.

Ampliar

Iluminismo: a revolução das luzes, de Milton Meira do Nascimento e Maria das Graças Nascimento (Ática).

Livro que trata dos principais filósofos iluministas e da repercussão de suas ideias no Brasil.

Comportamentos e atitudes burguesas

Atitudes, ideias, comportamentos, crenças, manifestações artísticas, valores, moda, padrões de estética e beleza vão sofrendo influências e se modificando ao longo do tempo.

A burguesia, camada social em ascensão nesse momento, estava ansiosa para adquirir prestígio e se tornar "visível" na sociedade, aspiração que poderia ser alcançada de diversas maneiras. Os banqueiros, comerciantes e negociantes costumavam contratar artistas para pintar seus retratos a óleo; investiam em outras obras de arte; ofereciam banquetes; realizavam festas e bailes em seus palacetes. Mais próximos do poder político, frequentavam as cortes e, aos poucos, criavam formas diferenciadas de se vestir e novas regras de comportamento social.

Na Europa dos séculos XVII e XVIII, eram comuns os manuais de boas maneiras, o que comprova a preocupação dos burgueses em abandonar costumes considerados grosseiros e demonstrar hábitos novos e "civilizados", especialmente à mesa.

zoom Observe a imagem. Que associação podemos fazer entre a cena do quadro e a ascensão da burguesia no século XVIII?

Thomas Gainsborough. *Retrato do artista com sua mulher e filha*, c. 1748. Óleo sobre tela, 92,1 cm × 70,5 cm.

O quadro mostra uma típica cena de família burguesa na Inglaterra.

Os filósofos iluministas

Muitos pensadores se destacaram no movimento iluminista, entre eles Locke, Voltaire, Rousseau, Montesquieu, Diderot e D'Alembert.

O inglês John Locke publicou em 1688 o livro *Segundo Tratado sobre o governo civil*, no qual criticava o absolutismo e defendia a propriedade privada, a **supremacia** do Parlamento perante o monarca, a existência de uma Constituição para limitar o poder real, e o direito do povo de se revoltar contra governantes que não cuidassem de seu bem-estar. Essas ideias serviram de fundamento para uma revolução na Inglaterra, na qual os burgueses do país se mobilizaram para limitar o poder real e fortalecer a autoridade do Parlamento – assembleia composta de representantes do clero, da nobreza e da burguesia. Locke foi perseguido pelo governo de Jaime II, refugiando-se na Holanda.

> **zoom** Qual revolução inglesa, inspirada nas ideias de John Locke, estabeleceu a supremacia do Parlamento sobre o poder real?

O filósofo francês Voltaire foi grande defensor da liberdade de expressão e crítico dos privilégios do clero e da nobreza. Entre os iluministas, foi considerado o principal filósofo burguês, pois em suas obras ignorava as reivindicações das camadas humildes da população. Em 1764, publicou a obra *Dicionário filosófico*, na qual criticava o Estado e a religião.

O filósofo suíço Jean-Jacques Rousseau foi o único a criticar a propriedade privada, vista por ele como a origem das desigualdades sociais. Em sua principal obra, *O contrato social*, defende que, na vida em sociedade, a vontade individual deve dar lugar à vontade da maioria.

Foi um dos precursores da democracia moderna, defendendo a escolha dos governantes por meio do sufrágio universal masculino, isto é, do direito ao voto para todos os homens, independentemente dos bens e da riqueza que possuíssem.

O filósofo francês Montesquieu criticava o absolutismo e, como forma de combatê-lo, propôs a divisão do Estado em três poderes, cada qual com funções específicas e exercidas por diferentes pessoas. Os poderes do Estado são independentes, mas cada um deve fiscalizar as ações dos outros dois, a fim de impedir o abuso de poder. São eles:

- **Poder Executivo** – executa as leis, administrando o território de acordo com o que é estabelecido por elas;
- **Poder Legislativo** – elabora e aprova as leis;
- **Poder Judiciário** – aplica as leis, exercendo a justiça conforme o que está determinado na legislação.

A professora Alzira Soriano foi a primeira mulher eleita prefeita no Brasil, em 1929.

Em muitos países, as mulheres demoraram para conseguir o direito ao voto e à participação política. A França, por exemplo, foi o primeiro país a aprovar o sufrágio universal masculino, mas adotou o voto feminino somente em 1945.

A tripartição dos poderes é adotada pela maioria dos países atualmente, inclusive o Brasil. A principal obra de Montesquieu é *O espírito das leis*, na qual ele define três tipos de governo: o monárquico, em que a sociedade é governada por um rei; o republicano, em que o governo é exercido por várias pessoas; e o despótico, no qual um líder tirano governa pelo autoritarismo.

Glossário
Supremacia: poder supremo, superioridade.

O conjunto das novas concepções políticas definidas pelo Iluminismo ficou conhecido por liberalismo político, sintetizado na ideia da liberdade do indivíduo e no papel do Estado em garantir, não limitar a liberdade. O filósofo britânico Thomas Paine, que se engajou na guerra de independência das Treze Colônias inglesas, em 1776, lançou a obra *O senso comum*, em que aponta o Estado como um "mal necessário" para garantir a proteção do indivíduo.

45

Viver

Direitos dos brasileiros

A Constituição de um país é o conjunto das principais leis que regulam os direitos e deveres dos cidadãos e do Estado. A atual Constituição brasileira entrou em vigor no ano de 1988. Dela, selecionamos o seguinte artigo:

Aprovação da nova Constituição no Congresso Nacional. Brasília (DF), 1988.

A atual Constituição Brasileira contou com a participação popular em sua elaboração e foi promulgada em 1988.

Art. 5º Todos são iguais perante a lei, sem distinção de qualquer natureza, garantindo-se aos brasileiros e aos estrangeiros residentes no País a inviolabilidade do direito à vida, à liberdade, à igualdade, à segurança e à propriedade, nos termos seguintes:

[...]

II. ninguém será obrigado a fazer ou deixar de fazer alguma coisa senão em virtude de lei; [...]

VI. é inviolável a liberdade de consciência e de crença, sendo assegurado o livre exercício dos cultos religiosos e garantida, na forma da lei, a proteção aos locais de culto [...]

Constituição da República Federativa do Brasil. Brasília: Senado Federal, 1988. Disponível em: <www.senado.leg.br/atividade/const/con1988/CON1988_05.10.1988/art_5_.asp>. Acesso em: jul. 2018.

1. Você observa influência da filosofia iluminista sobre o artigo 5º da atual Constituição brasileira? Justifique.

2. Sendo o Brasil um país multirreligioso, que importância você atribui ao fato de o livre exercício dos cultos religiosos e a proteção aos locais de culto serem assegurados pela Constituição do país?

Enciclopedismo: a difusão das ideias iluministas

Com base no princípio de que a razão, e não a fé ou a superstição, deveria orientar as sociedades na busca de conhecimento, os iluministas Diderot e D'Alembert, com a colaboração de outros filósofos, cientistas e pensadores, organizaram uma coleção composta por 35 volumes que reuniam o conhecimento científico europeu acumulado até o século XVIII e as ideias da filosofia iluminista. Intitulada *Enciclopédia*, a obra teve o primeiro volume publicado na França em 1751, e o último em 1772.

Sua publicação, além de difundir o Iluminismo na Europa, tornou mais acessíveis variados conhecimentos até então divididos em diferentes obras e estudos. Os setores sociais mais conservadores temiam a divulgação dos temas tratados na obra, sobretudo aqueles ligados à política e à religião. Os autores foram perseguidos pelos governos absolutistas, e a Igreja proibiu a leitura da *Enciclopédia* pelos católicos, ameaçando-os de excomunhão.

No entanto, a censura às obras iluministas não impediu sua divulgação. A Filosofia das Luzes alcançou também as sociedades coloniais na América, incluindo o Brasil, e influenciou movimentos de independência.

Frontispício do primeiro volume da *Enciclopédia*, de 1772.

A obra, produzida por filósofos iluministas, reunia estudos e informações sobre diversas áreas do conhecimento.

Pontos de vista

Tripartição dos poderes no Brasil

Praça dos Três Poderes. Brasília (DF).

[...] Atualmente o modelo da tripartição dos poderes está adequado à teoria de Montesquieu. Há, então, o Poder Executivo, que constitui o governo de fato; o Poder Legislativo, composto pelo sistema bicameral (câmara de deputados e senado); e ainda, o Poder Judiciário. [...] Este sistema foi adotado com o intuito de melhor organizar as funções estatais. [...] Porém, ao se analisar a forma como estão arranjados os poderes no Brasil, constata-se que isso não ocorre adequadamente. Há uma certa **preponderância** do Poder Executivo sobre os demais poderes, exercendo, portanto uma **ingerência** que entendemos como imprópria. Percebe-se que é concedido ao Poder Executivo domínios que estão em desacordo com a doutrina exposta. O fato de este Poder ter a faculdade de legislar "excepcionalmente", e indicar toda a composição da mais alta corte do Judiciário brasileiro certamente indica que ele se sobressai sobre os outros, danificando, assim, a eficácia da organização estatal do nosso país. Entendemos, então, que esta seja uma das principais causas para a tensão que assola a democracia brasileira. [...]

Glossário

Ingerência: interferência.
Preponderância: predomínio.

Edvânia A. Nogueira Dourado, Natália Figueiroa Augusto e Crishna Mirella de Andrade Correa Rosa. Dos Três Poderes de Montesquieu à atualidade e a interferência do Poder Executivo no Legislativo no âmbito brasileiro. In: *Congresso Internacional de História*, set. 2011. p. 2643. Disponível em: <www.cih.uem.br/anais/2011/trabalhos/213.pdf>. Acesso em: jul. 2018.

1. Explique o ponto de vista das autoras do texto sobre o funcionamento atual da tripartição de poderes no Brasil.

2. Pesquise em jornais, revistas e na internet exemplos recentes de tensão ou conflito de interesses entre os Três Poderes de nosso país, e como isso afetou a democracia brasileira.

3. Forme um grupo e, com base nas pesquisas, criem um videodocumentário sobre o tema. Na data combinada, apresentem-o à turma e, posteriormente, discutam com os colegas se a tripartição de poderes no Brasil funciona de modo que cada poder fiscalize os demais, fortalecendo a democracia.

Liberalismo econômico

As ideias iluministas provocaram profundas críticas ao mercantilismo – política econômica dos países absolutistas. Alguns filósofos propuseram novas formas de organizar a economia, livres da intervenção estatal, e formularam teorias que condenavam o controle pelo Estado de preços, impostos, salários e taxas alfandegárias de importação e exportação.

A burguesia reivindicava maior liberdade para investir seu dinheiro sem ter de dividir os lucros com o governo. Enquanto na França as atividades ligadas à terra eram valorizadas pela **fisiocracia** – teoria segundo a qual os recursos naturais eram a única fonte de riqueza –, na Inglaterra o escocês Adam Smith desenvolveu outra teoria que foi mais tarde denominada **Escola Clássica**. Ele afirmava que, para obter maior produtividade, deveria haver a divisão do trabalho, ficando cada pessoa responsável por uma etapa da produção. Tal especialização resultaria em mais rapidez e eficiência no desempenho de cada função. Defendia ainda a divisão internacional do trabalho, na qual cada país se especializaria nos artigos que tivesse condições de produzir. Segundo essa teoria, as nações poderiam obter as mercadorias que não produzissem importando-as, sem pagar taxas alfandegárias. Com isso, evitava-se o protecionismo e estimulava-se a concorrência.

A economia clássica defendia o fim do pacto colonial. A burguesia inglesa desejava liberdade para realizar negócios sem a intermediação da metrópole: a Inglaterra estava se industrializando e necessitava tanto de matérias-primas para as indústrias como de consumidores para seus produtos.

Gravura inglesa representando uma fábrica com duas fornalhas, c. 1780-1830.

Despotismo esclarecido

Alguns monarcas europeus, preocupados com as críticas feitas pelos iluministas, adotaram algumas propostas do Iluminismo. Convidavam filósofos iluministas para serem seus ministros ou assessores e realizavam reformas políticas, como a redução de privilégios da nobreza e do clero; a liberdade religiosa; a proibição da tortura; a abolição da pena de morte; e a criação de escolas e bibliotecas públicas para favorecer o acesso à educação.

Contudo, dessa maneira, ainda era mantida a autoridade plena do monarca sobre o Estado. Esse tipo de governo ficou conhecido como despotismo esclarecido: seus representantes eram déspotas (isto é, autoritários e centralizadores) mas, ao mesmo tempo, esclarecidos (por assimilarem, em parte, as ideias iluministas).

O despotismo foi adotado apenas em alguns países europeus, como Portugal, Espanha, Áustria, Prússia e Rússia. A adoção desse regime político em Portugal teve reflexos no Brasil. O rei D. José I nomeou o ministro Marquês de Pombal para implantar reformas no governo. Pombal manifestou intolerância com os padres jesuítas, que exerciam muita influência tanto nos assuntos políticos como educacionais em Portugal e atuavam na catequização de indígenas no Brasil; por isso, acabou por expulsá-los, entre 1759 e 1760, de Portugal e do Brasil.

1 Os filósofos do Iluminismo afirmavam que, sendo os direitos naturais invioláveis, os governos deviam respeitá-los e assegurá-los. Ao mesmo tempo, criticavam os privilégios desfrutados por nobres e clérigos.

a) Comente as aspirações burguesas do Século das Luzes.

b) Quais direitos naturais os filósofos iluministas consideravam ser de todos os indivíduos?

c) Você sabe a diferença entre "direito" e "privilégio"? Converse sobre o tema com um colega.

d) Quais direitos dos jovens brasileiros você considera que, atualmente, devem ser assegurados pelo governo?

2 A palavra "enciclopédia" tem origem grega e significa "conhecimento geral". Desde o Iluminismo está associada a obras que reúnem variadas informações.

a) Comente a importância da *Enciclopédia* iluminista na época em que foi escrita.

b) Em certa medida, atualmente o papel da *Enciclopédia* iluminista é exercido pela internet. Em sua opinião, qual a importância da rede de computadores no acesso à informação? Que cuidados são necessários ao buscar e compartilhar informações na internet?

3 A fisiocracia e a Escola Clássica, as duas principais teorias econômicas europeias do século XVIII, lançaram as bases do liberalismo econômico.

a) O que elas têm em comum?

b) O que as diferencia em relação às atividades produtivas que geram riqueza?

4 Leia o texto e responda às questões.

> O rei D. José I, que governou Portugal de 1750 a 1777, concedeu ao seu ministro Sebastião José de Carvalho e Melo (Marquês de Pombal) amplos poderes para administrar o país. Pombal executou reformas típicas do despotismo esclarecido. [...] Incentivou a agricultura e a viticultura, endureceu a política fiscal, criou monopólios, combateu os nobres e favoreceu os comerciantes [...]. No Brasil, estabeleceu limites [territoriais], [...] e criou companhias de comércio. Acima de tudo, porém, manteve seu propósito obsessor: destruir a Companhia de Jesus.
>
> Eduardo Bueno. *História do Brasil*. São Paulo: Publifolha, 1997. p. 38.

a) Destaque do texto duas ações do Marquês de Pombal que são típicas do despotismo esclarecido.

b) De acordo com o texto, Pombal pretendia "destruir a Companhia de Jesus". O que ele fez para alcançar tal objetivo?

c) Escreva um breve texto sobre as mudanças provocadas pelo despotismo esclarecido em alguns governos europeus do século XVIII. Depois, responda: Foram mudanças profundas, a ponto de eliminar o absolutismo?

5 Diversos países democráticos da atualidade adotam a divisão de poderes proposta pelo filósofo Montesquieu. No Brasil, essa divisão se encontra organizada na esfera municipal, estadual e federal.

a) Que cargos são responsáveis por exercer o Poder Executivo, o Poder Legislativo e o Poder Judiciário nas esferas municipal, estadual e federal? Caso não saiba, pesquise em fontes atualizadas e registre as informações.

b) Pesquise em jornais ou revistas recentes alguma notícia sobre a atuação de um dos poderes do Estado. Recorte e cole-a no caderno, indicando a data de publicação. Escreva o assunto tratado na notícia e a qual poder e âmbito ela se refere.

49

CAPÍTULO 5
Às armas, franceses!

Há cerca de uma década, em 2011, teve início uma sucessão de revoltas populares em países árabes para derrubar governos ditatoriais. Conhecido como Primavera Árabe, esse fenômeno sociopolítico provocou a queda de governantes na Tunísia e no Egito, entre outros, e repercutiu pelo mundo como a luta dessas populações contra a tirania e a favor da democracia.

Situação semelhante foi vivida no continente europeu em fins do século XVIII a partir da eclosão da Revolução Francesa (1789-1799). Foi um processo complexo que se iniciou como resposta à crise econômica do país e porque grande parte da sociedade da França se mobilizou contra os abusos do governo de Luís XVI.

Gravura produzida em 1793, com a inscrição que resumia as principais ideias iluministas propagadas na França: "Unidade e indivisibilidade da república. Liberdade, igualdade, fraternidade ou a morte".

As transformações do século XVIII

No decorrer do século XVIII, na Europa, ocorreram intensas transformações que enfraqueceram o Antigo Regime. Enquanto na Inglaterra a burguesia vinha fortalecendo seu poder com o fim do absolutismo e a garantia de participação política no Parlamento – por meio da Revolução Gloriosa (1688-1689) –, na França a situação era diferente.

A teoria do direito divino dos reis justificava a existência do Estado absolutista francês ainda em fins do século XVIII. Concebia-se a sociedade como um todo desigual em que a condição social do indivíduo (exceto dos clérigos) era hereditária; portanto, imutável. Assim, havia três estados (ordens sociais): **Primeiro Estado**, formado pelo clero; **Segundo Estado**, formado pela nobreza; **Terceiro Estado**, formado pelo povo, isto é, camponeses, artesãos e burgueses. A economia do país, em crise motivada pelas dívidas do Estado e pela queda na produção agrícola, era outro aspecto que provocava descontentamento.

Nesse cenário, diferentes segmentos sociais passaram a contestar a ordem social e política vigentes, aderindo à filosofia iluminista que repercutia na França. Contudo, não havia um projeto único de mudanças em torno do qual todos se unissem. Cada segmento tinha interesses específicos: os nobres, que herdavam sua condição por nascerem em famílias da nobreza, pressionavam o rei a não mais vender ou conceder títulos **nobiliárquicos** a homens de negócios bem-sucedidos; burgueses reivindicavam o fim dos privilégios do Primeiro e Segundo Estados; trabalhadores pobres urbanos rebelavam-se contra a escassez e a fome; camponeses se revoltavam contra a servidão, que ainda lhes era imposta.

Desta forma, o processo revolucionário francês que sacudiu o país entre 1789 e 1799 teve fases distintas, cada uma relacionada a segmentos sociais específicos e a seus respectivos interesses. Portanto, foi um longo processo marcado por **rupturas** e tensões entre os diferentes atores sociais.

Glossário

Nobiliárquico: relativo à nobreza.
Ruptura: rompimento brusco.

Jean-Pierre Laurent Houël. *Queda da Bastilha*, 1789. Aquarela, 50,5 cm × 37,8 cm.

A Queda da Bastilha, em 14 de julho de 1789, é um marco histórico para a sociedade francesa e as outras sociedades ocidentais no enfrentamento ao Antigo Regime.

França pré-revolucionária

Na estrutura social hierarquizada francesa, o clero e a nobreza eram nomeados para ocupar cargos na administração pública, estavam isentos do pagamento de impostos e recebiam terras do Estado.

O Terceiro Estado, por sua vez, sustentava o país com os impostos pagos ao governo e com o trabalho na agricultura, no artesanato, na manufatura e no comércio.

O Estado tinha crescentes gastos com a administração pública, com as guerras nas quais a França se envolvia e com o luxuoso estilo de vida da família real e do Primeiro e Segundo Estados. Embora endividado, o governo não se dispunha a cortar despesas. Em vez disso, aumentava os impostos, gerando descontentamento popular. A situação social era agravada pela baixa produtividade agrícola, que acarretou altas sucessivas no custo de vida.

A situação tornava-se dramática para os mais pobres, cujo risco de passar fome era constante. Em Paris, o preço do pão equivalia praticamente a um dia de trabalho. Protestos e agitações sociais contra a carestia eram comuns e eram liderados, sobretudo, por mulheres do povo.

zoom

1 Que setores sociais franceses da época estão representados na imagem?

2 Essa gravura foi produzida em um contexto de crise socioeconômica. Em sua opinião, ela representa o ponto de vista de qual setor da sociedade francesa da época? Justifique sua resposta.

3 Na época em que a gravura foi produzida, a filosofia iluminista estava se difundindo na França, onde viveram muitos pensadores. Que relação é possível estabelecer entre as ideias iluministas e a situação representada na imagem?

A gravura, de autoria desconhecida, foi produzida em 1789. Ela representa os três setores sociais (estados) franceses à época.

Museu Carnavalet, Paris

Os Estados-Gerais

A fim de solucionar a crise econômica e social, o rei Luís XVI (1774-1791) nomeou sucessivos ministros que propuseram que o Primeiro e o Segundo Estados passassem a pagar impostos. No entanto, clérigos e nobres, sentindo-se prejudicados, pressionaram o rei para demitir esses ministros.

O problema da dívida pública permanecia sem solução e desgastava a imagem do governo. Diante desse impasse, em maio de 1789, Luís XVI convocou os Estados Gerais, assembleia formada por representantes dos três estados. Sua função era apresentar propostas ao monarca, a quem cabia aceitá-las ou rejeitá-las.

Dividir com os Estados-Gerais a responsabilidade de encontrar saídas para a crise foi, provavelmente, uma estratégia do rei Luís XVI para ampliar sua popularidade, pois a última convocação dos Estados Gerais ocorrera em 1614.

Nos Estados-Gerais, o número de deputados do Terceiro Estado era praticamente a soma dos deputados do Primeiro e do Segundo Estados. No entanto, essa situação numérica de pouco valia, pois a proposta apresentada ao monarca seria definida pelo voto por estado e não pelo voto de cada deputado. Assim, independentemente da quantidade de representantes na assembleia, cada estado teria direito a um voto. Essa situação beneficiou o clero e a nobreza, que defendiam interesses semelhantes.

Isidore-Stanislaus Helman e Charles Monnet. *Abertura dos Estados-Gerais em Versalhes, 5 de maio de 1789*, século XVIII. Gravura.

A assembleia, reunida no Palácio de Versalhes, onde vivia o rei e sua corte, era formada por 291 representantes do Primeiro Estado, 327 do Segundo Estado e 578 do Terceiro Estado.

zoom

Durante o governo de Luís XVI, a dívida pública estava muito alta. Para equilibrar as finanças, o governo propunha o aumento de impostos, o que provocava descontentamento popular. Na sociedade contemporânea, que outras opções você julga eficientes para conter as dívidas públicas?

A Assembleia Nacional Constituinte

Os representantes do Terceiro Estado recusaram o voto por estado, sendo apoiados por alguns representantes do clero. Em junho de 1789, eles desafiaram a autoridade dos Estados Gerais ao formar a Assembleia Nacional Constituinte. O objetivo dessa assembleia era elaborar uma Constituição para a França, com leis que limitassem os poderes do rei e eliminassem os privilégios do Primeiro e do Segundo Estados. O rei aceitou o funcionamento dessa assembleia, porém impôs que representantes do clero e da nobreza também participassem dela.

Pouco tempo depois, o monarca mais uma vez demitiu um ministro que defendia reformas tributárias, provocando violenta reação popular. Em 14 de julho, grande parte da população parisiense saiu às ruas para protestar e, após enfrentar a Guarda Real, invadiu a Bastilha, fortaleza considerada símbolo do Antigo Regime na França por ter sido utilizada como **prisão política**. Esse fato histórico marcou o início da Revolução Francesa.

Em 5 de outubro, uma multidão de mulheres, estimada em 7000, seguidas por seus companheiros e soldados da Guarda Nacional, marcharam de Paris ao Palácio de Versalhes, onde estava a família real. Armadas de lanças, machados e foices, exigiam a volta do rei à capital francesa e que fossem tomadas providências para acabar com a falta de pão. O episódio, conhecido como Marcha para Versalhes, submeteu o rei à vigilância do povo e marcou a participação feminina, sobretudo das camadas populares, na esfera pública, um espaço até então tradicionalmente ocupado por homens.

Ampliar

História: Revolução Francesa foi a primeira manifestação política feminina

https://educacao.uol.com.br/noticias/2013/12/14/historia-revolucao-francesa-foi-a-primeira-manifestacao-politica-feminina.htm

Artigo de José Tadeu Arantes que trata da importância da participação feminina no processo revolucionário francês.

Autoria desconhecida. *Pilhagem no armes aux Invalides*, 1789. Gravura.

Esta gravura francesa representa a multidão contra a Guarda Nacional de Paris, em um dos momentos decisivos da Revolução Francesa.

Glossário

Prisão política: local que abriga presos políticos, isto é, pessoas aprisionadas por governos autoritários e antidemocráticos apenas por sua oposição ao regime político vigente.

Em busca de igualdade

O clima de revolta espalhou-se pelo país. Os camponeses invadiram as terras do clero e da nobreza, saqueando-as, incendiando-as, assassinando senhores e destruindo seus títulos de propriedade. A violência dos protestos demonstrava o grau de descontentamento com a permanência de alguns costumes feudais, como a servidão e o pagamento de impostos aos nobres e aos clérigos.

Diante disso, a Assembleia Nacional Constituinte aprovou leis cujo principal objetivo era extinguir os vestígios feudais na França e atacar os privilégios do Primeiro e do Segundo Estados. Como as dívidas públicas permaneciam, a Assembleia aprovou o confisco dos bens da Igreja para transformá-los em propriedade do governo.

A Declaração dos Direitos do Homem e do Cidadão

O desenrolar dos acontecimentos fortalecia a Assembleia Constituinte, criando condições para implantar mudanças que abalariam o Antigo Regime. Em agosto de 1789 foi aprovada a Declaração dos Direitos do Homem e do Cidadão, documento inspirado nos ideais iluministas. O documento reconhecia vários direitos dos homens, excluindo as mulheres da cidadania e negando-lhes o direito ao voto e às manifestações públicas. Entretanto, as mulheres tiveram participação decisiva no processo revolucionário, tanto na rebelião que culminou com a queda da monarquia quanto na busca por igualdade de direitos políticos e de lutar como soldados.

A Declaração dos Direitos do Homem e do Cidadão representou um marco na queda do Antigo Regime, definindo mudanças que vinham sendo reivindicadas:

- abolir os privilégios de nascimento concedidos aos nobres;
- estabelecer a igualdade de acesso dos cidadãos aos empregos públicos;
- determinar que a sociedade tinha o direito de estabelecer o valor dos impostos e de fiscalizar a administração pública.

No entanto, quanto mais se concretizavam as conquistas políticas do Terceiro Estado, mais se aprofundavam suas divisões internas. Nos 17 artigos da Declaração dos Direitos do Homem e do Cidadão observa-se o predomínio dos interesses burgueses sobre os dos camponeses, artesãos e trabalhadores urbanos. Essa situação fica evidenciada na defesa da propriedade privada, à qual somente a burguesia tinha acesso.

Ampliar

A Declaração dos Direitos do Homem e do Cidadão
http://educaterra.terra.com.br/voltaire/mundo/declaracao.htm

A Declaração dos Direitos do Homem e do Cidadão traduzida.

Documentos em foco

Em defesa da propriedade

O 17º artigo da Declaração dos Direitos do Homem e do Cidadão estabelece que: Sendo a propriedade um direito inviolável e sagrado, dela ninguém pode ser privado, salvo quando a necessidade pública, legalmente verificada, o exigir evidentemente e com a condição de uma justa e prévia indenização.

Kátia M. de Queirós Matoso (Org.). *Textos e documentos para o estudo da história contemporânea (1789-1963)*. São Paulo: Hucitec/Edusp, 1977. p. 16.

① De acordo com o 17º artigo da Declaração dos Direitos do Homem e do Cidadão, em que condições o Estado poderia retirar a propriedade de um cidadão?

② O conteúdo desse 17º artigo se contrapôs aos direitos naturais defendidos pelos filósofos iluministas? Comente.

Jean-Jacques-François Le Barbier. Representação da Declaração dos Direitos do Homem e do Cidadão, 1789.

A monarquia constitucional

Finalizados os trabalhos de elaboração, a Constituição francesa entrou em vigor em 1791 e o país passou a ter como regime político a monarquia constitucional. As novas leis limitaram a autoridade do rei e avançaram na direção de maior igualdade de direitos entre os cidadãos franceses.

No entanto, para a formação da Assembleia Legislativa, que exerceria o Poder Legislativo, ficou decidido que a escolha dos deputados seria feita por **voto censitário**. Com isso, o direito ao voto ficava restrito às pessoas que comprovassem uma determinada renda anual.

Esse critério excluía grande parte do Terceiro Estado do processo eleitoral, favorecendo a burguesia, cuja riqueza obtida com as atividades comerciais e artesanais era suficiente para assegurar-lhe o direito ao voto.

As transformações promovidas pela monarquia constitucional provocaram diferentes reações. O rei Luís XVI tentou recuperar sua autoridade e, secretamente, pediu auxílio militar à Áustria e à Prússia, cujos governos eram absolutistas. Parte do clero e da nobreza fugiu da França e organizou a **contrarrevolução**.

> **Glossário**
>
> **Contrarrevolução:** organização política e militar para lutar contra os revolucionários, pretendendo o fim da revolução.
>
> **Voto censitário:** tipo de voto exclusivo para os cidadãos que tiverem renda igual ou superior à definida por lei; voto com base na riqueza do indivíduo.

As camadas populares, principalmente os trabalhadores de Paris, conhecidos como *sans-culottes*, protestavam contra o alto custo de vida e reivindicavam o fim do voto censitário e maior participação política. Por serem defensores da igualdade, da pátria e da república, tinham como inimigos os nobres, os monarquistas e os burgueses moderados.

Em abril de 1792, a França foi invadida por exércitos austríacos e prussianos que apoiavam Luís XVI e os contrarrevolucionários. A revolução ganhava assim repercussão no mundo europeu e os governos da Prússia e da Áustria, apoiados por príncipes germânicos, demonstraram disposição em impedir que o movimento popular francês se alastrasse pelo continente e abalasse outras monarquias.

Luís XVI foi visto como colaborador dos inimigos, agravando as tensões políticas. O povo se mobilizou contra os invasores, responsabilizando o rei, a nobreza e o clero pela guerra. Crescia entre os setores populares a ideia de que somente o fim da monarquia e a implantação de um governo republicano, eleito por sufrágio universal (isto é, com direito de voto a todos os cidadãos) livraria a França daquela situação.

As camadas populares, lideradas pela pequena burguesia, formaram um exército chefiado por Danton, Marat e Robespierre, que enfrentou e derrotou as tropas inimigas. O rei foi preso, e a república, proclamada em agosto de 1792. Era o fim do regime monárquico francês. Contudo, o regime republicano adotado não conseguiu colocar fim aos enfrentamentos sociopolíticos do país, e o processo revolucionário prosseguiu.

Autoria desconhecida. Sans-culotte *parisiense*. Aquarela, 1792-1793.

> Na época da Revolução Francesa, o vestuário típico dos trabalhadores de Paris era composto por calças largas, casacos curtos e tamancos de madeira. Assim, os artesãos, pequenos comerciantes e camponeses eram genericamente chamados de *sans-culottes* ("sem calção"), pois não usavam o calção curto e justo típico dos membros da nobreza e da alta burguesia.

Viver

Participação política e cidadania

Todos respiravam política na Paris revolucionária. O povo se mantinha bem informado e atento aos acontecimentos frequentando sociedades populares, [...] lendo alguns dos sessenta e nove jornais e panfletos criados entre julho e agosto de 1789 ou discutindo em grupos as notícias dos jornais lidos em voz alta nas esquinas. As mulheres se encontravam quase diariamente nas filas de pão, nos ateliês de trabalho, nas ruas, cafés, mercados [...] e nesses espaços de sociabilidade discutiam com entusiasmo os assuntos da cidade. [...] A conscientização política despertou no povo, inclusive nas mulheres, o sentimento de pertencimento ao corpo político da nação. Aos poucos, aumentou o número de pessoas que perceberam o impacto da política nas suas vidas privadas.

Tania Machado Morin. *Virtuosas e perigosas: as mulheres na Revolução Francesa*. São Paulo: Alameda, 2014. Arquivo digital sem paginação.

> **Ampliar**
>
> **Revolução Francesa**, de Carlos Guilherme Mota (Ática).
>
> Analisa as fases da Revolução Francesa e a importância desse movimento para o mundo contemporâneo.
>
> **23 formas de exercer a cidadania além do voto**
>
> www.politize.com.br/cidadania-23-formas-de-exercer/
>
> *Podcast* que apresenta vinte e três maneiras de exercitar a democracia participativa no âmbito da cidade como forma atual de exercer a cidadania nas comunidades locais.

Autoria desconhecida. *A liberdade de imprensa*. Gravura.

A liberdade de expressão defendida no artigo XI da Declaração dos Direitos do Homem e do Cidadão estimulou a circulação de inúmeros jornais e panfletos pela França revolucionária. Os cidadãos podiam falar, escrever, publicar ideias, livres da censura imposta pelo governo, desde que respeitassem os limites da lei para evitar os abusos.

1 Como a cidadania se manifestou no povo parisiense no contexto da Revolução Francesa?

2 De acordo com o texto, lentamente, na França revolucionária, "aumentou o número de pessoas que perceberam o impacto da política nas suas vidas privadas".

   a) Na realidade em que você vive, que impactos a política têm na sua vida privada e na da comunidade?

   b) Que ações individuais ou coletivas do seu cotidiano você considera serem exemplos de exercício de cidadania capazes de estimular o "sentimento de pertencimento ao corpo político da nação"? Por quê?

3 Você sabe o que significa democracia participativa? Conhece alguns exemplos dessa prática no contexto atual?

   a) Pesquise o assunto e registre as informações.

   b) Mobilize seus conhecimentos e diferencie a democracia representativa da democracia participativa.

   c) Após a pesquisa, reúna-se em dupla e discutam: Que relação há entre cidadania e democracia participativa?

1. Leia o texto e responda às questões.

> Em 1788, movimentos de protestos foram alimentados por uma colheita verdadeiramente catastrófica e pela grande alta do preço do pão [...]. Parte central da dieta alimentar de milhões de trabalhadores, o pão consumia, em tempos normais, algo como 50% dos ganhos dos trabalhadores, chegando, em momentos de crise, a até 80%. E isso, não raro, significava fome, sendo um termômetro para tensões sociais.
>
> L. E. Morales. *História contemporânea: da Revolução Francesa à Primeira Guerra Mundial*. São Paulo: Contexto, 2017. p. 17.

a) Com suas palavras, comente a situação socioeconômica da França pré-revolucionária indicada no texto acima.

b) Identifique e comente outra situação da França pré-revolucionária que agravou as tensões e culminou com o início da revolução, em 1789.

2. Em maio de 1789, pressionado pela crise econômica, o rei Luís XVI convocou os Estados-Gerais, assembleia formada por deputados das três ordens sociais da França. Contudo, houve divergências entre os representantes do Primeiro, do Segundo e do Terceiro Estado na votação sobre a questão dos impostos.

a) Quais eram as ordens sociais da França e qual situação motivou as divergências entre seus representantes na Assembleia dos Estados-Gerais?

b) Como os deputados do Terceiro Estado reagiram às divergências mencionadas acima?

c) Você avalia que a reação do Terceiro Estado foi adequada? Por quê?

3. Entre 5 e 6 de outubro de 1789 ocorreu a Marcha para Versalhes, um dos fatos mais importantes do início da Revolução Francesa. A gravura a seguir, produzida na época e de autoria anônima, é um registro deste acontecimento. Observe-a:

Autoria desconhecida. *A Versalhes, a Versalhes*. Marcha das mulheres para Versalhes, 5 de outubro de 1789, século XVIII. Gravura.

a) Descreva a cena representada na gravura e explique a situação histórica que ela representa.

b) Explique a importância da Marcha para Versalhes no contexto revolucionário francês.

4 Em 1792, após a Áustria declarar guerra à França em apoio ao rei Luís XVI e aos contrarrevolucionários, um oficial do exército francês compôs um canto de guerra. Os revolucionários repetiram esse canto na luta em que derrotaram os inimigos estrangeiros e a canção se popularizou. Em 1795, a *Marselhesa* foi declarada canção nacional da França, porém foi proibida ao fim da Revolução Francesa. Em 1879, foi transformada em hino nacional e ainda hoje se mantém como tal. Conheça sua parte inicial:

> Avante, filhos da Pátria,
> O dia da Glória chegou.
> O estandarte ensanguentado da tirania
> Contra nós se levanta.
> Ouvis nos campos rugirem
> Esses ferozes soldados?
> Vêm eles até nós
> Degolar nossos filhos, nossas mulheres.
> Às armas, cidadãos!
> Formai vossos batalhões!
> Marchemos, marchemos!

Rouget de Lisle. *A Marselhesa*. Disponível em:
<www.ambafrance-br.org/A-Marselhesa>.
Acesso em: maio. 2018.

Forme um grupo e faça o que se pede:

a) Que razões motivaram a Áustria e a Prússia a enviar forças militares à França em apoio a Luís XVI?

b) Na opinião do grupo, a interferência estrangeira na Revolução Francesa era aceitável? Por quê?

c) Na estrofe acima da *Marselhesa*, hino nacional francês, que passagens se relacionam à atuação dos exércitos estrangeiros e dos contrarrevolucionários na França? Diante disso, que apelo é feito aos franceses?

5 No contexto da Revolução Francesa identifique quais eram as forças revolucionárias e as contrarrevolucionárias.

6 A Assembleia Legislativa que se formou durante a Monarquia Constitucional seria escolhida por meio do voto censitário. Em que medida esse tipo de voto representou uma barreira à participação política dos setores populares da sociedade francesa na escolha dos deputados?

7 A Revolução Francesa foi um processo complexo, que se estendeu por uma década, de 1789 a 1799, e conheceu diferentes fases marcadas por avanços, rupturas e tensões. Uma dessas fases foi a Monarquia Constitucional. Sintetize-a.

8 No estudo deste capítulo, você teve contato com muitas expressões diretamente relacionadas ao contexto da Revolução Francesa. Mobilize seus conhecimentos e realize as atividades propostas abaixo.

a) Com suas palavras, elabore um verbete para cada uma das expressões a seguir.

   I – Assembleia dos Estados Gerais

   II – Queda da Bastilha

   III – Declaração dos Direitos do Homem e do Cidadão

b) Reúna-se em trio. Escolham uma das expressões e criem uma tirinha ou história em quadrinhos para representar o contexto da Revolução Francesa ao qual se relaciona.

Em data combinada com o professor, apresentem a produção para a turma e apreciem as produções dos colegas.

CAPÍTULO 6
Da República Jacobina ao Consulado

O terrorismo é um fenômeno que está no centro das atenções do mundo atual. Ele consiste na ação armada e violenta de grupos radicais, usada para atingir seus objetivos políticos. Alguns estudiosos consideram que as primeiras manifestações de terrorismo remontam ao século I no Império Romano, quando os romanos dominaram a região da Palestina e enfrentaram a resistência de judeus radicais, denominados **sicários**, contrários à dominação e a seus apoiadores.

Contudo, foi apenas no século XVIII, no contexto da Revolução Francesa, que se registrou pela primeira vez o uso da palavra **terrorismo**. Ela denominou a política de repressão adotada pelo governo republicano francês contra os opositores.

A Revolução Francesa conheceu assim sua fase mais radical, em que líderes jacobinos (que representavam os setores populares de Paris, identificados como *sans-culottes*) estiveram à frente do poder e empreenderam violentas ações contra aqueles considerados como traidores da revolução.

Neste capítulo, trataremos das características dessa fase revolucionária, designada Período do Terror (1793-1794), suas repercussões na França da época e os novos desdobramentos que levaram ao fim do processo da Revolução Francesa.

Autoria desconhecida. *Execução de Luís XVI em 21 de janeiro de 1793*, século XVIII. Gravura.

A guilhotina tornou-se o símbolo do Período do Terror, em que milhares de opositores foram executados. Nem mesmo líderes revolucionários escaparam das execuções, realizadas com aprovação do governo jacobino em nome da defesa dos interesses do povo, da pátria e da revolução.

A República e o governo da Convenção

Vimos que a estratégia do rei Luís XVI de pedir apoio militar a países aliados na tentativa de conter o processo revolucionário francês não foi bem-sucedida. O povo demonstrava não confiar mais na monarquia, situação que culminou com a prisão do monarca e a adoção da república.

Os novos tempos inaugurados na França com a república foram simbolizados pela criação de um novo calendário. Ficou estabelecido que o ano 1 seria 1792, data da proclamação da república. Os doze meses do ano receberam nomes inspirados em características da natureza e da produção agrícola, sinais da valorização da economia agrária francesa e dos camponeses, que compunham a maioria da população.

O governo republicano foi formado por uma assembleia denominada Convenção Nacional, que governou o país entre 1792 e 1795. Eleita pelo sufrágio universal, a Convenção reunia representantes dos revolucionários franceses que se dividiram em três correntes políticas:

- **Girondinos**: representantes da alta burguesia que pretendiam garantir a propriedade privada e o desenvolvimento de seus negócios, impedindo que o processo revolucionário ampliasse as conquistas sociais das camadas populares e ameaçasse seus interesses.
- **Jacobinos**: representantes da pequena e média burguesia, eram defensores do sufrágio universal e de uma efetiva participação popular no governo. Pretendiam acabar com a miséria do povo, melhorando suas condições de vida.
- **Pântano**: representantes da alta e média burguesia que não tinham posição política definida, às vezes apoiando as ideias dos girondinos, às vezes, dos jacobinos.

Na Convenção, os girondinos sentavam-se à direita do presidente da assembleia; os jacobinos, à esquerda, e os do pântano, no centro do plenário. Criou-se assim a tradição de chamar de "direita" as tendências políticas mais conservadoras; de "esquerda" as tendências populares; e de "centro" as que oscilam entre as outras duas.

Tais denominações permanecem usadas nos dias de hoje; contudo, a maior complexidade das questões sociopolíticas atuais exige redefinir esses conceitos para ajustá-los aos novos contextos. Em outras palavras, a classificação das tendências políticas entre direita, esquerda e centro, inspira-se no jogo de forças políticas da Convenção francesa, mas, para aplicá-las aos cenários contemporâneos, é necessário levar em conta as transformações pelas quais essas tendências passaram ao longo do tempo.

Nos primeiros tempos da república francesa, os *sans-culottes* não participavam da assembleia, mas exerciam pressão política sobre os jacobinos, grupo político mais sensível às reivindicações populares.

Um dos primeiros desafios da Convenção foi decidir o destino de Luís XVI. Enquanto os jacobinos defendiam a execução do rei como traidor da França, aos girondinos bastava sua prisão. Prevaleceu a ideia dos jacobinos, e o antigo monarca, acusado de traição, foi guilhotinado em 21 de janeiro de 1793.

Sua morte provocou forte reação dos governos da Áustria, Prússia, Espanha, Holanda e Inglaterra, cujos governantes temiam a difusão dos ideais revolucionários no país deles. Com isso, para restaurar a monarquia na França, uniram-se em uma aliança militar denominada Primeira Coligação.

Em fevereiro oficializou-se a guerra das tropas francesas contra as coligadas.

Interrogatório de Luís XVI, em 26 de dezembro de 1792, na sala de convenções. Gravura publicada em *Paris A Travers Les Ages*, 1875.

> A gravura da época representa o interrogatório do rei Luís XVI pela Convenção Nacional durante o processo que resultaria em sua execução na guilhotina. As sessões da Convenção eram frequentemente invadidas por populares ansiosos por acompanhar os debates no plenário e os rumos políticos da revolução.

República Jacobina

Os jacobinos passaram a controlar a Convenção. À frente do governo, eles tomaram medidas populares como:

- fixar um preço máximo para o pão;
- realizar a **reforma agrária** em terras da nobreza e do clero;
- estabelecer a educação pública e gratuita;
- cobrar impostos mais altos dos ricos;
- abolir a escravidão nas colônias francesas.

Embora as medidas indicassem ações do Estado para diminuir as desigualdades sociais, a república francesa enfrentava críticas à execução do rei, insatisfação popular com o aumento do custo de vida e divergências entre jacobinos e girondinos. A crise interna e a guerra externa acentuaram as tensões políticas.

Em março, as agitações agravaram-se após o governo anunciar o recrutamento obrigatório de 300 mil homens para o exército revolucionário enfrentar os países inimigos. Milhares de camponeses que viviam na região da Vendeia (no oeste da França) se rebelaram contra o recrutamento, pois temiam pela vida dos soldados.

Além disso, eles estavam descontentes com os rumos da revolução. As expectativas iniciais da população rural de que a vida deles seria melhor com a revolução não se cumpriram. Também provocou descontentamento o fato de o governo decretar a submissão do clero à república, ameaçando os que não a aceitassem de serem impedidos de rezar as missas. Como grande parte dos camponeses eram católicos e contavam com a assistência social realizada pela Igreja, eles se voltaram contra o governo republicano.

Para melhor se organizar e armar, os rebeldes populares da Vendeia uniram-se aos nobres da região e o **levante** transformou-se em uma guerra civil. Desafiando o governo revolucionário, lutavam "por Deus e pelo rei" e somaram vitórias importantes até setembro de 1793, quando então o governo aprovou a Lei dos Suspeitos, que lhe permitiu prender e condenar pessoas suspeitas de conspiração.

Ampliar

Vendeia: a antirrevolução francesa

https://aventurasnahistoria.uol.com.br/noticias/guerras/vendeia-a-antirrevolucao-francesa.phtml

Reportagem de Aventuras na História, com informações sobre a luta dos camponeses da Vendeia, em 1793.

Glossário

Levante: revolta.
Reforma agrária: divisão e distribuição de terras públicas e/ou privadas realizada pelo Estado, geralmente como forma de reduzir a desigualdade social.

zoom
No contexto da guerra civil, também conhecida por Revolta da Vendeia, o que significava o lema "lutar por Deus e pelo rei"?

Paul Emile Boutigny. *Henri de La Rochejaquelein na Batalha de Cholet*, século XVIII. Óleo sobre tela, 1,38 m × 1,13 m.

62

O Terror

Nesse cenário de agitações, em junho de 1793, a Convenção aprovou a primeira Constituição republicana do país, que reafirmou o direito à igualdade, liberdade, segurança e propriedade. Anunciou ainda que cabe ao Estado garantir aos cidadãos o direito à assistência pública, ao trabalho e à educação; instituiu o sufrágio universal masculino e proclamou o direito de o povo rebelar-se contra governos que desrespeitem os direitos dos cidadãos.

Glossário

Radicalismo: qualquer comportamento caracterizado como inflexível.

No mês seguinte, o assassinato do líder jacobino Marat por uma jovem girondina acentuou as tensões no país. Seguiu-se um período de perseguições do governo aos girondinos e aos contrarrevolucionários, incluindo os rebeldes da Vendeia.

Entre setembro de 1793 e julho de 1794, opositores do governo foram presos e executados na guilhotina. Essa fase da revolução, conhecida como Terror e liderada pelo jacobino Robespierre, acabou afetando também os jacobinos. Muitos deles, por discordar das medidas radicais, também foram condenados à morte; foi o caso do revolucionário Georges Danton. Calcula-se que cerca de 42 mil pessoas tenham sido guilhotinadas durante o Período do Terror.

O **radicalismo** de Robespierre provocou forte oposição e a perda do apoio popular, abrindo caminho para uma reação dos girondinos: em 27 de julho de 1794, a alta burguesia assumiu o controle da Convenção, expulsou os jacobinos do poder e condenou à morte seus principais líderes, entre eles o próprio Robespierre.

zoom
Que elementos da Constituição francesa de 1793 permanecem como referências para as democracias atuais?

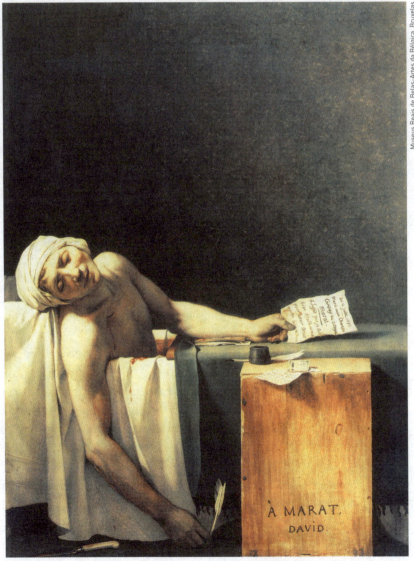

Jacques-Louis David. *A morte de Marat*, 1793. Óleo sobre tela, 1,62 m × 1,28 m.

De olho no legado

Uma praça com muita história

A Praça da Concórdia é a maior praça pública de Paris e se destaca na paisagem urbana da capital francesa. Inaugurada em 1763, à época recebeu o nome do então rei da França, Luís XV. Em seu centro, foi colocada uma estátua do monarca.

O obelisco de Luxor na Praça da Concórdia. Paris, França, 2014.

Durante a Revolução Francesa, o espaço foi ocupado pelos revolucionários que ali protagonizaram fatos decisivos para os rumos do movimento. Em agosto de 1792, populares derrubaram a estátua do monarca e renomearam o local de Praça da Revolução. Nela foi instalada a guilhotina, onde mais de mil franceses foram mortos, acusados de serem contrarrevolucionários. Entre eles, o rei Luís XVI e, meses depois, a rainha Maria Antonieta. Também ali foi guilhotinado o líder jacobino Robespierre, em julho de 1794. No ano seguinte, o local foi rebatizado de Praça da Concórdia, em uma tentativa do governo em promover a reconciliação do país após a violência do período do Terror.

Autor desconhecido. *Execução de Luís XVI (1754-93) 21 de janeiro de 1793*, século XVIII. Gravura.

No século XIX, contudo, a França viveu um breve período de restauração monárquica e o governo da época homenageou o rei decapitado, alterando o nome da praça para Luís XVI. Mas, em 1830, com a queda definitiva do regime monárquico no país, a denominação anterior foi novamente oficializada, mantendo-se ainda hoje como Praça da Concórdia.

1. Em que medida a Praça da Concórdia, em Paris, é um local histórico que simboliza a queda do regime monárquico na França?

2. A Praça da Concórdia é patrimônio cultural. Que importância você atribui à sua preservação para a memória das gerações atuais sobre a construção dos ideais da democracia?

O Diretório e a instabilidade política

A nova Convenção, controlada pelos girondinos, anulou algumas das medidas populares da fase anterior, elaborou outra Constituição, que restabelecia o voto censitário, e criou o Diretório, órgão formado por cinco membros eleitos pelos deputados, que passou a governar a França. Nesse período (1795-1799), a sociedade francesa viveu um período de inflação, queda da produção agrícola e alta no custo de vida.

Diante da crise, o Diretório enfrentou oposição dos setores que defendiam a restauração da monarquia e também dos que defendiam um governo popular. Os monarquistas tentaram tomar o poder em 1795 e em 1797. Em 1796, os *sans-culottes*, sob a liderança do jornalista revolucionário François Babeuf, organizaram um movimento conhecido como Conspiração pela Igualdade. O movimento lutava pela igualdade social, defendendo uma ampla reforma agrária, o fim do voto censitário e a plena participação popular no governo. A tentativa fracassou, e Babeuf, com outros rebeldes, foi executado.

Louis Blanc. *Francois Noel Babeuf*, século XIX. Gravura retirada de *Histoire de la Revolution Francaise*.

A ameaça externa persistia. Na Europa, em 1799, os adversários da revolução formaram a Segunda Coligação (que reuniu Espanha, Holanda, Prússia e o reino das duas Sicílias), mas suas tropas foram derrotadas pelo exército francês.

Viver

A revolução na linguagem

As transformações promovidas pela Revolução Francesa se desdobraram em muitos aspectos do cotidiano francês. A preocupação com a igualdade era tão difundida, sobretudo entre os jacobinos, que provocou mudanças até no tratamento que as pessoas e os parlamentares dispensavam uns aos outros. Sobre esse aspecto, a historiadora Lynn Hunt comenta:

"Em outubro de 1793, um *sans-culotte* **zeloso** encaminhou à Convenção uma **petição** 'em nome de todos os meus **comitentes**' para que se votasse um decreto determinando que todos os republicanos 'tratem **indistintamente** por 'tu' todos aqueles ou aquelas com quem falem a sós, sob pena de serem declarados suspeitos'. Ele alegava que tal prática levaria a 'menos orgulho, menos distinção, menos inimizades, mais familiaridade no tratamento, mais **pendor** para a fraternidade; consequentemente mais igualdade'. Os deputados recusaram a obrigatoriedade do tuteamento, mas o uso do 'tu' se generalizou nos círculos de revolucionários **ardorosos**."

Michelle Perrot (Org.). *História da vida privada*. São Paulo: Companhia das Letras, 1991. v. 4. p. 30.

Glossário

Ardoroso: apaixonado, entusiasmado.
Comitente: aquele que participa da elaboração de uma Constituição.
Indistintamente: aquilo que não apresenta diferença ou distinção.
Pendor: tendência.
Petição: pedido, requerimento.
Zeloso: cuidadoso

① Considerando os estudos do capítulo, explique por que os revolucionários franceses argumentavam que as pessoas, ao se tratarem socialmente utilizando o pronome **tu**, contribuiriam para a diminuição das desigualdades sociais.

O Golpe do 18 Brumário e o Consulado

Assustada com os rumos dos acontecimentos, a alta burguesia girondina apoiou o golpe de Estado liderado por Napoleão Bonaparte, jovem general francês que ganhara projeção nacional por sua atuação nas vitórias da França contra os exércitos inimigos. O golpe de Estado ocorreu em 9 de novembro de 1799 (correspondente a 18 de brumário no calendário republicano francês), e derrubou o frágil Diretório.

Com o fim do Diretório, inaugurou-se na França mais uma fase do governo republicano: o Consulado. Formado por três membros, chamados cônsules, o novo governo representava os interesses da alta burguesia, que pretendia conter a invasão dos exércitos estrangeiros, impedir a restauração da monarquia e evitar a retomada do poder político pelos jacobinos. Sob a liderança de Napoleão Bonaparte, o tumultuado período revolucionário francês, cujo início se dera com a Queda da Bastilha pelos parisienses, cedeu lugar a uma gradativa estabilidade política e econômica. A revolução chegava ao fim, deixando como saldo a ascensão e a consolidação da alta burguesia francesa no poder.

Conviver

Estudo comparativo

No contexto da crise do Antigo Regime e do liberalismo político, destacaram-se as Revoluções Inglesas e a Francesa. Embora cada uma tenha tido um processo específico, é possível estabelecer algumas comparações entre elas.

Pierre Antoine de Machy. *Execução na Praça da Revolução*, s.d. Óleo sobre tela.

Autoria desconhecida. Guilherme III (Guilherme de Orange) desembarca com suas tropas em Torbay, Devon, em 5 de novembro de 1688, no início da Revolução Gloriosa. Gravura.

1. Em dupla, elaborem um texto comparativo entre tais processos revolucionários considerando as imagens acima e os seguintes aspectos de cada processo:

   - período e país em que ocorreram;
   - principais razões que os motivaram;
   - grupos sociais que os apoiaram;
   - grupos sociais que a eles se opuseram;
   - nome e conteúdo central das declarações de direitos aprovadas;
   - etapas/fases dos processos;
   - principais mudanças promovidas.

2. Depois de pronto o texto, troque-o com outra dupla. Sua dupla lê a produção dos colegas e eles leem a de vocês. Depois, reúnam-se e comentem os pontos fortes observados nos textos e os que podem ser aperfeiçoados. De forma colaborativa, reescrevam o que for necessário.

O legado da Revolução Francesa

O processo revolucionário ocorrido na França entre 1789 e 1799 ultrapassou as fronteiras daquele país. Por mais de duas décadas, seus acontecimentos repercutiram em várias sociedades, vizinhas e distantes.

Na América, as notícias sobre os acontecimentos franceses, em especial aqueles que envolveram a luta de *sans-culottes*, camponeses e jacobinos por liberdade, igualdade e fraternidade, influenciaram diferentes movimentos de independência das colônias entre o final do século XVIII e as primeiras décadas do século XIX. Além disso, a Declaração de Direitos do Homem e do Cidadão, aprovada pelos constituintes franceses em agosto de 1789, inspirou documentos posteriores em diferentes países.

François Bouchot. *Bonaparte e o Conselho dos Quinhentos em Saint-Cloud*, 1840. Óleo sobre tela.

Napoleão (no centro) é representado na cena do golpe de Estado conhecido por Golpe do 18 Brumário, em referência à data do calendário republicano francês em que ele ocorreu.

Reflexos dos ideais franceses no Brasil

As ideias de liberdade, igualdade e fraternidade que circulavam na França à época da Revolução Francesa estenderam-se pela Europa e ecoaram na América, incluindo o Brasil.

Entre 1798 e 1799, ocorreu em Salvador a Conjuração Baiana, movimento de caráter popular contra o alto custo de vida e as desigualdades sociais. Inspirados na Revolução Francesa, os revoltosos tinham por objetivo colocar fim ao domínio português, implantar a república e libertar os escravizados. No entanto, a violenta repressão da Coroa portuguesa, apoiada pelos latifundiários locais, impediu a concretização daqueles ideais.

Em Pernambuco, no ano de 1817, as classes médias e a elite local organizaram um movimento social também inspirado nos ideais da Revolução Francesa. Os rebeldes pretendiam proclamar a independência, formar uma república e instituir a liberdade comercial. Após um breve governo revolucionário na cidade do Recife, a Revolução Pernambucana chegou ao fim com a execução dos principais líderes.

Schlappriz. *Campo das Princesas*, século XIX.

Em 1817, os revoltosos dominam o antigo Palácio do Governo, no Campo das Princesas, no Recife, Pernambuco.

67

1 A Convenção Nacional, instituída em agosto de 1792, representou a substituição de um regime político na França por outro, inaugurando uma nova etapa da Revolução Francesa.

a) Qual regime político chegou ao fim com a Convenção? E qual teve início?

b) Diferencie os grupos políticos que participavam da Convenção.

c) Qual grupo político da Convenção tinha como projeto ampliar as transformações promovidas pela revolução? Explique sua resposta.

d) Que assembleia substituiu a Convenção e qual grupo político a controlava?

2 Em 25 de dezembro de 1793, o líder jacobino Robespierre fez um discurso à Convenção Nacional do qual extraímos o seguinte fragmento:

> [...] O governo constitucional ocupa-se principalmente da liberdade civil, e o governo revolucionário da liberdade pública. Sob o regime constitucional, quase basta proteger os indivíduos contra o abuso do poder público: sob o regime revolucionário, o próprio poder público é obrigado a defender-se contra todas as facções que o atacam.
>
> O governo revolucionário deve aos bons cidadãos toda a proteção nacional; aos inimigos do povo, não deve outra coisa senão a sua morte.
>
> Essas noções bastam para explicar a origem e a natureza das leis que chamamos de revolucionárias. [...]
>
> Luís Edmundo Moraes. *História contemporânea: da Revolução Francesa à Primeira Guerra Mundial*. São Paulo: Contexto, 2017. p. 36.

Com base na interpretação do documento, responda o que se pede:

a) Considerando o contexto em que o discurso foi feito, que ação política radical Robespierre estava defendendo na Convenção?

b) Na visão de Robespierre, o que justificava essa ação política radical?

3 A Constituição de 1793, aprovada durante a República Jacobina, pode ser considerada a mais democrática do processo revolucionário francês. No entanto, em relação ao voto, que característica dessa Constituição contraria a noção de uma democracia consolidada para todos?

4 Leia o texto sobre a crise socioeconômica francesa durante o governo do Diretório (1795-1799):

> A inflação alcançava seu limite extremo, pouco depois da instalação do Diretório. [...] as consequências sociais foram catastróficas para o conjunto das classes populares. O inverno do ano IV foi terrível para os assalariados esmagados pela alta vertiginosa dos preços. Os mercados permaneciam vazios: a colheita de 1795 não fora boa [...]. O Diretório teve de fazer compras no exterior e de regulamentar severamente o consumo. A ração de uma libra [aproximadamente 500 gramas] de pão diária caiu, em Paris, para 75 gramas; foi completada por arroz, que as donas de casa não podiam cozer por falta de lenha. Durante todo o inverno, os relatórios policiais relatam [...] a miséria e o descontentamento populares [...].
>
> Albert Soboul. *A Revolução Francesa*. 3. ed. São Paulo: Difel, 1979. p. 95-97.

a) Que informação do texto permite concluir que o governo francês da época importou gêneros agrícolas? Por que a importação foi necessária?

b) De acordo com o texto, que outra medida foi tomada pelo Diretório para contornar a falta de alimentos no país?

5 Entre fins do século XVIII e as primeiras décadas do século XIX, os ideais de Liberdade, Igualdade e Fraternidade defendidos pelos revolucionários franceses ecoaram no Brasil. Justifique essa afirmativa.

6 Lion era a segunda maior cidade da França, atrás apenas de Paris. Lá a contrarrevolução ganhou força e durante a República jacobina seus habitantes rebelaram-se contra o governo. Entre agosto e outubro de 1793, a cidade foi cercada, destruída e derrotada pelas tropas da Convenção. Calcula-se que cerca de 1 800 populares tenham sido guilhotinados ou executados a tiros pela Convenção na repressão política. Observe a imagem do cerco a Lion.

Autoria desconhecida. *Cerco de Lion em outubro de 1793*, século XVIII. Gravura.

a) Descreva a imagem destacando elementos que reafirmam a destruição de Lion.
b) Identifique o fenômeno político francês associado à execução dos contrarrevolucionários de Lion, em 1793.
c) Na sua opinião, que sentimento em relação à Revolução Francesa essa passagem da história de Lion pode ter desencadeado nas gerações que viveram na cidade posteriormente? Explique sua resposta.

7 Leia o texto sobre um dos principais símbolos da Revolução Francesa.

> Assim como a igreja da Contrarreforma em fins do século XVII tentara disciplinar as festividades religiosas populares, também as autoridades do regime revolucionário procuraram disciplinar os festejos políticos das massas. Incorporaram símbolos populares a festivais e cerimônias organizados e conceberam seus próprios símbolos para consumo popular. A deusa da liberdade é o exemplo mais conhecido e também o mais bem-sucedido. [...] O porte sereno e confiante da Liberdade no selo de 1792 não evocava a frenética violência dos vários "dias" de mobilização popular revolucionária. [...] A Liberdade era uma qualidade abstrata baseada na razão. Não pertencia a grupo algum, a nenhum lugar específico. [...] Assim que a liberdade recebeu o reconhecimento oficial e ampla difusão, porém, também se tornou mais acessível a usos populares.
>
> Lynn Hunt. *Política, cultura e classe na Revolução Francesa*. São Paulo: Companhia das Letras, 2007, p. 86-87.

a) A que símbolo da Revolução Francesa o texto se refere?
b) Em sua opinião, no contexto da Revolução Francesa, que significado pode ser atribuído a esse símbolo? Por quê?

Visualização

Século das Luzes
- Movimento filosófico europeu
- Burguesia iluminista
- Participação política
- Liberdade religiosa
- Liberdade econômica
- Igualdade de direitos
- Desenvolvimento científico

Comportamentos e costumes burgueses
- Ascensão social
- Identificação do grupo
- Novas regras de comportamento
- Novas formas de se vestir
- Festas
- Eventos

Direitos invioláveis
- Vida
- Liberdade de expressão e de religião
- Igualdade de direitos
- Propriedade privada

ILUMINISMO

John Locke
- Crítica ao absolutismo
- Parlamentarismo
- Bem-estar do povo

Adam Smith
- Liberalismo econômico
- Divisão do trabalho
- Livre concorrência
- Fim do pacto colonial

Voltaire
- Liberdade de expressão
- Crítica ao clero
- Desinteresse pelas camadas populares

Diderot e D'Alambert
- *Enciclopédia*
- Compilação e divulgação do conhecimento
- Influência em movimentos de independência colonial

 PENSADORES

Jacques Rousseau
- Crítica à propriedade privada
- Vontade da maioria
- Sufrágio universal masculino

Montesquieu
- Poder tripartido do Estado
  - Executivo
  - Legislativo
  - Judiciário

REVOLUÇÃO FRANCESA

Pré-revolução
- Três Estados
  - Clero
  - Nobreza
  - Povo
- Crescente dívida pública
- Guerras
- Administração do Estado
- Manutenção de privilégios
- Aumento de impostos
- Crise econômica
- Baixa produção agrícola
- Grande insatisfação social

Estados-Gerais
- Três Estados
- Solução para crise econômica
- Modelos de votação: por membro × por Estado

A república
- Novo calendário
- Convenção Nacional
- Eleições pelo sufrágio universal
- Grupos políticos
- Girondinos: conservadores
- Jacobinos: populares
- Pântano: oscilantes
- Execução do rei
- Forte reação estrangeira
- Coligados × franceses

REPÚBLICA

Jacobinos no poder
- Controle da Convenção
- Medidas populares
- Crise política e social
- Recrutamento obrigatório para a guerra contra os coligados
- Revolta contrarrevolucionária
- Guerra civil
- Leis dos Suspeitos

Terror
- Constituição republicana
- Perseguição do governo jacobino
- Líder: Robespierre
- Execução na guilhotina
- Reação girondina
- Controle da Convenção
- Expulsão dos jacobinos

Girondinos no poder
- Nova Constituição
- Diretório
  - Cinco membros
- Crise econômica
- Fracasso da Conspiração pela Igualdade
- Reação de forças externas

LEGADO DA REVOLUÇÃO
- Movimentos de independência na América
- Documentos inspirados na Declaração de Direitos do Homem e do Cidadão
- Conjuração Baiana
- Revolução Pernambucana

Consulado
- Incertezas e insegurança
- Interesses da alta burguesia
- Golpe de Estado
  - Apoiado pelos girondinos
- Napoleão Bonaparte
  - General francês
  - Vitorioso nas guerras
- Fim do Diretório
- Queda do Antigo Regime

Assembleia Nacional Constituinte
- Elaboração de uma Constituição
  - Limitação do poder do rei
  - Fim dos privilégios do Primeiro e Segundo Estados
- Queda da Bastilha
- Marcha para Versalhes
  - Protagonismo feminino
- Disseminação das revoltas
- Declaração dos Direitos do Homem e do Cidadão
  - Ideias iluministas
  - Predomínio de interesses burgueses
- Ruptura do Terceiro Estado

Monarquia constitucional
- Constituição em vigor
  - Limitação do poder do rei
  - Maior igualdade de direitos
  - Voto censitário
- Invasão estrangeira
  - Apoio da monarquia
- Descontentamento social
  - Sans-culottes
- Danton, Marat e Robespierre
  - Luta contra forças absolutistas
- Prisão do rei
- Proclamação da república

Retomar

1) Como em um balanço do século que findava, a pergunta "o que é Iluminismo" animou um importante debate na Alemanha entre 1783 e 1784, famoso pela riqueza das respostas apresentadas [...]. Mas, bem antes dessa data, grandes pensadores já buscavam explicar o nome escolhido para a época de transformações em que viviam: século das luzes, do esclarecimento. [...] E o debate continuou, assim, até nossos dias, suscitando as mais variadas definições.

Jorge Grespan. *Revolução Francesa e Iluminismo*. 2. ed. São Paulo: Contexto, 2014. p. 13.

- Tendo em vista o texto e os estudos sobre os capítulos desta unidade, faça um balanço sobre o que foi o Iluminismo e registre suas conclusões.

2) Nessa gravura anônima de 1789, vê-se as três ordens sociais da França pré-revolucionária: à esquerda, de preto, o clero; à direita, de uniforme militar, a nobreza; no chão, sob a pedra, o Terceiro Estado. Na pedra há a seguinte inscrição: "*Talha, impostos e corveias*".

Autoria desconhecida. *Dízimos, Impostos e Enxerto*, século XVIII. Gravura.

- Considerando o contexto do início da Revolução Francesa, em 1789, explique a situação de desigualdade social tratada na caricatura.

3) Durante a Revolução Francesa, diferentes tipos de votos foram adotados nas assembleias formadas naquele processo. A escolha do tipo de voto variou conforme os interesses dominantes em cada contexto, revelando uma tendência política ora conservadora, ora transformadora.

Classifique os tipos de voto listados a seguir como de tendência política conservadora ou transformadora e justifique sua classificação.

a) voto por estado
b) voto censitário
c) sufrágio universal

4) A Revolução Francesa foi um processo complexo em que diferentes interesses se chocaram. Explique os interesses dos *sans-culottes* e os dos contrarrevolucionários franceses no processo.

5 A Revolução Francesa foi um processo complexo. Iniciada em 1789, ela se desdobrou em diferentes fases.

a) Em sua opinião, que acontecimentos da Revolução Francesa foram mais significativos? Por quê?

b) Discuta com os colegas os fatos da Revolução Francesa que vocês consideraram mais significativos. Exponha seu ponto de vista e ouça os pontos de vista dos colegas.

c) Escrevam uma síntese coletiva sobre os principais aspectos discutidos coletivamente.

6 Em uma breve biografia de Maximilien de Robespierre, líder da república jacobina que se instalou na Convenção Nacional entre 1792 e 1794, encontramos:

> Robespierre ajudou a fundar e foi líder do Partido Jacobino na Convenção Nacional [...] Os ideais da Revolução Francesa – liberdade, igualdade e fraternidade – compunham seu **slogan** predileto. Robespierre tornou-se famoso como político sério e "incorruptível". Seu objetivo era eliminar os privilégios e instituições do Antigo Regime. Ele propagou ideias revolucionárias para a época, como o sufrágio universal, eleições diretas, educação gratuita e obrigatória, e imposto progressivo segundo a renda.

1974: Robespierre é exceutado na guilhotina. Disponível em: <www.dw.com/pt-br/
1794-robespierre-é-executado-na-guilhotina/a-319705>. Acesso em: jul. 2018.

- Continue a escrever a biografia de Robespierre informando a ligação dele com o Período do Terror e como ele deixou o poder.

7 Leia o texto a seguir sobre cotas raciais no Brasil hoje.

> A era moderna afirmou a igualdade moral de todos os cidadãos nas inúmeras constituições que produziu, quebrando com as hierarquias estamentais dos regimes que a antecederam. Mas o valor da igualdade não parou na letra mais ou menos morta da lei; ele se espalhou pelas visões de mundo e práticas sociais, erodindo continuamente desigualdades reais que o projeto inicial da modernidade, produzido pelas revoluções, não dera conta: sufrágio universal, fim da escravidão, direito de voto de mulheres, etc. fazem parte das conquistas dessa marcha da igualdade. [...]
>
> Isso pode parecer complicado se colocado nesses termos teóricos, mas podemos usar exemplos ilustrativos bem simples. O fato de mulheres receberem salários menores que homens ao exercer a mesma função laboral é algo injustificável dentro do sistema jurídico-moral no qual vivemos. O fato de ser mulher não pode ser usado como justificativa para menor pagamento. Da mesma forma, uma pessoa ser preterida em uma entrevista de emprego por ser negra é algo injustificável, a não ser que assumamos uma premissa racista de que negros são em média piores que brancos.
>
> Ao traduzirmos esses exemplos para a linguagem do mérito fica clara a conexão desse conceito com o de igualdade. Não há mérito algum em um homem ganhar mais que uma mulher pelo mesmo trabalho. Se isso acontece não se trata de mérito, mas de injustiça. Da mesma forma, não há mérito algum em vencer um concurso para um emprego de um concorrente negro que foi preterido por racismo ou discriminação. Mais uma vez, a vitória não constitui mérito mas um privilégio injustificado.

João Feres Júnior. *O lugar do mérito no debate sobre as cotas raciais.* Disponível em: <http://jornal.usp.br/especial/
inclusao-social/o-lugar-do-merito-no-debate-sobre-as-cotas-raciais/>. Acesso em: nov. 2018.

- Faça uma pesquisa sobre grupos que reivindicam direitos sociais que, em teoria, são garantidos pela Constituição de 1988. Considere o que estudou a respeito da disseminação das ideias de igualdade, liberdade e fraternidade postuladas pela Declaração dos Direitos do Homem e do Cidadão e elabore um texto sobre a questão do acesso aos direitos no Brasil atualmente.

UNIDADE 3

Antever

Hoje em dia, praticamente ninguém ousaria criticar os princípios da Revolução Francesa, sobretudo nos países democráticos, onde a liberdade, a igualdade e a fraternidade se tornaram uma espécie de senso comum, servindo de base para a vida em sociedade. Mesmo assim, é possível perceber que o uso desses princípios sofreu grandes variações ao longo da história. Tanto na época da Revolução Francesa como no período imediatamente posterior a ela, a liberdade, a igualdade e a fraternidade serviram para justificar diferentes projetos políticos, desde as independências coloniais até a instauração de um império na França. Para você, o que significa defender os princípios de liberdade, igualdade e fraternidade nos dias de hoje?

A charge ao lado, feita pelo cartunista Michel Kichka, em 2010, complementa o lema da Revolução Francesa com as palavras provisória, **irrisória** e **aleatória**. Qual teria sido a intenção do autor ao complementar o lema da Revolução Francesa com essas palavras?

Glossário

Aleatório: casual, que não segue uma regra fixa.
Irrisório: insignificante, muito pequeno.

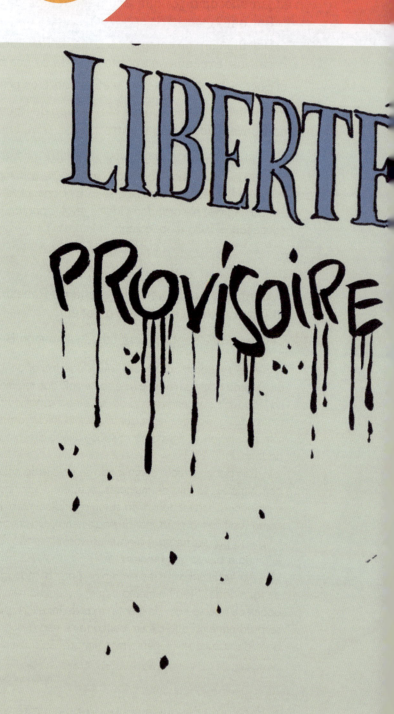

Michel Kichka. *Liberté, Égalité, Fraternité* [Liberdade, Igualdade, Fraternidade], agosto de 2010.

Era Napoleônica e crise colonial

CAPÍTULO 7
O império de Napoleão

Você já ouviu falar em Código Civil? Presente em muitas nações ao redor do mundo, esse tipo de documento reúne um conjunto de normas que determinam os direitos e os deveres das pessoas no âmbito da vida civil. Sua existência é considerada fundamental para a preservação da justiça e da convivência social em cada país. O Brasil faz parte das nações que contam com códigos civis. Em vigor desde 2013, o Código Civil Brasileiro é composto de mais de 2 mil artigos. O primeiro deles, talvez o mais importante, determina que:

> Art. 1º Toda pessoa é capaz de direitos e deveres na ordem civil. [...]
>
> Código Civil Brasileiro. Disponível em: <www.planalto.gov.br/ccivil_03/leis/2002/l10406.htm>. Acesso em: nov. 2018.

Mas isso vale apenas para os maiores de 16 anos, idade definida pelo código como o início da vida adulta. Na França, após a revolução, foi instituído o Código Civil que reorganizou os direitos e deveres de cidadania naquele país.

Jean-Baptiste Mauzaisse. *Napoleão o legislador*, 1833. 1,3 m × 1,6 m.

Estabilidade política

Após o golpe de 18 Brumário, a alta burguesia francesa passou a controlar o governo, sob a liderança do general Napoleão Bonaparte.

Descendente de família da pequena nobreza, Napoleão iniciara carreira militar como soldado, destacando-se durante a Revolução Francesa, sobretudo nas guerras contra os inimigos estrangeiros da Primeira e da Segunda Coligações. Seu prestígio perante a sociedade cresceu e foi usado para que a burguesia da época alcançasse estabilidade política e econômica.

Entre 1799 e 1804, o governo formado depois do golpe liderado por Bonaparte foi exercido pelo Consulado, órgão executivo composto de três membros: Napoleão, como primeiro-cônsul, e dois conselheiros.

Durante esse período, as invasões externas foram contidas, e Napoleão obteve vitórias militares significativas contra os países inimigos da França. No plano administrativo, seu governo criou o Banco da França e o franco, a moeda nacional, além de estimular o desenvolvimento econômico com incentivos à indústria e à agricultura e com a ampliação das obras públicas, que geravam empregos.

Essas medidas foram acompanhadas pela **anistia** dos jacobinos e dos defensores da monarquia e pelo estabelecimento de censura à imprensa e ao teatro. Já a educação mereceu atenção especial – considerada responsabilidade do Estado, voltou-se à formação militar dos jovens.

Após os conflitos dos tempos revolucionários, Napoleão reconciliou o Estado com a Igreja Católica, convencendo-a a aceitar o confisco de bens ocorrido durante a revolução, a nomeação de bispos franceses pelo governo e a condição de funcionários públicos para os membros do clero.

Em 1804 foi aprovado o Código Civil, documento que estabelecia as **bases jurídicas** da sociedade francesa pós-revolucionária: igualdade dos cidadãos perante a lei, garantia à propriedade privada, proibição de sindicatos e de greves e restabelecimento da escravidão nas colônias francesas. O Código Napoleônico, como ficou conhecido, foi inspirado no Direito Romano da Antiguidade e reafirmou os princípios burgueses da Revolução Francesa.

Glossário

Anistia: perdão, geralmente concedido pelo poder político, a quem praticou algum crime ou delito, sobretudo de natureza política.

Base jurídica: fundamento legal, constitucional.

Ampliar

Napoleon.org – The history website of the Fondation Napoleon

www.napoleon.org/en

Site da Fundação Napoleão, com diversas obras de arte, informações, artigos e divulgação de eventos relacionados à história e à cultura da França. Em inglês e francês.

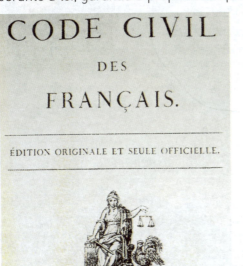

Primeira edição do Código Civil francês, 1804.

Conhecido como Código Napoleônico, o Código Civil francês consolidou os princípios burgueses na França.

Moeda de 1 franco, produzida em 1978.

O franco, moeda criada no governo de Bonaparte, circulou na França até ser substituído pelo Euro, em 2002.

77

Napoleão se faz imperador

As decisões de Napoleão eram aprovadas por grande parte da sociedade francesa, sobretudo burgueses, militares, camponeses e trabalhadores urbanos mais humildes. Esse amplo apoio foi consolidado em 1804, com a aprovação de uma nova Constituição, que o nomeava imperador da França e reforçava a concentração de poder em suas mãos. A cerimônia ocorreu na Catedral de Notre-Dame e, diferentemente da tradição católica em que o papa coroava e abençoava o imperador, a coroação foi feita pelo próprio Napoleão.

Jacques-Louis David. *Consagração do imperador Napoleão e a coroação da imperatriz Josephine na Catedral de Notre-Dame de Paris, 2 de dezembro de 1804*, c. 1806-1807. Óleo sobre tela, 6 m × 3,92 m.

ZOOM Observe que, na obra de Jacques-Louis David, o papa está sentado e Napoleão está em pé, com a coroa nas mãos. O que isso representa?

O gesto de Napoleão ao se autoproclamar imperador pode ser interpretado como demonstração de sua autoridade e do controle do Estado francês sobre a Igreja Católica.

Expansão territorial

As ambições territoriais de Napoleão despertavam os temores da nobreza e do clero, bem como das monarquias vizinhas. Todas temiam que os acontecimentos da França revolucionária se repetissem em seus países.

A Inglaterra – potência naval, comercial e industrial – ameaçava o expansionismo francês, liderando as muitas coligações que se formaram contra a França desde a época da revolução até o fim do Império Napoleônico. Em 1805, a Marinha britânica derrotou a frota de Napoleão na Batalha de Trafalgar.

Em terra, a campanha militar francesa continuou. Dominou regiões da Prússia e da Áustria, destruindo o que restava do Sacro Império Romano-Germânico (formado em meados do século X pelas atuais regiões de Alemanha, norte da Itália, Suíça e Áustria). A essas novas conquistas Napoleão deu o nome de Confederação do Reno, entregando os governos das diferentes regiões a parentes e militares de sua confiança. Ele prosseguiu as conquistas com a ocupação da Espanha, colocando no trono seu irmão José Bonaparte.

Jeremy Black. *World history atlas*. Londres: Dorling Kindersly, 2008. p. 201.

Bloqueio Continental

Decidido a prejudicar a economia inglesa, Napoleão decretou, em 1806, o Bloqueio Continental, proibindo os países europeus de comercializar com a Inglaterra e ameaçando de invasão os que desrespeitassem o bloqueio.

Portugal estava em situação delicada: endividado com a Inglaterra, não pôde obedecer ao bloqueio e tornou-se alvo das invasões napoleônicas. Elas ocorreram em 1808, forçando a família real portuguesa a fugir para o Brasil. A Inglaterra exerceu um papel significativo a favor de Portugal, cedendo escolta naval para a fuga da família real e enviando reforços militares para repelir tropas francesas em território português.

Armando Vianna. *Chegada de D. João à Igreja do Rosário*, 1937. Óleo sobre tela.

Com a chegada da família real ao Brasil, em janeiro de 1808, a colônia passou a ser considerada a sede da administração portuguesa. As transformações ocasionadas a partir de então nas relações entre metrópole e colônia abriram caminho para o processo de independência do Brasil.

Campanha da Rússia

A Rússia, temendo as invasões napoleônicas, inicialmente aderiu ao Bloqueio Continental, assinando um tratado de paz com a França, em 1807. No entanto, vendo-se impedida de comprar produtos industrializados e de vender produtos agrícolas para a Inglaterra, ela decidiu furar o bloqueio e foi invadida em 1812.

A superioridade militar francesa foi anulada pela estratégia russa de atrair as tropas inimigas para o interior do país, em vez de enfrentá-las de imediato, utilizando o inverno rigoroso como "arma". Além disso, o Exército russo incendiava campos e cidades por onde passava, impedindo o abastecimento dos franceses.

Quando a Rússia finalmente se dispôs ao combate, as tropas napoleônicas estavam reduzidas a quase um quinto de sua formação original, arrasadas pela fome e pelo frio intenso.

O declínio de Napoleão

Inglaterra, Prússia e Áustria uniram-se à Rússia contra Napoleão. Vencido, o imperador assinou o Tratado de Fontainebleau em 1814, abrindo mão do trono e exilando-se na Ilha de Elba, no Mediterrâneo.

Na França restaurou-se a monarquia com a coroação de Luís XVIII (irmão de Luís XVI, deposto e guilhotinado no início da Revolução Francesa), que tentou restabelecer o Antigo Regime, com base no absolutismo, na sociedade estamental e no mercantilismo.

Aproveitando-se da impopularidade do rei, Napoleão decidiu reagir. Com o apoio do Exército, saiu de Elba e retornou à França em 1815, sendo recebido como herói. O retorno foi breve, conhecido como "Governo dos Cem Dias".

Luís XVIII, refugiado na Bélgica, articulou com aliados sua retomada do trono. Napoleão foi derrotado por tropas estrangeiras sob liderança da Inglaterra, na Batalha de Waterloo. Exilado na Ilha de Santa Helena, no Atlântico, morreu em 1821.

 Ampliar

Waterloo

Itália/União Soviética/Inglaterra, 1970. Direção: Sergei Bondarchuk, 134 min.

O filme trata da última batalha dos franceses sob o comando de Napoleão: a Batalha de Waterloo.

Conviver

A construção de um mito

A biografia de Napoleão tem algumas passagens que o transformaram em figura polêmica. Alguns o consideram um estrategista que soube aproveitar oportunidades tanto em épocas de guerra como de paz; outros se surpreendem com o fato de ter se transformado de soldado em imperador, no intervalo de cerca de 20 anos.

O historiador Eric Hobsbawm, em sua obra *A Era das Revoluções: Europa 1789-1848* (Rio de Janeiro: Paz e Terra, 1977, p. 94), assim se refere a Napoleão: "Foi o homem da revolução, e o homem que trouxe estabilidade". Em outras palavras, a rápida carreira militar e a ascensão pessoal de Napoleão Bonaparte deveram-se às oportunidades criadas pela Revolução Francesa, nas quais ele pôde revelar suas qualidades. Ao encerrar a revolução com o golpe do 18 Brumário, Napoleão implantou na França a estabilidade política e social, conseguiu preservar as conquistas da burguesia, restabeleceu alguns privilégios do clero e da nobreza e se reconciliou com a Igreja Católica.

Retomando conhecimentos sobre Roma Antiga, é possível compreender parte da construção desse mito. Diversos aspectos de seu governo demonstram a inspiração na cultura romana: as pretensões expansionistas, o militarismo, a economia colonial baseada no trabalho escravo, a aliança com a Igreja Católica visando aos interesses políticos. O Código Napoleônico, tido como sua principal obra, assemelha-se ao Direito Romano, sobretudo ao normatizar a sociedade francesa tendo como referência os padrões da camada dominante.

A trajetória política da Roma Antiga também incluiu um consulado composto de três cônsules, bem como a centralização de poderes nas mãos dos imperadores.

Jean-Auguste Dominique Ingres. *Napoleão no trono imperial*, 1806. Óleo sobre tela, 2,59 m × 1,62 m.

Forme um grupo com os colegas e respondam às questões a seguir.

1. Ao observar o quadro *Napoleão no trono imperial*, é possível dizer que a construção do mito em torno de seu personagem começou durante seu governo? Justifiquem suas opiniões sua opinião, mencionando quais elementos na pintura os levaram a essa conclusão.

2. Vocês conhecem algum personagem de nossa sociedade que é considerado um mito? Quem é essa pessoa? Por que ela é vista dessa forma?

3. Retomem o personagem mencionado na questão anterior. Vocês acreditam que a imagem dele passou por uma construção, tal qual a de Napoleão Bonaparte, ou ela se deve unicamente ao reconhecimento social? Discutam o tema com os colegas.

Congresso de Viena

Após o fim do Império Napoleônico, Áustria, Prússia, Rússia e Inglaterra desejavam restabelecer o equilíbrio das forças políticas europeias. Para isso, representantes desses países reuniram-se no Congresso de Viena (1815).

Uma das primeiras decisões do congresso foi reconduzir ao poder os governos monárquicos depostos por Napoleão e devolver a cada um deles as regiões que lhes pertenciam antes das invasões napoleônicas. No entanto, prevaleceram os interesses das quatro nações líderes, que tentaram compensar as perdas sofridas durante a Revolução Francesa partilhando territórios europeus e colônias. Os reinos e principados da Itália e da Alemanha foram submetidos à Áustria e à Prússia.

A França manteve seu território praticamente inalterado, mas teve de pagar **vultosa** indenização aos outros países europeus e aceitar a ocupação de seu território por tropas aliadas. A Holanda ficou com a Bélgica, formando o reino dos Países Baixos. À Inglaterra couberam as ilhas de Malta, Trinidad e Tobago e Santa Lúcia (na América Central), Guiana Inglesa (na América do Sul), colônia do Cabo (na África do Sul) e Ceilão (atual Sri Lanka, na Ásia). A Rússia ficou com grande parte da Polônia, com a Finlândia e com a Bessarábia (atual Moldávia). À Áustria coube as regiões da Lombardia e do Vêneto e parte da Polônia. A Prússia recebeu outra parte da Polônia, o norte da Itália e a região em torno do Rio Reno.

A principal beneficiada com as partilhas do Congresso de Viena foi a Inglaterra, que assegurou o fornecimento de matérias-primas e o consumo de produtos industrializados pela posse de territórios americanos, asiáticos e africanos, além de fortalecer-se como potência naval.

> **Glossário**
> **Vultoso:** muito grande, volumoso.

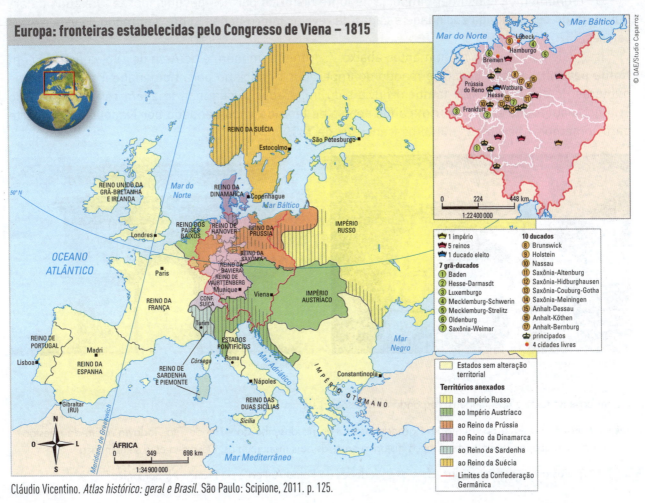

Cláudio Vicentino. *Atlas histórico: geral e Brasil*. São Paulo: Scipione, 2011. p. 125.

A Santa Aliança

A fim de garantir a restauração do Antigo Regime, o Congresso de Viena formou a Santa Aliança, com um **Exército supranacional** constituído por Inglaterra, Rússia, Prússia, Áustria e França, cujos objetivos eram reprimir as revoltas contra as divisões territoriais de 1815, combater a expansão de ideias liberais que levassem a burguesia ao poder e impedir os movimentos de libertação colonial que estavam se organizando na América.

Logo após sua formação, surgiram divergências internas na Santa Aliança. O governo da Inglaterra desejava fortalecer seu desenvolvimento industrial; por esse motivo, apoiava a independência das colônias como forma de ampliar o mercado consumidor de produtos ingleses e o fornecimento de matérias-primas para as indústrias. Essa posição enfraqueceu a Santa Aliança, que, incapaz de conter os avanços liberais na Europa e as guerras de independência na América, acabou se desfazendo em 1830.

Glossário

Exército supranacional: Exército composto de soldados de mais de um país.

Documentos em foco

Arquitetura como documento

Os monumentos constituem importante fonte histórica para os pesquisadores. O estudo da arquitetura de determinada sociedade é capaz de revelar informações sobre seu modo de vida e seus valores.

Isso vale para os dois monumentos abaixo. A primeira imagem é do Arco de Tito, construído em Roma por volta do ano 82 d.C. a mando do imperador Domiciano para homenagear as conquistas militares de seu irmão, que também havia sido imperador. A segunda imagem retrata o Arco do Triunfo, inaugurado em 1836, trinta anos depois de ter sido encomendado por Napoleão Bonaparte para comemorar as vitórias militares francesas de 1806.

Arco de Tito. Roma, Itália.

Arco do Triunfo. Paris, França.

Com base no texto e nas imagens, responda às questões a seguir.

1 O projeto do Arco do Triunfo teve grande inspiração no desenho do Arco de Tito. Todavia, além da questão arquitetônica, existe uma semelhança histórica entre os dois monumentos. Descreva essa semelhança.

2 O que os arcos podem revelar sobre as sociedades da Roma Antiga e da França Napoleônica?

Conviver

Moda feminina no Império Napoleônico

[...] A Moda Império ou Neoclássica foi inspirada na Grécia antiga e teve seu ápice na coroação do Imperador Napoleão, em 1804. Exceto nos tempos primitivos, na década de 1920 e nos tempos atuais, nunca as mulheres haviam usado tão pouca roupa. Os trajes pareciam ter sido criados para um clima tropical e, de fato, a Europa estava passando por uma época de temperaturas mais altas que o normal.

Napoleão Bonaparte [...] fez questão de fazer da França um país líder de moda. Bonaparte estava seguindo uma longa tradição de promover a economia francesa através da moda. Sua esposa, a Imperatriz Josephine, era um ícone de estilo e o que usava era copiado pelas mulheres.

Na moda feminina, era usada uma espécie de camisola leve, decotada, que ia até os tornozelos com uma saia de formato em "A", tinha cintura alta (logo abaixo do busto), e pequenas mangas bufantes. As roupas diurnas poderiam ter golas, mangas e nenhum enfeite. Havia também gradações de vestidos como: vestido da tarde, vestido de caminhar, vestido de viajar etc.

Vestidos brancos eram sinal de *status* social, já que o branco suja facilmente. Eles eram usados à noite com enfeites em renda, decotes, um volume extra na parte de trás que podia ser carregado nas mãos e eram usados com luvas longas. As moças usavam cores suaves como rosa, azul ou lilás. Já as senhoras, cores mais sérias como roxo, preto, vermelho, azul ou amarelo.

O *corset* era usado, sem apertar, por uma minoria de mulheres que desejavam parecer mais magras. Nessa época havia *lingeries* que disfarçavam a transparência dos vestidos, como um tipo de pantalona em tom *nude* que ia até o tornozelo e uma peça que evoluiria para se tornar o sutiã moderno, chamado "divórcio", que servia para separar os seios da mulher.

[...] o xale era uma peça essencial no guarda-roupas feminino. Saber usar um xale com graça era característica da mulher elegante. Como acessórios: luvas, sombrinhas, leques [...]. Os sapatos eram sem salto ao estilo sapatilha ou bailarina.

Os cabelos eram presos, repartidos ao meio, com cachos. As mulheres casadas e mulheres elegantes deveriam sair às ruas usando *bonnets* [...] com abas largas nas laterais, cobrindo as orelhas.

[...]

Sana. *O século XVIII e XIX: diretório, império e regência*. História da Moda, 27 maio 2013. Disponível em: <http://modahistorica.blogspot.com.br/2013/05/o-seculo-xviii-e-xix-diretorio-imperio.html>. Acesso em: ago. 2018.

François Gérard. *Retrato da Madame Récamier*, 1805. Óleo sobre tela, 2,25 m × 1,45 m.

① Reúna-se com seus colegas e, com base no texto, discutam as seguintes questões: Como a história da moda pode ser relacionada ao contexto político, social e econômico mais amplo? Ela também pode ser uma forma de inclusão social?

O avanço liberal na Europa

Apesar dos esforços do Congresso de Viena e da Santa Aliança, a onda liberal espalhou-se pela Europa.

Na Península Itálica, os reinos passaram a contestar a dominação austríaca a partir de 1820. No mesmo ano, em Portugal, organizou-se a Revolução Liberal do Porto, que exigia uma monarquia constitucional e o retorno do rei D. João VI, que se mudara para o Brasil em 1808, com a invasão de Napoleão. A Grécia tornou-se independente do Império Turco entre 1828 e 1829. A Bélgica separou-se da Holanda em 1831.

Na França, o liberalismo teve avanços e recuos. O governo de Luís XVIII, a partir de 1815, conciliou práticas absolutistas com algumas iniciativas de caráter liberal. Por exemplo, o rei jurou obedecer à nova Constituição, mas restabeleceu o voto censitário para a composição da Assembleia Legislativa. Após sua morte, em 1824, foi sucedido pelo irmão Carlos X, que governou de forma autoritária e impopular, restabelecendo privilégios do clero e da nobreza e dissolvendo a Assembleia Legislativa.

A burguesia francesa, liderada pelo duque Luís Filipe de Orleans, articulou um golpe de Estado, depondo Carlos X na Revolução de 1830. No mesmo ano, Luís Filipe foi coroado e, durante seu governo, favoreceu exclusivamente a burguesia. Considerado o "rei burguês", jurou obedecer à Constituição, reabriu a Assembleia Legislativa e suspendeu a censura. No entanto, manteve o voto censitário, ignorando os interesses populares.

Acompanhando o avanço do liberalismo, a industrialização crescia na Europa, sobretudo na Inglaterra. A partir da segunda metade do século XIX, desenvolveu-se também na França, na Bélgica e na Alemanha.

Nesse processo, a burguesia consolidava seu poder e enriquecia, enquanto o proletariado exigia melhores condições de vida e trabalho. As tensões tornaram cada vez mais evidentes as desigualdades sociais, trazendo à tona diferentes **projetos políticos**. A manutenção das práticas capitalistas, baseadas na exploração do trabalho e nas ideias liberais, opunha-se às reivindicações por direito de greve, aumento salarial e maior participação política.

Glossário

Projeto político: proposta de caráter social, político e econômico que dá ao Estado diretrizes para suas ações.

zoom

Que projetos políticos emergiram no contexto europeu pós-napoleônico? Por que eles se rivalizavam?

Luís Filipe ficou conhecido como o "rei burguês" por ter favorecido os interesses da burguesia durante seu reinado na França.

Franz Xavier Winterhalter. *Retrato de Luís Felipe I, rei da França*, s.d. Óleo sobre tela, 2,84 m × 1,84 m.

Viver

A velha ordem mudou

Depois que a Revolução acabou, foi a burguesia quem ficou com o poder político na França. O privilégio de nascimento foi realmente derrubado, mas o privilégio do dinheiro tomou seu lugar. "Liberdade, Igualdade e Fraternidade" foi uma frase popular gritada por todos os revolucionários, mas que coube principalmente à burguesia desfrutar.

O exame do Código Napoleônico deixa isso bem claro. Destinava-se evidentemente a proteger a propriedade – não a feudal, mas a burguesa. O código tem cerca de 2 mil artigos, dos quais apenas sete tratam de trabalho e 800 da propriedade privada. Os sindicatos e as greves são proibidos, mas as associações de empregadores permitidas. Numa disputa judicial sobre salários, o código determina que o depoimento do patrão, e não do empregado, é que deve ser levado em conta. O código foi feito pela burguesia e para a burguesia: foi feito pelos donos da propriedade para a proteção da propriedade.

Quando o fumo da batalha se dissipou, viu-se que a burguesia conquistara o direito de comprar e vender o que lhe agradasse, como, quando e onde quisesse. O feudalismo estava morto.

E morto não só na França, mas em todos os países conquistados pelo exército de Napoleão. Este levou consigo o mercado livre (e os princípios do Código Napoleônico) em suas marchas vitoriosas. Não é de surpreender que fosse bem recebido pela burguesia das nações conquistadas!

Nesses países, a servidão foi abolida, as obrigações e pagamentos feudais foram eliminados, e o direito dos camponeses proprietários, dos comerciantes e industriais, de comprar e vender sem restrições, regulamentos ou contenções, se estabeleceu definitivamente.

Leo Huberman. *História da riqueza do homem*. 21. ed. Rio de Janeiro: LTC, 1986. p. 151-152.

Jacques-Louis David. *A Coroação de Napoleão*, 1807. Óleo sobre tela, 6,2 m × 9,8 m.

1 De acordo com o texto, o período napoleônico foi responsável por consolidar e expandir um sistema social burguês, no qual o privilégio de nascimento da nobreza foi substituído pela lógica do dinheiro e do livre mercado. Reúna-se com seus colegas e discutam se esse tipo de lógica ainda organiza nossa sociedade. Em seguida, analisem se vocês consideram isso ideal.

Atividades

1. Compare o conteúdo do Código Napoleônico, aprovado em 1804, com as propostas do terceiro estado, gestadas na Assembleia Nacional Constituinte de 1789 (consulte os conteúdos sobre a Revolução Francesa, na Unidade 2).
Comente a capacidade de pressão e de participação das camadas mais populares nas decisões do Estado nesses dois momentos.

2. Explique por que a França alcançou a estabilidade política durante o governo de Napoleão Bonaparte.

3. Como Napoleão tratou dos assuntos educacionais em seu governo? Atualmente, como você considera que o tema Educação precisa ser tratado pelo governo? Por quê?

4. Leia o documento abaixo, que consiste em trechos do Bloqueio Continental, e responda às questões.

   BLOQUEIO CONTINENTAL
   Campo Imperial de Berlim, 21 de novembro de 1806.
   Artigo 1 - As Ilhas Britânicas são declaradas em estado de bloqueio.
   Artigo 2 - Qualquer comércio e qualquer correspondência com as Ilhas Britânicas ficam interditados [...].
   Artigo 7 - Nenhuma embarcação vinda diretamente da Inglaterra ou das colônias inglesas, ou lá tendo estado, desde a publicação do presente decreto, será recebida em porto algum.
   Artigo 8 - Qualquer embarcação que, por meio de uma declaração, transgredir a disposição acima, será apresada e o navio e sua carga serão confiscados como se fossem propriedade inglesa. [...]
   Napoleão

   Bloqueio Continental: 1806-1807. Disponível em: <www.fafich.ufmg.br/~luarnaut/bloq_cont.pdf>. Acesso em: out. 2018.

   a) O que foi o Bloqueio Continental?
   b) Quais eram os objetivos de Napoleão ao decretá-lo?
   c) Quais foram as reações dos demais países europeus diante dessa imposição?
   d) O Bloqueio Continental afetava não apenas a Inglaterra como outras nações que mantivessem comércio com ela. Portanto, o decreto do imperador francês restringiu a liberdade comercial das nações europeias. Nos dias atuais, uma medida semelhante à de Napoleão teria êxito? Por quê?

5. A Campanha da Rússia de 1812 foi, sem dúvida, o ponto de virada na preponderância francesa no continente. Mesmo tendo entrado na Rússia com um exército experimentado de mais de 600 mil homens, e chegado a ponto de ocupar a capital do Império, a Campanha empreendida por Napoleão foi um retumbante fracasso.

   Luis Edmundo Moraes. *História contemporânea: da Revolução Francesa à Primeira Guerra mundial.* São Paulo: Contexto, 2017. p. 74.

   a) Do ponto de vista militar, quais eram as razões para Napoleão acreditar em uma vitória contra a Rússia?
   b) Naquele conflito, o que significa dizer que a Rússia utilizou o rigoroso inverno como "arma"? Por que a estratégia foi bem sucedida?

6. O Congresso de Viena foi um evento central na chamada Era Pós-Napoleônica, pois foi responsável por definir as diretrizes da política e das relações entre os países europeus, que duraram longo tempo. Sobre esse tema, responda às questões a seguir.
   a) Qual era o principal objetivo do Congresso de Viena?
   b) Com que finalidade o Congresso de Viena criou a Santa Aliança? Que países a compunham?

7. Estabeleça as diferenças entre a posição da Inglaterra e a dos outros países da Santa Aliança.

8 Explique como ocorreu o avanço dos movimentos liberais na Europa, além da França e da Inglaterra.

9 Como o rei Luís Filipe, que pertencia à nobreza, pôde ser lembrado como o "rei burguês"?

10 Enquanto a burguesia consolidava seu poder com o avanço da industrialização, o que acontecia com o proletariado? Comente as tensões entre essas duas classes sociais naquele período.

11 Observe as duas imagens a seguir, sobre movimentos grevistas atuais, e responda às questões.

Professores da rede estadual em greve. São Paulo (SP), 2018.

Caminhoneiros em greve contra o aumento do preço do combustível. Curitiba (PR), 2018.

a) O que os trabalhadores estão reivindicando?

b) Você sabia que as leis brasileiras garantem aos trabalhadores o direito de greve? Elabore uma hipótese para tentar explicar o porquê desse direito.

12 Nascida na distante Martinica […] nada parecia indicar, na virada do século 19, que Josefina Rosa ajudaria a escrever a história da França. Mas em 1804 ela foi coroada imperatriz, exercendo papel importantíssimo no resgate da indústria do luxo que havia sido dilapidada pela Revolução Francesa, ditando moda e criando uma nova silhueta – mais sóbria, mais reta, em sintonia com o gosto neoclássico da época […]

Primeira imperatriz dos franceses, a trajetória de Josefina é impressionante. Foi criada com a liberdade de uma crioula até os 15 anos, quando se mudou para Paris para casar com o visconde Alexandre de Beauharnais. Apesar dos dois filhos, Eugène e Hortense, o casal nunca se acertou […]. Entre idas e vindas, o casamento foi atropelado pela chegada da Revolução Francesa. Alexandre aderiu às hostes revolucionárias, mas logo foi devorado por elas e condenado à guilhotina. Josefina, então conhecida por um de seus nomes do meio, Rosa, teve de se virar para criar os dois filhos.

[…] Até que o marido de uma amiga lhe indicou aquele que tinha tudo para lhe servir como um bom segundo marido: o promissor general Napoleão Bonaparte. […] No início ela o tratou com desdém, mas cedeu a seus encantos, impressionada com sua capacidade de hipnotizar as massas. O fim dessa história a gente conhece: ele se casou com ela e a coroou imperatriz em 1804. Josefina foi a face feminina desse império extremamente militarizado. Espécie de ministra informal do marido para a recuperação da indústria do luxo francesa […].

A imperatriz da moda: Josefina é tema de exposição em Paris. Disponível em: <https://vogue.globo.com/moda/noticia/2014/06/imperatriz-da-moda-josefina-e-tema-de-exposicao-em-paris.html>. Acesso em: out. 2018.

a) Que papel o texto jornalístico acima atribui à imperatriz Josefina, esposa de Napoleão, no contexto do Império Napoleônico?

b) Qual visão sobre a mulher esse texto jornalístico reforça? Você concorda com essa visão? Por quê?

c) Observe a representação da imperatriz Josefina na obra a seguir, produzida em 1806 pelo artista Henri-François Riesener. Que elementos da imagem associam a imperatriz ao luxo?

Henri-François Riesener. *Imperatriz* Josefina, 1806.

CAPÍTULO 8
O nascimento dos Estados Unidos

Com uma área de mais de 9 milhões de quilômetros quadrados, dividida em 48 estados e um Distrito Federal, os Estados Unidos são atualmente um dos países mais importantes que existem. Além de gerir a maior economia do mundo, o governo norte-americano tem o maior poderio bélico do planeta, o que torna o país peça central na manutenção da ordem mundial sob a qual vivemos.

No entanto, nem sempre foi assim. Formado por meio da reunião das Treze Colônias inglesas da América do Norte, os Estados Unidos começaram sua ascensão com a sua independência, que marcou o nascimento da primeira nação no continente americano.

Porta-aviões estadunidense movido a energia nuclear passa por Nagasaki. Japão, 2017.

As Treze Colônias inglesas

As Treze Colônias inglesas na América do Norte eram: Massachusetts, Nova Hampshire, Rhode Island e Connecticut (colônias do norte); Nova York, Pensilvânia, Nova Jersey e Delaware (colônias do centro); Maryland, Virgínia, Carolina do Norte, Carolina do Sul e Geórgia (colônias do sul). Nelas se desenvolveram tipos distintos de colonização.

O comércio entre as colônias do sul e a burguesia britânica foi acentuado. Os gêneros agrícolas coloniais eram revendidos pela burguesia ao mercado consumidor europeu, e os colonos importavam produtos manufaturados da Inglaterra.

As colônias do norte e do centro tinham relativa autonomia comercial e administrativa em relação à metrópole. Nelas eram produzidos artigos manufaturados, comercializados com as Antilhas e a África. Assim, formou-se nessas colônias um grupo social que acumulou capital, investindo-o em seus negócios, o que propiciou o desenvolvimento colonial. Além disso, os colonos tomavam decisões relativas à administração pública sem consultar o governo inglês.

A colonização inglesa concentrou-se na costa leste da América do Norte, banhada pelo Oceano Atlântico.

Fonte: Patrick O'Brien. *Atlas of world history*. Nova York: Oxford University Press, 2012. p. 164.

Guerra dos Sete Anos

Entre 1756 e 1763, na Guerra dos Sete Anos, França e Inglaterra disputaram áreas de exploração colonial na América do Norte. O conflito assumiu proporções internacionais: os franceses receberam apoio da Áustria, enquanto os ingleses receberam apoio de Portugal e da Prússia.

Para impedir o avanço dos ingleses sobre os territórios a oeste das Treze Colônias, os franceses se uniram a algumas nações indígenas e construíram diversos fortes desde o Rio São Lourenço, ao norte, até o Rio Mississipi, ao sul.

Derrotada na guerra, a França perdeu parte do Canadá para a Inglaterra e a Louisiana para a Espanha, além de algumas ilhas das Antilhas e entrepostos comerciais que mantinha na Índia. Do outro lado, foi favorecida a expansão de ingleses e de colonos das Treze Colônias para o oeste da América do Norte.

Fonte: Patrick O'Brien. *Atlas of world history*. Nova York: Oxford University Press, 2012. p. 125.

Nova política colonial

Mesmo vitoriosa na Guerra dos Sete Anos, a Inglaterra teve suas finanças muito abaladas. Aumentar os impostos cobrados aos colonos foi a solução encontrada para reequilibrar a economia inglesa.

Em 1764, o Parlamento inglês aprovou a Lei do Açúcar, estabelecendo o controle exclusivo da metrópole sobre o comércio de produtos coloniais, como açúcar, melaço, vinho e seda.

No ano seguinte, instituiu a Lei do Selo: as publicações e documentos oficiais somente poderiam circular nas colônias com o selo da Coroa inglesa, o que comprovava o pagamento de taxa.

Revoltados, em 1766 os colonos exigiram a revogação da lei. Os rebeldes, cujo lema era *No taxation without representation* ("Nenhum imposto sem representação"), reivindicavam ainda sua participação nas decisões do Parlamento inglês.

Depois de ter recuado e anulado a Lei do Selo, em 1773 a Inglaterra decretou a Lei do Chá, que obrigava os colonos a comprar somente chá indiano, vendido pelas companhias de comércio inglesas.

Novas manifestações de protesto ocorreram, culminando no episódio conhecido como a Festa do Chá de Boston, em que colonos, disfarçados de índios, invadiram três navios ingleses no Porto de Boston e jogaram no mar todo o carregamento de chá.

Em resposta às manifestações dos colonos contra a Lei do Chá, o Parlamento inglês criou novas leis para controlar as Treze Colônias. Elas ficaram conhecidas como Leis Intoleráveis e passaram a vigorar em 1774, determinando o fechamento do Porto de Boston e a limitação da autonomia política colonial.

> **zoom**
> Compare a política colonial inglesa antes e depois da Guerra dos Sete Anos.

Autoria desconhecida. Gravura representando William Murray, 1º Conde de Mansfield, segurando América enquanto Lorde North despeja chá em sua garganta, 1774.

A América, representada por uma jovem indígena, é obrigada a engolir o "chá", despejado por um parlamentar britânico, em cujo bolso se vê o documento da Lei do Chá. Esse desenho foi distribuído na colônia na época da implantação das leis repressivas do governo inglês.

Foi significativa a participação das mulheres no boicote ao consumo do chá indiano, bem como a outros produtos importados da Inglaterra. De acordo com o historiador Leandro Karnal, muitas delas aproveitaram as reuniões em que se discutiam as estratégias de boicote para reivindicar maior participação política nas colônias. A imagem ao lado reproduz um desses momentos de discussão.

A imagem retrata a participação das mulheres norte-americanas no boicote ao chá indiano.

Philip Dawe. *Sociedade de Senhoras Patriotas de Edenton em Carolina do Norte*, s.d. Gravura, 35,3 cm × 25,3 cm.

Viver

Festa do Chá

O historiador Leo Huberman conta a reação da Inglaterra à Festa do Chá:

> Quando as notícias sobre o "Chá de Boston" alcançaram o Parlamento, este agiu prontamente. 75 000 dólares de propriedade britânica destruídos. Isso já era demais. Os colonizadores precisavam aprender uma lição. O Parlamento decidiu pena severa. O porto de Boston ficaria fechado até que pagassem pelo chá; não poderia haver reuniões sem permissão do governador; os oficiais britânicos acusados de assassinato durante o serviço de verificação de observância das leis teriam seu julgamento efetuado na Inglaterra, longe dos colonizadores inflamados. O general Gage foi nomeado governador de Massachusetts. Mais tropas foram enviadas para Boston.

Leo Huberman. *História da riqueza dos EUA: nós, o povo*. 2. ed. São Paulo: Brasiliense, 1978. p. 61.

De acordo com alguns depoimentos da época, o protesto foi chamado de "Festa do Chá" porque os rebeldes gritavam palavras de ordem como "O chá está servido!" e "Se os ingleses quiserem tomar chá indiano, podem vir!".

Currier & Yves. *Festa do Chá de Boston*, 1846. Litografia.

❶ Segundo o texto, qual foi a intenção do Parlamento inglês ao definir a punição dos colonos pela Festa do Chá de Boston?

❷ Você conhece alguma manifestação recente em nosso país que tenha acontecido por causa do aumento de impostos ou de algum reajuste considerado abusivo? Descreva como essa revolta ocorreu.

Reação colonial

O clima de tensão com a metrópole agravou-se. Ainda em 1774, representantes das Treze Colônias reuniram-se no Primeiro Congresso Continental, na cidade de Filadélfia, exigindo a suspensão das Leis Intoleráveis e ameaçando boicotar o consumo de produtos ingleses.

A inflexibilidade do governo inglês fez crescer a mobilização popular pela independência colonial. Iniciaram-se assim os conflitos armados entre as tropas britânicas e as tropas organizadas pelos colonos.

Durante essa guerra, chamada mais tarde de Guerra de Independência dos Estados Unidos, reuniu-se o Segundo Congresso Continental, em 1775, na Filadélfia. Na prática ele funcionou como um governo revolucionário. Sob a liderança de Thomas Jefferson, foi escrita a Declaração de Independência. Inspirada nos ideais iluministas, ela foi promulgada em 4 de julho de 1776.

Inicialmente, os colonos estavam em desvantagem na guerra, mas a crescente mobilização popular, o apoio militar recebido da França e a liderança de George Washington mudaram o rumo dos acontecimentos.

Pilares da nova nação

Em 1783, a Inglaterra assinou a rendição, reconhecendo oficialmente a independência das colônias, que passaram a se chamar Estados Unidos da América. A nova nação aprovou sua Constituição em 1787, com características que refletiam os ideais iluministas:
- governo republicano organizado em três poderes (Executivo, Legislativo e Judiciário);
- sistema federativo (com descentralização política e administrativa e autonomia dos estados);
- voto direto para o Legislativo Estadual (exercido pelos deputados), assegurando participação popular;
- voto indireto para o Legislativo Federal (exercido pelos senadores) e para o Executivo Federal (exercido pelo presidente da República).

O regime republicano adotado nos Estados Unidos manteve a escravidão no país, totalmente abolida apenas em 1865, após uma guerra civil em que a nação ficou dividida entre abolicionistas e escravistas. Além disso, o direito de voto não foi estendido às mulheres, o que só foi conquistado plenamente no início do século XX, após muitos movimentos liderados por elas.

Documentos em foco

Os documentos da nova nação

A Declaração de Independência de 1776 e a Constituição de 1787 são, ambas, referências significativas para a construção política, social e econômica da independência daquela nação.

Trecho da Declaração da Independência

Consideramos estas verdades como evidentes por si mesmas, que todos os homens foram criados iguais, foram dotados pelo Criador de certos direitos inalienáveis, que entre estes estão a vida, a liberdade e a busca da felicidade.

Que a fim de assegurar esses direitos, governos são instituídos entre os homens, derivando seus justos poderes do consentimento dos governados; que, sempre que qualquer forma de governo se torne destrutiva de tais fins, cabe ao povo o direito de alterá-la ou aboli-la e instituir novo governo, baseando-o em tais princípios e organizando-lhe os poderes pela forma que lhe pareça mais conveniente para realizar-lhe a segurança e a felicidade.

Introdução da Constituição de 1787

Nós, o Povo dos Estados Unidos, a fim de formar uma União mais perfeita, estabelecer a Justiça, assegurar a tranquilidade interna, prover a defesa comum, promover o bem-estar geral, e garantir para nós e para os nossos descendentes os benefícios da Liberdade, promulgamos e estabelecemos esta Constituição para os Estados Unidos da América.

Serviço de Divulgação e Relações Culturais dos Estados Unidos da América. Folheto, p. 1 e 9. Cedido pela Biblioteca da União Cultural Brasil-Estados Unidos, São Paulo, fev. 2001.

John Trumbull. *Assinatura da Declaração de Independência, 4 de julho de 1776*, século XVII. Óleo sobre tela.

Esse quadro representa a reunião do Segundo Congresso da Filadélfia, em que foi assinada a Declaração de Independência dos Estados Unidos, em 4 de julho de 1776.

1. Que princípios iluministas você identificou na Declaração da Independência dos Estados Unidos da América?

2. Em sua opinião, por que a palavra **povo** está escrita com inicial maiúscula na Constituição de 1787?

1. Aponte as principais diferenças entre os dois tipos de colonização nas colônias da América Inglesa.

2. A Guerra dos Sete Anos foi um evento de amplas dimensões, repercutindo de maneira diferente em vários lugares do mundo. Sobre esse conflito, responda às questões a seguir.

   a) Explique o que foi a Guerra dos Sete Anos.

   b) Qual é a relação entre a Guerra dos Sete Anos e a independência dos Estados Unidos?

3. A Guerra de Independência foi desencadeada após uma série de desentendimentos entre as Treze Colônias e a Inglaterra, quando esta, em meados do século XVIII, procurou ampliar seu controle restringindo a relativa autonomia das colônias do norte e do centro.

   a) Que razões justificam essa nova política inglesa?

   b) Elabore uma linha do tempo com os episódios que se sucederam na crise entre as colônias inglesas e a metrópole: da Lei do Açúcar à Constituição de 1787.

4. Durante a crise que levaria à Independência dos Estados Unidos, os colonos das Treze Colônias inglesas lançaram o seguinte lema: "Nenhum imposto sem representação". Explique o significado desse lema no contexto de sua criação.

5. Descreva o episódio conhecido como Festa do Chá em Boston.

6. A Constituição norte-americana de 1787 foi um marco histórico, tendo influenciado a organização política de muitos países ao redor do mundo. Um deles foi o Brasil. Entre as principais determinações da Constituição de 1787, aponte quais são semelhantes às que existem em nosso país.

7. Leia o texto a seguir e faça o que se pede.

   > Quando perguntavam o motivo da luta, a maioria do exército [...] respondia, até ali, que era em defesa de seu país e de suas legítimas liberdades enquanto ingleses nascidos livres. Nathanael Greene disse à sua mulher que foi para "defender os nossos direitos comuns" que ele foi para a guerra. Os regulares britânicos, os odiados casacos vermelhos, eram os "invasores", e deviam ser repelidos. "Somos soldados devotados às armas não para invadir outros países, mas para a defesa do nosso; não para a gratificação do nosso próprio interesse particular, mas pela segurança pública", disse Greene em outra carta para Samuel Ward. Washington, em carta ao general Thomas, dissera que o objetivo não era "nem a glória, nem a ampliação do território, mas sim a defesa de tudo o que é mais caro e valioso na vida". Ninguém mencionava a independência. E nem esse tema estava presente nas mentes dos que lutaram em Bunker Hill, ou nos pensamentos de Washington ao assumir o comando do exército. A caminho de Cambridge, vindo da Filadélfia, ele fora perfeitamente específico ao assegurar ao Congresso Provincial de Nova York que "qualquer esforço dos meus valorosos colegas, e o meu próprio, se estenderá igualmente ao restabelecimento da paz e da harmonia entre a nação materna e as colônias".
   >
   > MCCULLOUGH, David. 1776 - A história dos homens que lutaram pela independência dos Estados Unidos. Trad.: Roberto Franco Valente. Rio de Janeiro: Zahar, 2006. Arquivo digital sem paginação. Disponível em: <https://zahar.com.br/sites/default/files/arquivos/t1006.pdf>. Acesso em: out 2018.

   - A partir da narrativa, analise as razões que motivaram os colonos a iniciarem a guerra contra a Inglaterra que culminou na independência das Treze Colônias.

8. Desde sua independência, os Estados Unidos construíram sua imagem como nação democrática. Ao longo dos séculos seguintes, tal imagem foi ainda mais reforçada, contribuindo para isso, dentre outros fatores, a produção cinematográfica do país. Nesse contexto, a cidadania foi estendida a todos os segmentos sociais que compunham as sociedades das Treze Colônias? Justifique.

CAPÍTULO 9
Libertação do Haiti e da América Espanhola

Você já ouviu falar na Copa Libertadores da América? A Libertadores, como é popularmente conhecida no Brasil, é o principal torneio de futebol do continente americano e reune os clubes mais bem classificados nos campeonatos nacionais de boa parte dos países sul-americanos.

O que você talvez não saiba é que o nome da competição é uma homenagem aos líderes da independência das colônias espanholas na América do Sul. Entre eles se destacam Simón Bolívar, responsável pela libertação dos territórios que hoje abarcam a Venezuela, a Colômbia e o Equador; e José de San Martín, que atuou na emancipação dos territórios que formam atualmente a Argentina, o Chile e o Peru.

Contudo, por mais que os nomes de Bolívar e San Martín tenham sido eternizados pelo futebol, é preciso considerar que eles não foram os únicos a liderar os processos de independência das colônias americanas. O estudo do tema mostra que muitas pessoas fizeram parte dessa história, de escravos a membros da elite.

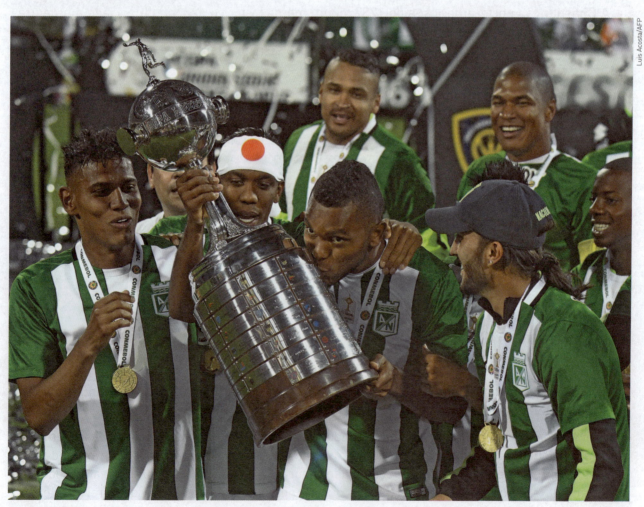

Jogares do Club Atlético Nacional depois de vencer a Copa Libertadores 2016. Antioquia, Colômbia, 2016.

Reflexos da independência das Treze Colônias inglesas

A independência das Treze Colônias inglesas e a consequente formação dos Estados Unidos da América foram o primeiro exemplo, no continente, de libertação colonial em relação ao domínio metropolitano.

Esse processo fez parte do contexto de crise do Antigo Regime e do Sistema Colonial. Ele influenciou outros **movimentos emancipacionistas** na América, tendo sido tomado como exemplo de luta bem-sucedida contra o domínio metropolitano.

No Brasil, a formação dos Estados Unidos, país livre e republicano, influenciou diferentes iniciativas pela independência colonial, entre eles a Conjuração Mineira, que ocorreu em Vila Rica em 1789.

Na Europa, a mobilização dos colonos americanos contra os abusos do governo inglês e a inspiração da filosofia iluminista na Declaração de Independência dos Estados Unidos e na organização do governo republicano e constitucional implantado na jovem nação repercutiram na Revolução Francesa.

> **Glossário**
> **Movimento emancipacionista:** movimento social que visa conseguir a independência da colônia em relação à sua metrópole.

Independência da América Espanhola

Entre os séculos XVI e XVIII, a Espanha manteve um vasto império colonial na América, cujo início remonta à chegada de Colombo à Ilha de Guanahani, na América Central, em 1492, e à posterior assinatura do Tratado de Tordesilhas (1494). Nos anos seguintes, efetivaram-se a conquista, a ocupação e a exploração de territórios americanos.

As relações entre as colônias e o governo da Espanha eram caracterizadas pelo Pacto Colonial, pelo sistema de *plantation* (baseado na monocultura, no latifúndio, na mão de obra escrava e na produção voltada para o mercado externo) e pela exploração das minas de prata.

No século XVIII, a independência dos Estados Unidos, o Iluminismo, as guerras napoleônicas e a Revolução Industrial constituíram transformações no contexto internacional que alteraram as relações entre as colônias americanas e suas respectivas metrópoles.

Nas colônias espanholas não foi diferente: aprofundaram-se as divergências entre o governo espanhol e os colonos, o que contribuiu para a libertação do domínio metropolitano.

Essa obra mostra uma luta pela independência numa colônia da América Espanhola.

Martín Tovar y Tovar. *Batalha de Boyacá na guerra de independência da Colombia, Venezuela, Equador e Panamá contra Espanha*, 1890 (detalhe).

Sociedade colonial

Na América Espanhola, a maioria da população era composta de mestiços e indígenas, livres e escravizados, que trabalhavam em mineração, agricultura, pecuária, artesanato e comércio interno. A minoria era formada pelos chapetones, espanhóis que se dedicavam ao comércio, integravam o clero e ocupavam os principais cargos da administração, sendo considerados representantes da Coroa. Os criollos eram descendentes de espanhóis nascidos nas colônias, proprietários de terras, minas, índios e escravizados. Alguns eram comerciantes e integrantes do baixo clero. Os escravizados originários da África constituíam pequena parcela da população.

Embora detivessem poder econômico e social, os criollos não podiam exercer cargos públicos. Sem acesso ao poder político, passaram a liderar a luta pela libertação, desejosos de liberdade, igualdade de direitos e participação política, os ideais com os quais os estadunidenses justificaram sua independência.

Os cabildos eram órgãos de poder local nas colônias espanholas que perderam autonomia administrativa a partir do século XVIII quando o governo metropolitano, adotou maior centralização de poder. Na imagem, que representa reunião de líderes políticos no cabildo de Buenos Aires, em 1810, que culminou com a guerra de independência da Argentina.

Juan Manuel Blanes. *O cabildo aberto de 22 de maio de 1810*, s. d. Óleo sobre tela.

Mobilizações pela independência

As primeiras manifestações de revolta contra a exploração colonial ocorreram ao longo do século XVIII em diversos pontos da América e foram duramente reprimidas pela Espanha. A situação mudou no início do século XIX, com as guerras napoleônicas na Europa e a ascensão ao trono da Espanha de José Bonaparte, irmão de Napoleão.

zoom De que maneira o cenário internacional da época repercutiu nos movimentos de independência das colônias espanholas?

Os criollos não aceitaram o governo de um soberano francês e passaram a defender a volta do rei espanhol Fernando VII ao poder. Dessa maneira, aumentaram sua participação nos cabildos, órgãos de administração colonial semelhantes às Câmaras Municipais. Com essa maior participação política, os criollos perceberam que era possível criar um governo autônomo, o que fortaleceu a ideia de independência.

Então, uma nova onda de movimentos de emancipação ocorreu na América Espanhola, beneficiando-se da conjuntura internacional. A Espanha defendia-se da ocupação francesa e não conseguia deter as lutas de independência. A Inglaterra apoiava essas lutas, interessada no fim do Pacto Colonial e na ampliação de mercados para seus produtos industrializados. Os Estados Unidos defendiam o fim do domínio europeu sobre as colônias americanas, interessados em aumentar sua influência política e econômica no continente.

As lutas pela independência

Entre os colonos crescia o descontentamento com a exploração metropolitana. A Espanha não conseguia manter o controle sobre os vice-reinos e as capitanias-gerais instalados na América.

Ao longo de quase um século (entre 1810 e 1903), essa estrutura administrativa desmembrou-se em dezoito nações independentes. Essas transformações podem ser observadas nos mapas a seguir.

Fonte: Cláudio Vicentino. *Atlas histórico: geral e Brasil*. São Paulo: Scipione, 2011. p. 92; José Jobson de A. Arruda. *Atlas histórico básico*. São Paulo: Ática, 2011. p. 22.

Fonte: Cláudio Vicentino. *Atlas histórico: geral e Brasil*. São Paulo: Scipione, 2011. p. 127; Georges Duby. *Atlas histórico mundial*. Barcelona: Larousse Editorial, 2011. p. 249.

Independência sem autonomia

Organizadas pela elite *criolla*, as guerras de independência também contaram com a participação das camadas sem privilégios, trabalhadores e pessoas empobrecidas, que desejavam o fim da escravidão, melhores condições de vida e acesso à terra.

No entanto, nos governos pós-independência prevaleceram os interesses das camadas dominantes formadas por latifundiários, proprietários de minas e comerciantes. Manteve-se a exploração do trabalho de escravos, e os camponeses, mineradores e artesãos continuaram sem direitos políticos.

As novas nações latino-americanas conquistaram independência política, mas permaneceram fornecendo gêneros tropicais e matérias-primas aos mercados europeus e importando vários produtos industrializados, sobretudo da Inglaterra.

Para as nações libertas do domínio hispânico não ocorreram rupturas significativas nas estruturas socioeconômicas vigentes. Nos anos posteriores, os novos Estados se organizaram em meio a diversos interesses e a pressões sociais por maior participação popular nos rumos políticos.

Projetos dos "Libertadores da América"

O líder criollo San Martín desenvolveu amplo conhecimento do Império Espanhol, o que lhe garantiu muitas vitórias nas lutas de emancipação.

No entanto, ao contrário de Bolívar, defendia que cada nação americana independente fosse governada por um príncipe europeu. Suas ideias conservadoras o distanciaram dos outros projetos de independência da América Espanhola, o que o levou a se exilar na Europa.

Simón Bolívar, por sua vez, acreditava que as nações recém-independentes se fortaleceriam no cenário internacional ao formar uma **confederação pan-americana**, ou seja, se elas se aliassem na defesa de interesses comuns. No entanto, as elites de cada novo país resistiram a essas ideias, por considerá-las uma ameaça a seu poder local.

A Inglaterra e os Estados Unidos tampouco apoiaram o pan-americanismo, pois ele dificultaria o domínio econômico que ambos os países pretendiam exercer sobre a **América Latina**.

Diante da grande resistência, o projeto de Bolívar não foi implementado. Ainda assim, a ideia de uma América unida continua povoando o pensamento de muitas pessoas.

Glossário

América Latina: parte do continente americano formada por países onde se falam os idiomas originários do latim por terem sido originalmente colônias de exploração principalmente de Portugal e Espanha.

Confederação: reunião de Estados autônomos que, em relação aos estrangeiros, formam um Estado único sob o mesmo governo; união de Estados com objetivos em comum.

Pan-americano: referente à integração e cooperação econômica, militar, política e social entre os países que compõem as Américas do Sul, Central e do Norte.

Martin Boneo. *Cruzamento dos Andes de Jose de San Martín e Bernardo O Higgins*, 1865. Óleo sobre tela.

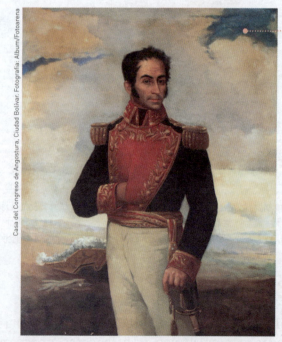

Nos dias de hoje, a Copa Libertadores da América (ou Taça Libertadores da América) reúne anualmente os melhores times de futebol de países da América do Sul e do México. O nome desse campeonato homenageia os líderes das independências na América Espanhola.

Antonio Herrera Toro, século XIX. *Simón Bolívar*.

Propostas de transformação no México

O caso do México ilustra bem a existência de diferentes projetos políticos na luta pela independência na América Espanhola: embora houvesse propostas de caráter popular, o projeto político vitorioso foi o da elite criolla.

Em 1810 ocorreu um movimento popular que desejava a independência e transformações sociais, como a reforma agrária e a justiça social. Entretanto, a independência que se consolidou em 1822 foi resultado do movimento liderado pelo general Itúrbide, representante dos grandes proprietários de escravizados e de terras.

Os franceses no Haiti

A produção agrícola organizada durante a colonização francesa no Haiti baseou-se no latifúndio, na mão de obra escrava de origem africana e na exportação.

Com o nome de São Domingos, essa colônia garantiu à França uma expressiva produção de açúcar, anil, algodão e gado.

Quando, em 1789, chegaram a São Domingos as ideias de liberdade, igualdade e fraternidade, divulgadas pela Revolução Francesa, os africanos escravizados, que também desejavam a liberdade, passaram a entrar em confronto com a elite.

Fonte: *Atlas geográfico escolar*. 7. ed. Rio de Janeiro: IBGE, 2016. p. 39.

Movimentos populares pela independência

O principal líder revolucionário do Haiti foi Toussaint Louverture. Entre 1791 e 1803, ele organizou tropas de negros fugidos, numa guerra que apavorou os grandes proprietários de terras não só de São Domingos, mas também de outras colônias da América. A revolução foi duramente reprimida pelo governo de Napoleão Bonaparte e resultou na morte de seu líder, em 1803.

A guerra contra o domínio metropolitano sobre o Haiti prosseguiu com a participação de setores populares, escravizados e ex-escravizados. Sob a liderança do ex-escravizado Jean-Jacques Dessalines, a independência e o fim da escravidão foram proclamados em 1804.

Esses fatos contribuíram para que o Haiti se tornasse inspiração para outros movimentos populares na América Latina que reivindicavam a independência e também a igualdade, com a libertação dos africanos escravos.

No entanto, o que ocorrera no Haiti constituía uma ameaça para as elites coloniais, a quem interessava manter a escravidão como fonte de lucro e impedir que as camadas populares conquistassem direitos políticos.

Autoria desconhecida. *Toussaint Louverture*, 1789. Gravura.

Autoria desconhecida. *Jean-Jacques Dessalines*, século XVIII. Xilogravura colorizada.

Viver

O Haiti hoje

Atualmente o Haiti enfrenta sérios problemas sociais, como fome, desemprego, falta de moradia e de saneamento básico e profundas desigualdades. Muitos atribuem esse estado aos desastres naturais que atingiram o país, como o terremoto de 2010, para outros consideram que a situação atual do país se deve a questões de ordem política. É o caso de Gabrielle Apollon, advogada e filha de haitianos, especializada em direitos de imigrantes. Veja um trecho de sua entrevista ao *Nexo Jornal*.

[...]

O Haiti é frequentemente citado como o país mais pobre das Américas. [...] Como a situação chegou ao que é hoje?

Gabrielle Apollon Há um *post* que vem sendo compartilhado nas redes sociais [...] que vale a pena mencionar ao responder a essa pergunta. Ele diz: "Querida mídia, se você insiste em começar todo artigo sobre o Haiti com 'o país mais pobre do Hemisfério Ocidental', acrescente respeitosamente 'a primeira nação negra independente do hemisfério ocidental, primeira nação independente pós-colonial liderada por negros no mundo e única nação cuja independência foi fruto de uma rebelião bem-sucedida de escravos'". [...]

Não há nada de "natural" nisso. [...] A terra haitiana era incrivelmente fértil, e a França extraiu daí muitas riquezas em açúcar, café e outras colheitas rentáveis, sob as costas de milhares de escravos – algo como 800 mil aproximadamente. Depois que os escravos e os libertos se revoltaram, derrotando o exército de Napoleão e conquistando a independência, em 1804, a França exigiu que o Haiti pagasse 150 milhões de francos em ouro a título de compensação pelas perdas com escravos e com a terra. [...]

Após a independência, as nações ocidentais se negaram a reconhecer o Haiti como uma nação independente. Eles se negaram a estabelecer relações comerciais e a permitir que navios haitianos sequer entrassem em seus portos. Em decorrência desse embargo tão intenso, o Haiti acabou por concordar com essa soma absurda de indenização, em troca de reconhecimento diplomático. Isso deu início a um ciclo de pagamentos e dívidas, que condenou o Haiti pelo século seguinte.

Mas uma gênese histórica de mais de 200 anos continua sendo tão decisivamente influente hoje?

Gabrielle Apollon [...] Eu não quero ir demasiado fundo na história, mas os EUA ocuparam o Haiti de 1915 a 1934. Isso provocou inúmeras detenções políticas de haitianos que tentavam se liberar dessa ocupação. Em 1957, 23 anos depois, François Duvalier, chamado frequentemente de Papa Doc, chegou ao poder e estabeleceu um regime ditatorial que durou 29 anos – sendo 14 anos sob governo dele mesmo e 15 sob a tutela do filho, Jean-Claude Duvalier [Baby Doc].

Duvalier ergueu um sistema paramilitar que matou aproximadamente 300 mil pessoas, extinguindo pela força qualquer sinal de dissidência, e destruindo sistematicamente a governança local, para consolidar-se no poder. Os EUA apoiaram esse regime ditatorial, treinando o exército de Duvalier e dando centenas de milhares de dólares em ajuda a ele [...].

Uma já famosa "drenagem de cérebros" teve início com Duvalier, à medida que seus paramilitares alvejam justamente os cidadãos mais bem-educados. [...] Duvalier também fechou o Escritório Nacional de Literatura e de Ação Comunitária, que havia se especializado em alfabetizar pessoas no país inteiro. As consequências disso perduram até hoje.

O Haiti só veio a ter sua primeira eleição democrática em 1990. Então, estamos falando da democracia como um desenvolvimento muito recente no país.

[...]

João Paulo Charleaux. O que faz do Haiti um país de crises ininterruptas. *Nexo Jornal*, 13 out. 2016. Entrevista de Gabrielle Apollon. Disponível em: <www.nexojornal.com.br/entrevista/2016/10/13/O-que-faz-do-Haiti-um-país-de-crises-ininterruptas>. Acesso em: out. 2018.

① De acordo com Gabrielle Apollon, quais são os fatores responsáveis pela situação atual do Haiti?

② Por que Gabrielle Apollon afirma que "não há nada de natural" na situação do Haiti?

③ Ao final da entrevista, Gabrielle Apollon aponta que a democracia, ainda muito jovem no Haiti, pode trazer soluções para os problemas sociais do país. Reúna-se com colegas e debatam de que maneira a democracia pode melhorar os índices sociais haitianos.

1. Simón Bolívar, um dos "Libertadores da América", ficou conhecido por ter defendido a formação de uma confederação pan-americana. Sobre esse tema, responda às questões abaixo.

    a) De acordo com Bolívar, qual era a finalidade dessa confederação?

    b) Por que o ideal pan-americano de Bolívar não se concretizou entre as novas nações da América?

    c) Você sabe o que são os Jogos Pan-Americanos? Pesquise a origem desses jogos. Depois, discuta se há relação entre esse evento esportivo e o ideal pan-americano defendido por Bolívar.

2. Que grupos sociais se mobilizaram nas lutas pela independência das colônias espanholas? Cite suas principais reivindicações.

3. Uma característica das lutas de independência do Haiti as diferenciou dos demais movimentos pela libertação colonial. Que característica foi essa? Analise sua importância para o contexto americano da época.

4. A independência do Haiti provocou preocupação nas elites coloniais. O que elas temiam?

5. Observe novamente os retratos de Toussaint Louverture e Jean-Jacques Dessalines, na página 99. Em sua opinião, eles foram caracterizados como líderes populares ou como militares franceses? Justifique sua resposta.

6. Atualmente o Haiti é um dos países mais pobres da América Latina. A região do Caribe, onde se situa seu território, é constantemente ameaçada por desastres naturais, como furacões e tempestades tropicais, que agravam os problemas do país. No entanto, muitos especialistas dizem que o principal problema do país é de ordem política. Pesquise o assunto para aprofundar seus conhecimentos. Em seguida, responda: O estado atual do Haiti é fruto de fatores naturais, políticos ou da combinação de ambos? Justifique sua resposta.

7. Os processos de independência na América Latina conseguiram garantir transformações sociais nos países recém-formados? Justifique sua resposta.

8. Neste ano de 1810, surpreendentemente, os movimentos de independência se manifestaram na América Hispânica com enorme velocidade (...). Em 1810, 18 milhões de habitantes viviam nas Américas sob o governo da Espanha. Destes, oito milhões eram indígenas originários do Novo Mundo; um milhão eram negros trazidos da África; cinco milhões eram mestiços; e a minoria de quatro milhões era de brancos, tanto espanhóis peninsulares, os chamados chapetones, como crioulos, isto é, brancos nascidos nas Américas. Estes últimos viviam uma contraditória situação: estavam no topo da sociedade colonial, mas, no entanto, desempenhavam um papel secundário ante os espanhóis peninsulares em termos de privilégios, acesso à riqueza, aos monopólios, à administração e às decisões políticas. Além disso, sentiam-se ameaçados pelas maiorias não-crioulas de índios, negros e mestiços.

    Maria Elisa Noronha de Sá Mäder. Revoluções de independência na América Hispânica: uma reflexão historiográfica. In: *Revista de História 159* (2º semestre de 2008). p. 226-227. Disponível em <www.periodicos.usp.br/revhistoria/article/view/19094/21157>. Acesso em: out. 2018.

    - A partir do texto, analise as tensões sociais da América Espanhola no processo de independência colonial e o grupo social cujos interesses prevaleceram.

Visualização

Estabilidade política
- Golpe de 18 de Brumário
- Consulado
- Apoio da alta burguesia
- Franco: moeda nacional
- Banco da França
- Censura
- Anistia: jacobinos e monarquistas
- Educação pública
- Confisco de bens da Igreja Católica
- Código Civil

Bloqueio continental
- Isolamento inglês
- Proibição comercial
- Invasão a Portugal
  - Fuga da família real para o Brasil
- Invasão à Rússia
  - Inverno rigoroso
  - Tática da "terra arrasada"
  - Derrota francesa

IMPÉRIO NAPOLEÔNICO

Imperador
- Amplo apoio social
- Nova Constituição
- Napoleão nomeado imperador
- Concentração de poder
- Autocoroação

Expansionismo e conflitos
- Expansão do império
- Fim do Sacro Império Romano-Germânico
- Confederação do Reno
- Oposição
  - Interna: membros do clero e da nobreza
  - Externa: monarquias vizinhas
  - Inglaterra: principal opositora

Fim do império
- Coalisão de Inglaterra, Prússia e Áustria
- Derrota de Napoleão
- Tratado de Fontainebleau
- Abdicação do trono
- Exílio
- Restauração da monarquia
- Governo dos Cem Dias
- Fuga do exílio
- Apoio do Exército
- Batalha de Waterloo contra Inglaterra
- Novo exílio e morte de Napoleão

Liberalismo europeu
- Crítica ao absolutismo
- Governos constitucionais
- Industrialização
- Aumento do poder da burguesia
- Crescente insatisfação popular

NOVOS RUMOS NA EUROPA

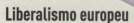

Congresso de Viena
- Áustria, Prússia, Rússia e Inglaterra
- Restauração do Antigo Regime
- Partilha de territórios europeus e colônias
- França: pagamento de indenização
- Santa Aliança

NASCIMENTO DOS EUA

Independência dos EUA
- Constituição iluminista
- Tripartição dos poderes
- Sistema federativo
- Voto direto e indireto
- Governo republicano

Reação da colônia
- Contra as Leis Intoleráveis
- Ameaça de boicote aos produtos ingleses
- Primeiro Congresso Continental
- Guerra civil
- Declaração de Independência

Treze Colônias
- Colônias do Norte e Centrais
- Autonomia comercial e administrativa
- Acumulação de capital
- Colônias do Sul
- Intenso relacionamento com a metrópole

Nova política colonial
- Endividamento com a guerra
- Aumento de impostos
- Lei do Açúcar
- Lei do Selo
- Lei do Chá
  - Festa do Chá (Boston)
- Leis Intoleráveis

Guerra dos Sete Anos
- França × Inglaterra
- Disputa de territórios
- Conflito internacional
- Vitória inglesa
- Avanço para oeste

INDEPENDÊNCIAS NA AMÉRICA ESPANHOLA E HAITI

Contexto internacional
- Independência dos EUA
- Rompimento da relação metrópole-colônia
- Movimentos de libertação colonial
- Revolução Francesa
- Revolução Industrial
- Guerras Napoleônicas
- Iluminismo

Haiti
- Lutas contra domínio francês
- Ideais revolucionários
- Movimento de independência dos escravizados
- Inspiração para outras regiões

México
- Projeto de independência popular
  - Reforma agrária
  - Justiça social
- Projeto de independência elitista
  - Grandes proprietários de terras
  - Projeto vitorioso

Busca pela independência
- Criollos: sem acesso ao poder político
  - Luta pela libertação
- Espanha na guerra contra França
- Interesse inglês e estadunidense
- Revoltas em diversas partes da colônia
- Participação dos criollos nos cabildos
- Fim do Pacto Colonial

Independências
- Processo de quase um século
- Apoio social
- Interesses da elite
- Manutenção de aspectos coloniais
  - Formas de trabalho
  - Produtos comercializados
- Simon Bolívar
  - Príncipe europeu para cada nação
  - Conservadorismo
- San Martín
  - Confederação pan-americana
  - Resistência das elites locais

Fabio Nienow

Retomar

1. Napoleão Bonaparte foi um dos governantes franceses mais retratados da história. Ainda assim, é possível dizer que cada obra o apresentou de uma forma diferente. A seguir, temos um exemplo disso: na primeira obra, o artista francês Paul Delaroche representou a abdicação de Napoleão ao trono da França, definida pelo Tratado de Fontainebleau em 1814, enquanto na segunda o imperador foi representado pelo pintor francês Jacques-Louis David em seu gabinete de trabalho, no Palácio das Tulherias. Observe as duas reproduções e, em seguida, responda às questões.

Hippolute Paul Delaroche. *Napoleão em Fontainebleau*, 1846. Óleo sobre tela, 69,2 cm × 53,2 cm.

Jacques – Louis David. *O imperador Napoleão em seu gabinete nas Tulherias*, 1812. Óleo sobre tela, 20,3 m × 12,5 m.

a) Que sentimentos podemos atribuir a Napoleão na primeira obra? Comente os elementos visuais da obra que justificam sua resposta.

b) Qual teria sido a intenção de Paul Delaroche, autor do primeiro quadro, ao representar Napoleão?

c) Que característica Jacques-Louis David, autor da segunda obra, tentou atribuir a Napoleão? Comente os elementos visuais da obra que justificam sua resposta.

d) Qual é a relação entre os dois quadros e a época que eles retratam?

2. No contexto da independência colonial, o projeto de formar a confederação pan-americana não se concretizou, mas, desde essa época, o projeto de uma América unida nunca deixou de existir. Pensando nessa possibilidade, reúna-se com seus colegas e debata o tema com base nas questões a seguir.

a) Você acredita que seria possível criar uma confederação pan-americana nos dias atuais? Justifique.

b) Na atualidade, que interesses comuns poderiam unir os países-membros?

c) Que vantagens poderia haver na formação de tal confederação? Por quê?

d) Quais seriam as possíveis desvantagens?

3. Você já ouviu falar da Cepal? O texto a seguir apresenta uma explicação sobre essa importante instituição vinculada à Organização das Nações Unidas.

> A Comissão Econômica para a América Latina e o Caribe (Cepal) é uma das cinco comissões regionais da ONU que tem como mandato o estudo e a promoção de políticas para o desenvolvimento de sua região, especialmente estimulando a cooperação entre os seus países e o resto do mundo, funcionando como um centro de excelência de altos estudos. Os países requerem um organismo com a capacidade de compilar informação, analisá-la e fazer recomendações.
>
> Desde 1948 a Cepal contribui para o debate da economia e da sociedade latino-americana e caribenha, apresentando alertas, ideias e propostas de políticas públicas. Além de identificar características estruturais que nos distinguem de outras regiões ou de diferentes trajetórias de desenvolvimento, a Cepal sempre apontou para os desafios contra a desigualdade, para a luta contra a pobreza, para o fomento à democracia, justiça e paz e para as opções de inserção na economia mundial.

Conferência de imprensa apresentando o relatório anual intitulado "Pesquisa Econômica da América Latina e Caribe 2017". Santiago, Chile, 2017.

> As publicações estatísticas e a análise da Cepal não somente proveem informação sobre a região e/ou sobre um país determinado, mas também possibilitam fazer comparações entre diferentes períodos e países. O Brasil, por seu território, população e participação na economia da América Latina, foi e permanece sendo uma das principais fontes e tema de análise dos relatórios e estudos da Cepal.

Cepal. ONUBR. Disponível em: <http://nacoesunidas.org/agencia/cepal>. Acesso em: out. 2018.

Reúna-se com alguns colegas e, juntos, façam o que se pede a seguir.

a) Visitem o *site* da Cepal (<www.cepal.org/brasil>; acesso em: nov. 2018) e selecionem notícias e iniciativas do órgão que mais chamaram a atenção do grupo.

b) Acompanhem por alguns dias notícias sobre os países da América Latina e do Caribe por meio de noticiários, jornais, revistas, *sites* de notícias etc. Registrem informações sobre a situação atual desses países, como Índice de Desenvolvimento Humano (IDH), nível de emprego, movimentos sociais, acordos comerciais, investimentos, setores em expansão ou em crise e ações governamentais.

c) Em dia marcado pelo professor, troquem ideias sobre os dados coletados e selecionem os mais representativos.

d) Elaborem um painel informativo sobre a atual situação latino-americana. Utilizem recortes com manchetes e imagens sobre o assunto. Vocês podem dividir o painel em duas partes:

I – problemas comuns a todos os países;

II – soluções que vêm sendo encontradas para esses problemas.

4. Um dos principais pontos do Código Civil brasileiro refere-se aos artigos que estipulam a passagem da menoridade para a maioridade. A atual legislação, aprovada em 2002, determina que:

> Art. 3º São absolutamente incapazes de exercer pessoalmente os atos da vida civil os menores de 16 (dezesseis) anos.
> [...]
> Art. 5º A menoridade cessa aos dezoito anos completos, quando a pessoa fica habilitada à prática de todos os atos da vida civil.

Lei nº 10.406, de 10 de janeiro de 2002. Institui o Código Civil.

Isso significa que, entre os 16 e 18 anos, o Código Civil brasileiro prevê um período de transição da menoridade para a maioridade. Portanto, uma pessoa só é considerada plenamente adulta no Brasil a partir dos 18 anos.

Por mais que seja clara, a definição de maioridade do Código Civil brasileiro vem sendo alvo de debates nos últimos anos, especialmente por suas implicações no âmbito da Justiça. Enquanto alguns setores da sociedade defendem a redução da maioridade penal, argumentando que atualmente ela facilita a impunidade de jovens que cometem crimes, outros entendem que essa redução atentaria contra os direitos humanos e contra o Estatuto da Criança e do Adolescente.

Faça uma pesquisa sobre o tema e escreva um texto em que defenda seu ponto de vista sobre a redução da maioridade penal. Para tanto, utilize leis brasileiras, leis estrangeiras e dados oficiais sobre crimes cometidos por menores.

105

UNIDADE 4

> **Antever**
>
> No Brasil, há dois feriados nacionais relacionados à independência do país: 21 de abril e 7 de setembro. Geralmente, a primeira ideia que passa pela cabeça das pessoas é aproveitar esses feriados para descansar, fazendo uma pausa nos estudos e no trabalho. Mas é interessante conhecer a origem dessas comemorações recorrendo à memória nacional.
>
> Em 21 de abril de 1792, o militar Joaquim José da Silva Xavier, conhecido como Tiradentes, foi enforcado por participar de uma revolta contra a dominação portuguesa.
>
> Em 7 de setembro de 1822, D. Pedro I, que governava o Brasil como príncipe regente, rompeu com a Coroa portuguesa e declarou a independência.
>
> Afinal, por que a independência era desejada pelos brasileiros, mas demorou tanto tempo para ser aceita pela Coroa portuguesa? Mesmo tendo conquistado a independência política há quase 200 anos, o Brasil ainda enfrenta problemas sociais e econômicos dos quais deseja se libertar. Para você, quais seriam esses problemas?

Fachada do Monumento à Independência do Brasil. São Paulo (SP), 2017.

Rumo à independência

CAPÍTULO 10
Conjuração Mineira

A figura de Tiradentes como herói nacional é muito conhecida pelos brasileiros. No entanto, na época em que ele foi condenado à morte na forca, isso não foi interpretado como uma ação heroica. Vejamos como isso ocorreu e como nascem os heróis.

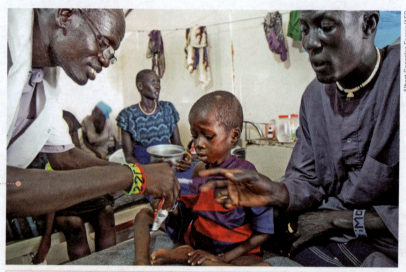

Médicos da equipe Médicos sem Fronteiras atendendo criança desnutrida. Jonglei, Sudão, 2017.

No mundo atual, muitos heróis anônimos dedicam-se a importantes causas, como melhorar a vida das pessoas, sem que isso represente fama ou reconhecimento.

Ampliar

Tiradentes é um exemplo de como heróis são construídos, de Nairim Bernardo (*Nova Escola*) https://novaescola.org.br/conteudo/4915/tiradentes-e-um-exemplo-de-como-herois-sao-construidos.

Artigo que aborda a construção de Tiradentes como herói nacional.

Segundo a jornalista Vanessa Guimarães,

> A palavra herói originou-se na Grécia Antiga e era muito utilizada para nomear as divindades **idolatradas** pelos gregos que representavam os valores e as **crendices** do povo. Aquelas figuras que se destacavam por atos de coragem, com valores e ações extraordinárias, principalmente feitos brilhantes durante guerras e batalhas, eram consideradas heróis.
>
> A mitologia e as lendas deram origem a personagens fictícios que se misturam com a realidade [...], perpetuando-se nas histórias e na memória de crianças e adultos de diversas gerações. Os livros, desenhos e filmes ajudam a manter vivas as histórias criadas há séculos.
>
> Muitas vezes citamos exemplos fantasiosos e irreais para exemplificar e ilustrar fatos cotidianos, nos esquecendo de personagens reais, que existem em nossa sociedade e que trabalham ou trabalharam arduamente para tornar nosso país e nosso mundo um lugar melhor para se viver.
>
> O lugar de princesas, príncipes, personagens com capas, máscaras e roupas bem desenhadas e coloridas, é nos gibis, nas fábulas e nos cinemas. Já os heróis de verdade [...] são pessoas reais e viveram ou vivem no meio de seu povo [...]
>
> Os heróis de verdade se tornam imortais através de seus projetos, ações e lutas, deixando legados e lições importantes através da história.

Glossário

Idolatrado: amado, venerado, adorado.
Crendice: superstição, ou seja, crença sem base científica.

Vanessa Guimarães. Heróis da vida real. *Obvious*. Disponível em: <http://obviousmag.org/cult_e_cia/2016/10/herois-da-vida-real.html>. Acesso em: out. 2018.

Descontentamento na colônia

No Brasil, diferentes movimentos sociais de caráter regional foram motivados pelo rigor tributário português, pelas restrições ao desenvolvimento interno, pela carestia ou pela crise nas exportações tradicionais de açúcar e algodão. Influenciados pelas ideias iluministas e por movimentos como a independência dos Estados Unidos, pelas lutas populares no Haiti contra a escravidão e o domínio francês ou pelos ideais revolucionários franceses, diversos setores da sociedade brasileira se rebelaram contra o domínio de Portugal.

Os movimentos emancipacionistas do Brasil evidenciaram o descontentamento de setores sociais contra a exploração colonial e lançaram as ideias de independência, que, a exemplo do que vinha ocorrendo nas demais colônias americanas, também amadureceram e se fortaleceram à medida que cresceu a oposição de interesses entre colônia e metrópole.

Vista de parte da cidade histórica de Ouro Preto (MG), 2018.

Foi nessa cidade, antes chamada de Vila Rica, que ocorreu a Conjuração Mineira.

Transformações causadas pela mineração

Ao longo do século XVIII, a mineração provocou uma série de transformações no Brasil. Muitas cidades se desenvolveram e formou-se uma classe média urbana. Ampliaram-se as atividades voltadas ao mercado interno, como a pecuária sulina, cuja carne era comercializada nas regiões mineradoras. Possibilitava-se assim a integração de áreas coloniais até então isoladas.

O centro econômico da colônia transferiu-se do nordeste para o centro-sul, com a consequente mudança da capital para o Rio de Janeiro em 1763.

Ao mesmo tempo, a exploração de ouro e de pedras preciosas levou o governo português a aumentar o controle sobre a colônia.

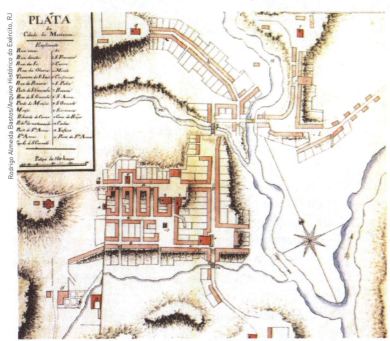

Planta e mapa da segunda metade do século XVIII da Vila de Ribeirão de Nossa Senhora do Carmo, hoje a cidade de Mariana (MG).

109

A crise em Portugal

A economia portuguesa estava em crise. A concorrência com Holanda e Inglaterra no comércio de especiarias orientais diminuiu os lucros de Portugal, e sua participação em guerras durante a União Ibérica (1580-1640) resultou em perdas materiais e humanas.

A diminuição das exportações do açúcar brasileiro a partir do final do século XVII, devido à concorrência do açúcar produzido pelos holandeses no Caribe, agravava ainda mais a crise. Para tentar recuperar sua economia, sobretudo após o fim do domínio espanhol, Portugal tomou empréstimos da Inglaterra, aumentando sua dependência para com os ingleses.

Política tributária sobre as minas

A estratégia da Coroa portuguesa para refazer a economia foi aumentar os impostos sobre a atividade mineradora na colônia, o que causou descontentamento.

As tensões se agravaram a partir de 1750, quando o governo de Portugal determinou que a quantidade anual de ouro enviada pelo Brasil não poderia ser inferior a 100 arrobas (aproximadamente 1 500 quilos). Era cada vez mais difícil atingir essa quantia, principalmente devido ao esgotamento das minas. Diante disso, em 1765, o governo português criou a derrama, medida que determinava o confisco de bens dos moradores de Minas Gerais até que se completasse toda a arrecadação dos impostos atrasados.

Cálculo de extração de ouro em Minas Gerais no século XVIII (em quilogramas)					
1700 - 1705	1470	1735 - 1739	10637	1770 - 1774	6179
1706 - 1710	4410	1740 - 1744	10047	1775 - 1779	5518
1711 - 1715	6500	1745 - 1749	9712	1780 - 1784	4884
1716 - 1720	6500	1750 - 1754	8780	1785 - 1789	3511
1721 - 1725	7000	1755 - 1759	8016	1790 - 1794	3360
1726 - 1729	7500	1760 - 1764	7399	1795 - 1799	3249
1730 - 1734	7500	1765 - 1769	6659		

Fonte: Virgílio Noya Pinto. O ouro brasileiro e o comércio anglo-português. In: Edgard Luiz de Barros. *Os sonhadores de Vila Rica: a Inconfidência Mineira de 1789*. São Paulo: Atual, 1989. p. 22.

zoom

❶ Em que período ocorreu o apogeu da extração de ouro em Minas Gerais?

❷ O que se observa em relação à extração do ouro a partir de 1750?

❸ Relacione o que você observou na tabela com o aumento de impostos ocorrido na segunda metade do século XVIII.

Alvará de 1785

Em 1785, um decreto real proibiu a produção de manufaturas no Brasil. Esse fato contribuiu para agravar as tensões com a metrópole, pois os colonos precisariam consumir produtos manufaturados importados, o que tornava o custo de vida mais alto.

Além disso, o Alvará de 1785, como ficou conhecido o decreto, foi um obstáculo para a abertura de indústrias ou o desenvolvimento de outras iniciativas que visassem promover o desenvolvimento industrial no Brasil.

A organização do movimento

Revoltados com os impostos e a carestia, alguns colonos de Vila Rica (principal cidade da região mineradora) organizaram, em 1789, a Conjuração Mineira. Influenciado por ideais iluministas e pela independência dos Estados Unidos, esse movimento social pretendia romper o domínio português sobre Minas Gerais.

Muitas pessoas aderiram à **conjura** porque estavam endividadas com Portugal, porque eram acusadas de contrabando ou ainda porque haviam perdido cargos importantes no governo colonial. O grupo de rebeldes era formado por intelectuais, profissionais liberais, militares, padres e proprietários de minas, escravizados e terras.

> **Glossário**
>
> **Conjura:** conjuração, trama, conspiração.
> **Inconfidente:** desleal, infiel; aquele que é desleal com algo ou alguém, sobretudo com o Estado.

Os planos dos rebeldes

Fazia parte do projeto dos conjurados mineiros estabelecer um governo republicano na nação que pretendiam formar. Eles tinham planos de estimular a produção manufatureira, criar uma moeda própria e fundar uma universidade em Vila Rica.

No entanto, como grande parte dos integrantes da Conjuração Mineira era composta de proprietários de escravizados, eles não pretendiam abolir a escravidão.

> **zoom**
> ❶ O que mostra esse quadro? Descreva-o.
> ❷ Que visão a representação de Tiradentes por Leopoldino de Faria demonstra desse personagem histórico?

Os conspiradores mantiveram sigilo sobre o movimento, definindo que a luta seria iniciada quando se oficializasse a derrama em Vila Rica, prevista para fevereiro de 1789. Mas os planos não se concretizaram.

Um dos **inconfidentes**, endividado com a Coroa portuguesa, denunciou seus companheiros ao governador da capitania de Minas Gerais em troca do perdão de suas dívidas. O governo suspendeu a derrama e começou a investigar a denúncia e a prender os envolvidos.

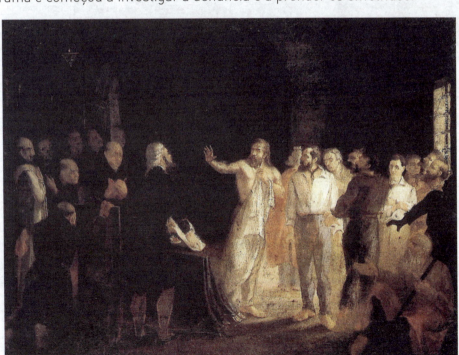

Leopoldino de Faria. *Resposta de Tiradentes*, final do século XIX e início do século XX. Óleo sobre tela, 45,2 cm × 60 cm.

Punição aos conjurados

Em 12 de junho de 1789 iniciou-se o processo judicial contra os conjurados. Em fevereiro de 1791, os envolvidos foram transferidos para a prisão no Rio de Janeiro, onde aguardaram a divulgação de suas sentenças, o que ocorreu em 18 de abril de 1792.

Inicialmente, os rebeldes membros do clero ou de famílias influentes e poderosas foram condenados à morte. No entanto, receberam **clemência** da rainha de Portugal, D. Maria I, que trocou a pena de morte por outras punições.

Os clérigos ficaram presos em Lisboa. O restante foi exilado em Angola, Benguela ou Moçambique, áreas da África sob domínio português.

Somente um participante foi executado, o **alferes** Joaquim José da Silva Xavier.

> **Glossário**
> **Alferes:** cargo que, no Exército brasileiro, equivale a segundo-tenente, ou seja, abaixo do tenente.
> **Clemência:** perdão.
> **Drástico:** que age de forma enérgica ou radical.

Monumento em homenagem a Tiradentes, inaugurado em 1894. Ao fundo, o Museu da Inconfidência, a antiga Casa de Câmara e Cadeia de Vila Rica. Ouro Preto (MG), 2016.

A condenação de Tiradentes

Na Conjuração Mineira, também conhecida como Inconfidência Mineira, destacou-se a participação de Joaquim José da Silva Xavier, conhecido como Tiradentes.

De origem humilde, dedicou-se aos ofícios de dentista, tropeiro, boticário e minerador, até se tornar alferes da cavalaria de Vila Rica. Descontente por não ter sido nomeado comandante de tropa, após 13 anos sem promoção, Tiradentes foi um dos principais defensores da conspiração, atraindo muitos simpatizantes para o movimento.

Durante a devassa, ou seja, o processo judicial contra os inconfidentes de Vila Rica, ele assumiu a responsabilidade pelo levante e confirmou depoimentos de outros envolvidos que o apontaram como principal líder da rebelião, atitude que lhe custou a vida: foi condenado à forca, e sua execução ocorreu em 21 de abril de 1792.

Entre os historiadores, há quem afirme que a liderança do alferes Joaquim José da Silva Xavier não ocorreu de fato, mas que sobre ele recaiu a punição mais **drástica** – enforcamento, decapitação e esquartejamento – em decorrência de sua condição social.

Documentos em foco

Jornada dos Mártires

O quadro *Jornada dos mártires*, de Antônio Parreiras, foi encomendado em 1928 pelo prefeito de Juiz de Fora para a decoração da Prefeitura Municipal. Hoje encontra-se exposto na sala Tiradentes do Museu Mariano Procópio, localizado na mesma cidade. A obra retrata a passagem dos inconfidentes presos pela cidade de Matias Barbosa-MG, de onde seguiriam para o julgamento no Rio de Janeiro. [...]

[...] O que se vê na obra não são os inconfidentes como heróis ou homens valentes e vencedores. Parreiras representa o fim de um movimento sem sucesso, cujos revoltosos pagaram com a liberdade, e em alguns casos com a vida, o sonho de se tornarem independentes da metrópole [...]. Por representar os protagonistas como derrotados em seus ideais de liberdade, Antônio Parreiras busca ressaltar a firmeza, a coragem e a convicção dos inconfidentes. Embora não represente os inconfidentes como heróis, como seria de se esperar, o pintor pretende transmitir uma lição de patriotismo e civismo [...]. O que se pode observar é um grupo de homens acusados de conspiradores que foram detidos e estavam no meio de uma viagem para o Rio de Janeiro, onde seriam julgados.

Todos os personagens inconfidentes caminham lentamente, com um peso no passo que nos salta aos olhos, sofrimento que Parreiras explicita. Além disso, uma observação mais atenta nos mostra que o ponto central do quadro se constitui de um vazio, o que poderíamos julgar como uma analogia ao resultado daquele movimento, "o nada", ou até mesmo a falta de solidez que havia entre os próprios inconfidentes, se levarmos em conta as traições que levaram ao desmanche do movimento. [...]

Nos quadros históricos de Antônio Parreiras há uma preocupação documental maior do que com o valor artístico, uma vez que o pintor procura uma fidelidade às fontes históricas.

Antonio Gasparetto Júnior. A jornada de Parreiras: da pintura de paisagem aos mártires. *Contemporâneos*, n. 4, maio-out. 2009. Disponível em: <www.revistacontemporaneos.com.br/n4/pdf/parreiras.pdf>. Acesso em: out. 2018.

Essa obra representa a transferência dos rebeldes da Conjuração Mineira para a capital da colônia.

Antônio Diogo da Silva Parreiras. *Jornada dos Mártires*, 1928. Óleo sobre tela, 2 m × 3,8 m.

1. No quadro de Parreiras, de acordo com o documento, o ponto central "se constitui de um vazio". Qual teria sido a intenção do pintor ao fazer isso?

2. Você sabe o que significa a palavra "mártir"? Se necessário, procure-a no dicionário e registre seu significado no caderno.

3. Em sua opinião, que relação há entre o título da obra e a visão de seu autor, Antônio Parreiras, sobre a situação histórica que ela representa?

1. Tratado como infiel à Coroa pelo governo português, a memória de Joaquim José da Silva Xavier, conhecido como Tiradentes, foi redimida durante o início do regime republicano no Brasil, o qual o projetou como herói nacional. Observe a imagem ao lado. Que sensação o artista quis transmitir a quem observa essa obra? Qual teria sido o motivo?

2. O alferes Joaquim José da Silva Xavier, conhecido por Tiradentes, é considerado "mártir da Independência". O que pode justificar essa interpretação?

3. Segundo o historiador José Murilo de Carvalho, "Heróis são símbolos poderosos, encarnações de ideias e aspirações, pontos de referência, fulcros [fundamentos] de identificação coletiva". Em dupla, interpretem essa afirmação e façam o que se pede.

    a) Reescrevam a afirmação com suas palavras.
    b) Quais características vocês consideram fundamentais, atualmente, a um herói?
    c) Em que situações vocês imaginam o heroísmo anônimo?
    d) Discutam suas ideias com a turma e apontem se existem hoje pessoas públicas com tais características.

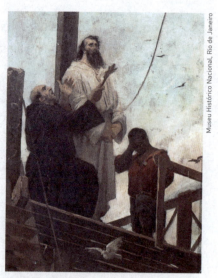

Francisco Aurélio de Figueiredo e Melo. *Martírio de Tiradentes*, 1893. Óleo sobre tela, 57 cm × 45 cm.

4. Com base nas informações da tabela "Cálculo da extração de ouro em Minas Gerais no século XVIII" (página 110), aponte a diferença entre a extração de ouro da primeira metade do século XVIII e a da segunda metade do mesmo século.

5. O movimento emancipacionista de Minas Gerais recebeu o nome de Conjuração, mas também ficou conhecido por Inconfidência Mineira. Qual das duas expressões mostra melhor o ponto de vista do governo de Portugal sobre o movimento social de Minas Gerais? Por quê?

6. Quais eram as principais ideias dos conjurados mineiros?

7. Ao contrário da maioria dos iluministas da época, os rebeldes mineiros não pretendiam abolir a escravidão. Explique por quê.

8. Embora diversos rebeldes tenham sido condenados à morte, Tiradentes foi o único a ser enforcado, fato que talvez tenha contribuído para que sua figura histórica fosse revestida de heroísmo. Mobilize seus conhecimentos para interpretar e explicar esse comentário.

9. Reúna-se em grupo para ler e interpretar o texto, que apresenta uma visão sobre Tiradentes a partir do inquérito que investigou sua atuação na Conjura Mineira. Em seguida, resolvam as questões propostas.

    [...] Antes de se tornar "mártir da Independência", Tiradentes foi um exímio comunicador: persuasivo, incansável e – talvez seu traço mais relevante – sem preconceito de público. Onde houvesse concentração de gente e pontos de encontro propícios à conversa, lá estava ele. [...] Fato é que, aos quarenta anos, Tiradentes havia adquirido ampla experiência como explorador do sertão, minerador, dentista, médico prático e militar envolvido em contenções de ações criminosas. Nesta trajetória, aprendeu a ter convívio diário com viajantes, andarilhos, comerciantes e comboieiros de estrada, gente com a qual conversava, obtinha e transmitia informações. Aproveitando-se desta habilidade, tornou-se sujeito com muitas palavras e queixas a comunicar. Palavras e queixas que acabaram registradas no inquérito sobre a Inconfidência Mineira. [...] Na sociedade colonial, os relacionamentos eram marcados pela oralidade. A troca de ideias, as polêmicas e as críticas ao governo ocorriam basicamente em conversas, que se tornavam públicas por meio de boatos e murmúrios. [...] Tiradentes trafegava com desenvoltura pelo submundo da Colônia, em ambientes especialmente favoráveis à divulgação de propostas ousadas. [...] Mas a "pregação" de Tiradentes não se limitou ao submundo. Transitava pelas ruas de Vila Rica (atual Ouro Preto), visitava residências de sujeitos proeminentes e repartições públicas. Frequentou, especialmente, o primeiro piso da residência de João Rodrigues de Macedo, onde funcionava um cartório. Macedo era um poderoso comerciante e arrecadador de impostos. Por sua casa passava diariamente um grande número de pessoas, por conta de pendências fiscais ou para o acerto de taxas do comércio. [...] Tudo indica que naquela casa ocorreram encontros secretos entre alguns inconfidentes. [...] A impressão que se tem pela leitura do processo contra os inconfidentes é que seria impossível uma só pessoa ter conversado tanto tempo, com tantos interlocutores, em tantos lugares diferentes. São pousos, fazendas, estalagens, ranchos de abrigo do Sol, registros fiscais e muitos outros locais a servir de cenário para as confabulações do alferes. [...] A elaboração anônima dos boatos se encarregou de fazer chegar suas mensagens a lugares por onde ele não conseguia passar. Um "ouvi dizer" irrefreável espalhou-se pelos caminhos. [...] O que nos coloca diante de uma questão atualíssima: ainda hoje, uma nação constituída, em grande parte de analfabetos ou semianalfabetos, o Brasil continua a ter sua história construída por meio de falas e murmúrios. [...]

Tarcísio de Souza Gaspar. Palavra de Tiradentes. In: Luciano Figueiredo (Org.).
História do Brasil para ocupados. Rio de Janeiro: Casa da Palavra, 2013, p. 466 a 470.

a) De acordo com o texto, que característica contribuiu para tornar Tiradentes um participante ativo da Conjura Mineira?

b) O texto indica que parte das falas atribuídas a Tiradentes no inquérito não foram, de fato, ditas por ele. Essa situação pode ter influenciado o julgamento de Tiradentes? Por quê?

c) De acordo com o texto, no Brasil da época, os relacionamentos eram marcados pela oralidade, assim como a divulgação de informações e até de boatos. Na opinião do grupo, essa característica se mantém na atual sociedade brasileira? Que argumentos justificam esse ponto de vista?

d) Para o autor, "ainda hoje, uma nação constituída, em grande parte de analfabetos ou semianalfabetos, o Brasil continua a ter sua história construída por meio de falas e murmúrios." Discuta com o grupo como o país pode superar essa situação.

e) Criem um vídeo que incentive jovens e adultos a buscarem fontes confiáveis de informações sobre temas da atualidade e assuntos de interesse coletivo. Divulguem o vídeo entre os amigos e na rede social da escola, caso tenha.

10 Em 2018, por ocasião da celebração de 230 anos do início do movimento social da Conjura Mineira, o historiador Luiz Villalta fez a seguinte análise em reportagem sobre o assunto:

Passados dois séculos e três décadas do ponto alto do movimento, a lição está bem atual, "pois ficaram de herança a corrupção desenfreada e o funcionamento da Justiça". Na avaliação de Villalta, paulista de Taubaté e estudioso da Inconfidência Mineira, "a Justiça no Brasil não é, nem nunca foi para todos". "Um exemplo foi Tiradentes, o único dos inconfidentes punido com mais severidade pela Coroa. O funcionamento da Justiça era tratar desigualmente os desiguais, não havendo igualdade jurídica. Hoje a lei é igual, mas a Justiça praticamente não é igual para todos." [...] E, destaca, quem se horroriza com a corrupção nos dias de hoje é porque desconhece as falcatruas do período colonial, em todas as esferas. "A corrupção sempre existiu naqueles tempos e os inconfidentes nunca foram santos. Muitos eram ricos, recebiam vantagens da Coroa, tinham poder e estavam envolvidos em negócios ilícitos, entre eles o contrabando de ouro. Para resumir, eram pessoas de carne e osso." [...]

Saiba o que realmente foi a Inconfidência Mineira e o que resta do período no Brasil. Disponível em <www.em.com.br/app/noticia/gerais/2018/04/21/interna_gerais,953234/saiba-o-que-realmente-foi-a-inconfidencia-mineira-e-o-que-ainda-resta.shtml>. Acesso em: out. 2018.

• De acordo com Villalta, algumas situações que faziam parte do contexto da Conjura Mineira permanecem no Brasil atual. Identifique-as e comente o que você pensa a respeito disso.

CAPÍTULO 11
Revoluções na Bahia e em Pernambuco

Manifestantes e ativistas do Movimento Passe Livre participam de protesto contra o aumento das tarifas. São Paulo (SP), 2017.

Na última década, nas grandes cidades brasileiras, tem crescido o número de movimentos populares contra o aumento das tarifas dos transportes públicos.

Atualmente, as grandes cidades vivenciam uma ampla diversidade de movimentos sociais com as mais variadas reivindicações, conforme os interesses e as necessidades dos grupos que os integram.

As razões e as formas pelas quais os grupos sociais se manifestam constituem objeto de estudo das Ciências Humanas, sobretudo a Sociologia e a História. Os pesquisadores tentam compreender o que leva tantas pessoas, ora espontaneamente, ora de forma mais organizada, a participar de movimentos populares.

Quando o Brasil ainda era uma colônia de Portugal ocorreram diversos movimentos sociais inspirados nas ideias iluministas, nos quais os colonos questionavam a exploração pela metrópole e, principalmente, o excesso de impostos.

No nordeste, entre o final do século XVIII e o início do XIX, ocorreram dois movimentos de **cunho** emancipacionista: em 1798, a Conjuração Baiana em Salvador e, em 1817, a Revolução Pernambucana em Recife.

Glossário
Cunho: natureza, caráter.

O movimento social baiano recebeu influência dos ideais revolucionários franceses (igualdade, liberdade e fraternidade) e da guerra de independência em andamento no Haiti (com expressiva participação de ex-escravizados e escravizados que lutavam pelo fim da escravidão).

Os pernambucanos também foram influenciados pelos ideais franceses; além disso, o descontentamento com a situação econômica fazia crescer e amadurecer a ideia de independência colonial entre os senhores de engenho e as camadas médias (comerciantes, membros do clero e militares).

Ideal de liberdade em Salvador

No final do século XVIII, a cidade de Salvador sofria os efeitos da crise açucareira e da transferência da capital da colônia para o Rio de Janeiro em 1763, principalmente o desemprego e a alta de preços.

Os membros da elite latifundiária e escravista baiana, sentindo-se prejudicados pelo monopólio comercial exercido pela metrópole e pelos altos impostos, desejavam a separação de Portugal.

No entanto, os principais líderes do movimento que se organizava eram mestiços, soldados e artesãos humildes, que lutavam contra a alta do custo de vida, os impostos abusivos, o latifúndio e a escravidão.

Em reuniões secretas, passaram a organizar-se para proclamar uma república igualitária, em que a escravidão fosse abolida, estabelecer a liberdade comercial e aumentar a remuneração dos soldados.

Para divulgar seus ideais e atrair maior número possível de simpatizantes, os rebeldes publicaram e distribuíram folhetos nos quais anunciavam seus planos:

> Animai-vos Povo bahiense que está por chegar o tempo feliz da nossa Liberdade: o tempo em que seremos todos irmãos, o tempo em que seremos todos iguais.
>
> Affonso Ruy. *A primeira revolução social brasileira*. 2. ed. São Paulo: Companhia Editora Nacional, 1978. p. 45.

Repressão do governo

Durante a publicação dos folhetos, entre 12 e 26 de agosto de 1798, o governador da Bahia iniciou a investigação da conspiração e prendeu 47 pessoas suspeitas de participar dela.

No decorrer do processo judicial, alguns integrantes se livraram das acusações. No entanto, houve mais de 30 **réus**, em sua maioria mestiços: escravos, libertos, soldados e artesãos pobres.

Somente os líderes populares – Luiz Gonzaga das Virgens, Lucas Dantas de Amorim Torres, Manoel Faustino dos Santos Lira e João de Deus Nascimento – foram condenados à forca e executados em 8 de novembro de 1799, na praça da Piedade, em Salvador. Os demais envolvidos foram exilados ou cumpriram prisão na colônia. Pesquisas recentes indicam que haveria mais um líder, Antônio José, preso na mesma cela que seus companheiros e envenenado antes de ser enforcado.

Preocupada com os levantes no Brasil, a Coroa portuguesa começou a oferecer altos cargos na administração pública, dinheiro ou privilégios às pessoas que denunciassem as conspirações, consideradas crimes de **lesa-majestade**.

Glossário

Lesa-majestade: tipo de crime considerado traição à Coroa; crime contra a monarquia.
Réu: indivíduo que está sendo julgado ou processado.

A Praça da Piedade localiza-se no centro histórico de Salvador e preserva muitas características arquitetônicas da época da Conjuração Baiana.

Praça da Piedade com a Igreja e Convento de Nossa Senhora da Piedade ao fundo. Salvador (BA), 2016.

ZOOM
Com base na observação da imagem, elabore uma hipótese para explicar por que a Coroa portuguesa teria escolhido a Praça da Piedade como local de enforcamento dos condenados da Conjuração Baiana.

O movimento nas tradições orais

Johann Moritz Rugendas. *Hospício de Nossa Senhora da Piedade na Bahia*. Gravura publicada em *Viagem Pitoresca através do Brasil*, c.1835.

Pelo envolvimento da população humilde de Salvador no movimento, a memória da Conjuração Baiana tem sido preservada como símbolo de resistência popular, sobretudo por tradições orais.

Assim ela é conhecida também por outros nomes, que refletem de forma mais coerente os ideais de liberdade e igualdade que a embasaram, conforme assinala Sylvio Bazote:

> O termo Revolta dos Alfaiates se deve ao grande número destes profissionais que participaram do movimento e pelo fato de dois dos quatro executados como líderes da conspiração exercerem esta profissão. [...]
> A designação Revolta dos Búzios se deve ao fato de alguns revoltosos usarem um búzio (concha de molusco em forma de espiral) preso a uma pulseira para facilitar a identificação entre si. Revolta das Argolinhas porque alguns participantes usaram uma argola em uma orelha com o mesmo fim. Estes são termos de origem popular, sendo que o "Revolta dos Búzios" tornou-se o predominante na transmissão oral na Bahia, devido à associação com as origens africanas, havendo também uma identificação com a luta contra a escravidão e por uma sociedade mais igualitária.
>
> Sylvio Mário Bazote. O movimento popular da Revolta dos Búzios. *HistóriaS*, 24 jul. 2013. Disponível em: <http://historiasylvio.blogspot.com/2013/07/revolta-dos-buzios.html>. Acesso em: out. 2018.

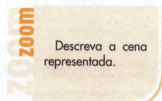

zoom — Descreva a cena representada.

Documentos em foco

A sentença dos réus

E, pela dedução dos fatos descritos e suas convincentes provas, [...] condenam os réus Luiz Gonzaga das Virgens, pardo, livre, soldado, solteiro, 36 anos; Lucas Dantas de Amorim Torres, pardo, liberto, solteiro, 24 anos; João de Deus Nascimento, pardo, livre, casado, alfaiate, 27 anos; Manoel Faustino dos Santos Lira, pardo, forro, alfaiate, 22 anos [...] sejam levados à Praça da Piedade, por ser também uma das mais públicas dela, onde, na forca, que, para este suplício se levantará mais alta do que a ordinária, morram [...], depois do que lhes serão separadas as cabeças e os corpos, pelo levante projeto, pelos ditos réus, chefes, a fim de reduzirem o continente do Brasil a um Governo Democrático.

Luís Henrique Dias Tavares. In: Marli Geralda Teixeira. *Revolta de Búzios ou Conjuração Baiana de 1798*: uma chamada para a liberdade. Disponível em: <http://smec.salvador.ba.gov.br/documentos/revolta-dos-buzios.pdf>. Acesso em: out. 2018.

1. Qual é a característica comum aos quatro réus citados no fragmento?
2. Como e onde morreram os réus?
3. O que a sentença determina que seja feito aos réus depois da execução?
4. Por que os réus estavam sendo punidos?
5. Em sua opinião, o que teria levado as autoridades do governo a impor aos quatro réus uma punição tão severa?

Revolução Pernambucana

A situação pernambucana era crítica, pois os preços do açúcar e do algodão, produtos exportados pela capitania, estavam em baixa na Europa. Além disso, o comércio interno da região era controlado por comerciantes portugueses.

A população local sentia-se prejudicada pelos altos impostos cobrados pelo governo português. Essa situação se agravara a partir de 1808, devido à transferência da família real de Portugal para a capital da colônia. Os custos para a manutenção da Corte portuguesa no Rio de Janeiro eram altos, o que fazia o governo aumentar os impostos em todas as capitanias.

As propostas do movimento

Em segredo, rebeldes conspiravam para criar uma república que englobaria Pernambuco e outras capitanias do nordeste, com liberdade comercial, fim dos privilégios dos comerciantes portugueses e criação de uma política tributária mais justa.

Ampliar

Revolução Pernambucana de 1817

http://multirio.rio.rj.gov.br/index.php/estude/historia-do-brasil/brasil-monarquico/88-a-corte-no-rio-de-janeiro/8863-a-revolução-pernambucana-de-1817

Site vinculado à plataforma MultiRio, com informações, imagens e diversos *links* sobre História e atualidades.

Essas pessoas pertenciam a diversas camadas sociais. Havia membros da aristocracia pernambucana, revoltados com os altos impostos e os privilégios concedidos aos comerciantes portugueses. Havia também membros da classe média, influenciados pelos ecos do Iluminismo que chegavam da Europa. Outros eram militares que reivindicavam melhores soldos e condições de trabalho. Diversos membros do clero exerceram um papel essencial no movimento, sobretudo de liderança intelectual, já que tinham acesso às obras filosóficas dos iluministas. A maior parte dos integrantes do movimento era originária das populações pobres formadas por escravizados, ex-escravizados, camponeses e trabalhadores urbanos, profundamente afetados pela crise econômica da capitania de Pernambuco.

Em razão dessa diversidade, não havia consenso entre os rebeldes com relação à abolição da escravidão: os setores da elite dependiam do trabalho escravo em suas propriedades, por isso defendiam a manutenção da escravidão; já os demais grupos eram contra o trabalho escravo.

R. Schimidt. *Recife*, início do século XIX.

Desdobramentos da revolução

As notícias de que se tramava uma conspiração em Recife se espalharam. Após algumas denúncias, o governador de Pernambuco ordenou a prisão dos suspeitos. Em 6 de março de 1817, um deles (o capitão José de Barros Lima, conhecido como Leão Coroado) matou o oficial português encarregado de prendê-lo. Esse episódio motivou os soldados a iniciar a luta contra o governo e mobilizou as camadas médias e populares da sociedade local. Os rebeldes conseguiram prender o governador, exilá-lo no Rio de Janeiro e tomar o poder.

Assim, formou-se no Recife um governo revolucionário que adotou o regime republicano, concedeu liberdade comercial, religiosa e de imprensa, mas não aboliu formalmente a escravidão. Uma Constituição começou a ser elaborada enquanto os rebeldes faziam contato com a Bahia, o Ceará, o Rio Grande do Norte e a Paraíba, esperando adesão ao movimento.

Um dos líderes do movimento e também integrante do governo revolucionário foi o comerciante Domingos Martins, capixaba de nascimento, que vivera na Europa e voltara ao Brasil influenciado pelas ideias iluministas. Outros líderes proeminentes foram o padre Pedro de Souza Tenório, humanista convicto, e o capitão José de Barros Lima, conhecido como Leão Coroado por sua coragem e determinação na luta revolucionária.

A repressão ao movimento foi organizada e os governos locais receberam reforços do Rio de Janeiro para impedir o avanço dos rebeldes. Pernambuco foi cercado por terra e por mar e, em 19 de maio de 1817, tropas a serviço da metrópole recuperaram o governo de Recife. Os membros mais atuantes do movimento foram julgados e condenados à morte; centenas de pessoas foram presas, muitas delas morreram em razão dos maus-tratos na prisão.

A repressão à Revolução Pernambucana, também conhecida por Revolução dos Padres, foi um massacre. A primeira república brasileira teve breve duração: apenas 75 dias.

> Os revolucionários pernambucanos criaram uma bandeira para a República que proclamaram. Após um século da revolução, Pernambuco adotou-a como bandeira oficial do estado.

Ampliar

A Revolução Pernambucana como você nunca viu

https://tv.uol/15myH

Animação que narra o contexto histórico da Revolução Pernambucana de forma leve e bem-humorada.

A noiva, vol. 1 e 2, de Thony Silas e Eron Villar (Ueon Produções)

Recriação, em quadrinhos, de algumas passagens da Revolução Pernambucana.

Arquivo Público do Recife, PE, Brasil

Antonio Parreiras. *Bênção das bandeiras da Revolução de 1817*. Óleo sobre tela.

Documentos em foco

O governo revolucionário

O Governo Provisório, formado pela elite colonial [...], pretendia ser o representante de todos os grupos. Mas essa abrangência não incluía os escravos, apesar de os líderes da revolução falarem o tempo todo sobre Liberdade. Para eles, Liberdade significava o fim do domínio português e a independência, senão da colônia, pelo menos do Nordeste, isso porque o movimento se estendeu a outras províncias da região, atingindo Alagoas, Paraíba, Ceará e Rio Grande do Norte. [...]

Buscando romper com o passado de exploração e opressão, os patriotas pernambucanos quiseram, também, fazer uma revolução nos modos e maneiras de se relacionarem com as pessoas, pretendendo nelas incutir o sentimento de igualdade, ainda que restrito aos homens brancos. O comerciante francês Tollenare, que entre 1816 e 1818 esteve em Pernambuco, fez as seguintes observações a respeito dessa questão em seu livro *Notas dominicais*:

"Em lugar de 'Vossa mercê', diz-se 'Vós', simplesmente; em lugar de 'Senhor' é-se interpelado pela palavra 'Patriota', o que equivale a cidadão e ao tratamento de tu [...]"

Esses novos modos vão ser absorvidos, também, pelas camadas mais humildes da população, o que vai causar indignação entre os mais ricos [...]. Havia, também, entre essa elite, o medo de uma possível repetição da revolução de escravos ocorrida no Haiti, por conta da repercussão entre a população mais pobre das ideias liberais da revolução [...].

A Revolução Pernambucana de 1817 – O Movimento. <Disponível em: http://multirio.rio.rj.gov.br/index.php/estude/historia-do-brasil/brasil-monarquico/88-a-corte-no-rio-dejaneiro/8863-a-revolução-pernambucana-de-1817>. Acesso em: nov. 2018.

Livro de aço dos heróis e das heroínas da Pátria.

Os nomes dos heróis da Conjuração Baiana, de 1798, e da Revolução Pernambucana, de 1817, estão gravados no *Livro dos heróis e heroínas da pátria*, um livro comemorativo, com páginas de aço, que fica exposto em um dos pavilhões da Praça dos Três Poderes, em Brasília.

1. Com base nas informações do texto, é possível afirmar que a ideia de liberdade defendida pelos líderes do Governo Provisório era a mesma dos escravizados que viviam no nordeste?

2. Qual o objetivo do Governo Provisório ao adotar a denominação "patriota" em substituição a "senhor"?

Atividades

1. Em 1798 eclodiu em Salvador o movimento emancipacionista denominado Conjura Baiana. Por que podemos dizer que os revolucionários baianos foram influenciados pela Revolução Francesa?

2. Com relação ao conceito de "liberdade", a Conjuração Baiana apresentou uma diferença em relação aos outros movimentos emancipacionistas da época. Identifique essa diferença.

3. Considerando-se a Conjuração Baiana e a Revolução Pernambucana, ambas movimentos emancipacionistas do Brasil Colonial, qual delas mais se assemelhou à Guerra de Independência do Haiti? Por quê?

4. Observe a fotografia a seguir, de um vitral do prédio da atual sede do Governo de Pernambuco, em Recife. Ele constitui uma homenagem ao acontecimento que abalou a sociedade pernambucana em 1817. A figura do leão lembra um dos integrantes do movimento, José de Barros Lima, cujo apelido era Leão Coroado.

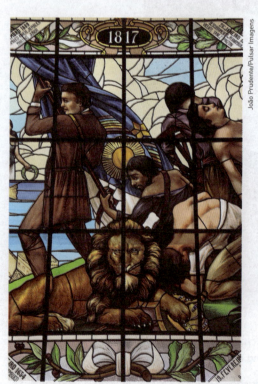

Vitral do Palácio do Governo, Recife (PE).

a) Descreva a cena representada no vitral.
b) Qual é o nome do movimento homenageado por esse vitral?
c) Que forma de governo os revolucionários desejavam?
d) O governo revolucionário de Recife de 1817 tomou várias medidas. Quais delas estavam de acordo com os ideais iluministas?

5. Em sua opinião, qual movimento emancipacionista do Brasil reunia as melhores propostas? Por quê?

6. Que outros nomes recebeu a Conjuração Baiana? Explique por quê.

7. Em 1817 eclodiu em Pernambuco um importante movimento emancipacionista, a Revolução Pernambucana.

a) Que razões provocaram esse movimento?
b) A Revolução Pernambucana ficou também conhecida como Revolução dos Padres. Por quê?

8. Analise o seguinte texto sobre a Conjura Baiana:

> [...] Tal clima, favorável às ideias libertárias, assim como a notícia da participação dos sans-cullotes — nome que se dava, durante a Revolução Francesa, aos republicanos **oriundos** das camadas populares — na derrubada da monarquia, acabou por inspirar, em Salvador, outra conjuração: a dos Alfaiates. Distintamente do que houve em Minas, na Bahia levantaram-se representantes dos grupos mais humildes: artífices, soldados, mestres-escolas, assalariados, em grande maioria mulatos, gente **exasperada** contra a dominação portuguesa e a riqueza dos brasileiros. Seu ideal era a construção de uma sociedade igualitária e democrática em que as diferenças de raça não **estorvassem** as oportunidades de emprego nem de mobilidade social. [...] Quanto à escravidão,

Glossário
Estorvar: provocar impedimento.
Exasperado: exaltado, irritado.
Nefasto: nocivo, adverso.
Oriundo: advindo.
Parca: escassa.
Sedicioso: revoltoso, insurgente.

122

os **sediciosos** baianos, diferente dos mineiros, não tinham dúvidas: "todos os negros e castanhos serão libertados para que não exista escravidão de tipo nenhum". [...] As ideias francesas eram vagamente conhecidas por gente de **parca** instrução. Associavam-nas à garantia de liberdade e igualdade, o que os atraía, pois eram oprimidos por uma conjuntura econômica **nefasta** que elevava os preços e abaixava salários, alimentando o mal-estar popular. [...] A originalidade do movimento consistia na defesa da abolição dos preconceitos de cor e da abertura comercial do porto de Salvador para navios de todas as nacionalidades. [...] Em dezembro de 1798, o príncipe regente D. João determinou que os acusados fossem sentenciados pelo Tribunal da Relação da Bahia. [...] A sentença foi dada a 7 de novembro de 1799 e, no dia seguinte, foram "exemplarmente" enforcados e esquartejados os soldados Luiz Gonzaga das Virgens e Lucas Dantas e os alfaiates João de Deus e Manuel Faustino. [...]

Os escravos envolvidos na revolta receberam açoites e seus senhores foram obrigados a vendê-los para fora da capitania.

Os representantes da elite branca, pouco à vontade num movimento radical, receberam penas leves. A mão da justiça colonial batia pesadamente, mais uma vez, sobre as camadas populares que ousavam se levantar contra o regime.

Mary Del Priore e Renato Venâncio. *Uma breve história do Brasil.* São Paulo: Ed. Planeta do Brasil, 2010. p. 148, 149 e 151.

Forme um grupo e discuta as questões a seguir a partir do texto e de seus conhecimentos sobre os temas abordados:

a) Aponte diferenças entre a Conjura Mineira e a Baiana no que se refere ao alcance social e às propostas.

b) De acordo com o texto, a "originalidade do movimento consistia na defesa da abolição dos preconceitos de cor". Na atual sociedade brasileira, o preconceito de cor, contra o qual muitos conjurados baianos lutaram, ainda se mantém? Pesquisem dados recentes sobre o tema para justificar a resposta do grupo.

c) "A mão da justiça colonial batia pesadamente, mais uma vez, sobre as camadas populares que ousavam se levantar contra o regime." Vocês concordam com essa afirmativa extraída do texto? Por quê?

9 Em 2017, por ocasião das celebrações dos 200 anos da Revolução Pernambucana, e em 2018, ano da celebração dos 220 anos da Conjuração Baiana, em Pernambuco e na Bahia ocorreram eventos culturais relacionados aos respectivos movimentos sociopolíticos emancipacionistas do período colonial brasileiro. Um dos exemplos foi o lançamento, em Recife, do documentário *1817, a Revolução esquecida*, dirigido pela cineasta Tisuka Yamasaki e produzido pela TV Escola. Foi lançado no Museu Nacional de Cultura Afro Brasileira, em Salvador, o *game* digital pedagógico *Revolta dos Búzios*.

Discuta a importância de produzir e difundir produtos culturais em linguagens multimídia, como cinema e *game*, sobre assuntos da história do Brasil.

10 Os versos abaixo fazem parte do hino da Revolução dos Búzios, cuja autoria é atribuída a Francisco Moniz Barreto, um dos participantes da revolta. Em dupla, leia e interprete os versos e registre as ideias centrais da obra.

Estes povos venturosos
Levantando soltos os braços
Desfeitos em mil pedaços
Ferros grilhões vergonhosos,
Juraram viver ditosos,
Isentos da vil cobiça,

Da impostura, e da preguiça,
Respeitando os seus Direitos,
Alegres, e satisfeitos,
Ao lado da sã Justiça.

Quando os olhos dos Baianos
Estes quadros divisarem,
E longe de si lançarem
Mil despóticos Tiranos
Quão felizes, e soberanos,
Nas suas terras serão!
Oh! Que doce comoção
Experimentam estas venturas,
Só elas, bem que futuras,
Preenchem o meu coração.

Clóvis Moura. *Dicionário da Escravidão Negra no Brasil.* São Paulo: Edusp, 2004. p. 205.

CAPÍTULO 12
D. João no Brasil

Você sabe o que é um jardim botânico? É um terreno urbano de grandes proporções, semelhante a um parque, em que são cultivadas espécies de plantas nativas e estrangeiras com objetivos científicos, como pesquisar, identificar, catalogar, reproduzir e conservar. Nos jardins botânicos, o público pode visitar exposições, aprender as propriedades medicinais e estéticas das plantas, usufruir da beleza delas e, sobretudo, conhecer a biodiversidade e se conscientizar da necessidade de preservação da vida.

Palmeiras imperiais no Jardim Botânico do Rio de Janeiro (RJ), 2017.

O primeiro jardim botânico brasileiro foi construído no Rio de Janeiro em 1808, por iniciativa de D. João, filho da rainha de Portugal. Foi uma das primeiras medidas tomadas por ele quando a família real portuguesa mudou-se para o Brasil e constitui um dos raros locais no Rio de Janeiro que se mantém praticamente inalterado desde sua fundação. Visitá-lo proporciona uma agradável experiência de viajar ao passado e conhecer o contexto histórico da chegada da família real, motivada pelo cenário político-militar imposto pelo imperador francês Napoleão Bonaparte à Europa.

A partida para o Brasil

Em 1806, o imperador francês Napoleão Bonaparte decretou o Bloqueio Continental, pelo qual proibia as nações europeias de manter comércio com a Inglaterra, ameaçando de invasão as nações que o desrespeitassem. Essa situação internacional criou dificuldades à Coroa portuguesa, que, endividada com a Inglaterra, não aderiu ao Bloqueio Continental.

A decisão de romper com o Bloqueio Continental foi tomada no final de 1807 por D. João, que estava à frente do governo português desde que a rainha-mãe, D. Maria I, fora afastada do poder devido à insanidade mental.

Inicialmente D. João tentou evitar um rápido ataque da França declarando sua disposição em obedecer ao Bloqueio. Ao mesmo tempo, negociava com a Inglaterra as condições para obter uma escolta britânica para a travessia do Atlântico e futuros acordos comerciais.

Em setembro daquele ano, o Conselho de Estado português apoiou a transferência da Corte para o Brasil. Nos preparativos da viagem, o D. João esvaziou os cofres públicos.

A partida do Porto de Lisboa foi assim descrita por Laurentino Gomes:

> O dia 29 de novembro de 1807 amanheceu ensolarado em Lisboa. [...] Nas imediações do porto, havia confusão por todo lado. [...] a rainha, seus príncipes, princesas e toda a nobreza abandonavam o país [...]
> O grupo incluía pessoas da nobreza, conselheiros reais e militares, juízes, advogados, comerciantes e suas famílias. Também viajavam médicos, bispos, padres, damas de companhia, camareiros, pajens, cozinheiros e cavalariços.
>
> Laurentino Gomes. *1808: como uma rainha louca, um príncipe medroso e uma corte corrupta enganaram Napoleão e mudaram a história de Portugal e do Brasil*. Edição juvenil ilustrada. São Paulo: Planeta do Brasil, 2008. p. 37, 38, 41.

Ampliar

Carlota Joaquina: princesa do Brasil

Direção: Carla Camurati, 100 min. Brasil, 1995.

Comédia sobre a vinda da família real portuguesa para o Brasil, entre o final de 1807 e o início de 1808, fugindo de Napoleão Bonaparte.

Novos rumos na colônia

A família real desembarcou em Salvador, em janeiro de 1808, e seguiu até o Rio de Janeiro, onde se instalou em março. Vieram D. Maria I, D. João, nobres e altos funcionários públicos – uma Corte com cerca de 15 mil pessoas.

Em Portugal, D. João selara um acordo secreto: abrir os portos ao comércio com a Inglaterra, em troca de escolta da marinha inglesa na viagem. Seu primeiro ato oficial na colônia foi a "abertura dos portos brasileiros às nações amigas", em 28 de janeiro de 1808.

Rompeu-se o monopólio de Portugal sobre o comércio brasileiro e os ingleses já podiam vender seus produtos aqui. Nos anos seguintes, outras medidas do governo de D. João diminuíram ainda mais o controle português sobre a colônia.

Manoel Rodrigues Teixeira. *Prospecto da cidade de São Salvador/Bahia de Todos os Santos*, 1797.

Foi em Salvador que D. João decretou a abertura dos portos brasileiros ao comércio internacional. Nesse desenho, em original manuscrito de Manoel Rodrigues Teixeira, observa-se como a cidade teria sido por volta de 1797.

Incentivo às manufaturas

Em abril de 1808, já com o governo instalado no Rio de Janeiro, D. João assinou decreto permitindo a instalação de manufaturas no Brasil.

Mais uma vez, a transferência da Corte portuguesa representou mudanças na relação colônia-metrópole, pois, desde 1785, vigorava aqui a proibição de criar manufaturas, sob o argumento de que a instalação de fábricas prejudicaria as principais atividades econômicas da colônia: agricultura e mineração.

Entretanto, os tempos eram outros. O grande número de nobres, funcionários públicos, militares, comerciantes, profissionais liberais e clérigos portugueses que passou a viver no Rio de Janeiro tinha hábitos de consumo europeus. Para satisfazê-los, era necessário diversificar a produção de mercadorias.

Nesse contexto, foram criadas as primeiras siderúrgicas, fábricas de pólvora e de tecidos, entre outras.

Novas medidas econômicas

Em 1810, D. João assinou tratados com a Inglaterra, entre os quais se destaca o de **Comércio e Navegação**, que estabeleceu novos benefícios aos ingleses, incluindo garantia de julgamento por juízes ingleses aos britânicos residentes no Brasil que cometessem algum crime e liberdade religiosa aos ingleses anglicanos.

Com relação ao comércio, esse tratado definiu os seguintes impostos alfandegários preferenciais à Inglaterra:

- sobre o valor dos produtos ingleses que entrassem no Brasil, seriam cobrados 15% em impostos;
- sobre o valor dos produtos vindos de Portugal, seriam cobrados 16% em impostos;
- sobre o valor dos produtos importados de outras nações, seriam cobrados 24% em impostos.

A abertura dos portos e o Tratado de Comércio e Navegação resultaram na importação dos mais variados produtos: tecidos, pregos, martelos e até patins para gelo. Ao longo dos anos, as importações cresceram, aumentando os gastos do Brasil no comércio externo. Houve períodos em que a balança comercial brasileira apresentou déficit, ou seja, o valor das importações superou o das exportações.

zoom

1. Por que as medidas econômicas de D. João no Brasil, a partir de 1808, favoreceram especialmente a Inglaterra?
2. Analisando o contexto da época, você considera as decisões de D. João em vir para o Brasil e adotar tais medidas adequadas? Justifique seu ponto de vista.

Jean-Baptiste Debret. *Real fábrica de ferro de São João de Ipanema*, Sorocaba, 1827. Aquarela.

A Real Fábrica de Ferro de São João de Ipanema, localizada no interior do estado de São Paulo, foi uma das primeiras a serem construídas no Brasil, em 1810, por ordem de D. João.

Documentos em foco

Debret e as transformações no Rio de Janeiro

Jean-Baptiste Debret fez parte da Missão Artística Francesa, organizada por D. João VI. Pintor de renome na França, destacou-se por obras que exaltavam Napoleão, e ficou isolado após a derrota dele. Aceitou o convite para vir ao Brasil, onde viveu de 1816 a 1831, e criou obras sobre o Rio de Janeiro.

De volta à França, publicou *Viagem pitoresca e histórica ao Brasil*, livro com suas impressões sobre os costumes, o cotidiano e a escravidão do Brasil no início do século XIX.

Até a chegada da família real, no Rio de Janeiro contrastavam as belas paisagens naturais e as ruas estreitas, sujas e malcheirosas. A Coroa portuguesa urbanizou bairros, construiu praças, pontes e fontes, iluminou ruas com lampiões a óleo e instituiu a coleta de lixo nos locais públicos.

Jean-Baptiste Debret. *Cortejo do batismo de Dona Maria da Gloria no Rio de Janeiro*. Gravura publicada em *Viagem pitoresca e histórica ao Brasil*, 1834-1839.

❶ Com base na leitura do texto e na observação da obra de Debret, mobilize seus conhecimentos para comentar a importância da obra desse artista para a história do Brasil.

Obras do Período Joanino: mais despesas e impostos

Para estimular a cultura, a arte e a ciência no Brasil, D. João ordenou a vinda da Missão Artística Francesa e criou a Academia de Belas Artes do Rio de Janeiro, o Jardim Botânico, a Biblioteca Real e a Escola de Medicina do Rio de Janeiro, além do Banco do Brasil e da Imprensa Régia, que possibilitou publicar jornais e livros. Em outras capitanias, o governo patrocinou obras públicas, como estradas, para facilitar a comunicação entre diferentes regiões.

Essas medidas representaram vultosos gastos, em geral pagos com aumento e criação de impostos, emissão de moeda (causando inflação) e empréstimos dos banqueiros ingleses. Isso provocou descontentamento na população, sendo o caso mais extremo a Revolução Pernambucana de 1817.

Por outro lado, as camadas sociais dominantes da colônia, sobretudo do Rio de Janeiro, desejavam se igualar aos padrões de comportamento da Corte portuguesa, adotando seus hábitos de consumo.

De colônia a reino unido

Em 1815, com a derrota definitiva da França por um exército de países aliados, Napoleão foi exilado na Ilha de Santa Helena. O Congresso de Viena reuniu-se na Europa para decidir o destino dos territórios antes ocupados pelas tropas francesas. Para participar com vantagem do Congresso, a medida tomada por D. João VI foi elevar o Brasil à categoria de Reino Unido a Portugal e Algarves.

Esse fato serviu também para justificar sua permanência no Brasil. Afinal, as tropas francesas haviam sido expulsas do território português em 1809,

Nicolas-Antoine Taunay. *D. João VI e D. Carlota Joaquina passeando na Quinta da Boa Vista*, 1817-1818. Óleo sobre tela, 92 cm × 146 cm.

e não havia mais motivos para a Corte permanecer aqui. Entretanto, para a família real, ficar no Brasil parecia ser melhor do que retornar a Portugal, que, devastado por guerras, exigiria muitos esforços de reconstrução.

A anexação de territórios

A política externa de D. João foi agressiva. Em 1809, como represália à ocupação napoleônica em Portugal, ele determinou a ocupação da Guiana Francesa, contando para isso com apoio militar inglês. A devolução do território à França ocorreria somente em 1817, após decisão do Congresso de Viena.

Em 1816, já coroado rei, D. João VI ordenou o ataque à Colônia do Sacramento, território que pertencia à Espanha e fazia fronteira com o atual Rio Grande do Sul. O objetivo dessa ação militar era ter acesso ao Rio da Prata e, assim, favorecer o contato brasileiro com áreas mais ao sul do continente.

A anexação da Colônia do Sacramento se consolidou apenas em 1821, quando ela passou a ser denominada Província Cisplatina. A nova situação provocou uma luta armada da população local contra o domínio luso-brasileiro. Após intensas batalhas, a Província Cisplatina conquistou a independência em 1828, tornando-se a República Oriental do Uruguai.

Fonte: José Jobson de A. Arruda. *Atlas histórico básico*. São Paulo: Ática, 2011. p. 40.

Diferentemente da conquista da Guiana Francesa, que ocorrera por circunstâncias de momento, a anexação da Província Cisplatina dava aos portugueses acesso ao Rio da Prata, antigo interesse lusitano para facilitar o contato com regiões do extremo sul do continente americano.

A situação de Portugal

Após intensas lutas durante a ocupação napoleônica, nas quais receberam ajuda inglesa, em 1809 os portugueses conseguiram expulsar do país o exército francês. Formou-se uma Junta Governativa liderada por militares ingleses para administrar o país durante a crise, agravada pela estagnação do comércio e escassez de alimentos.

A liberdade comercial e a elevação a reino unido concedidas ao Brasil descontentaram diversos setores da sociedade portuguesa, desejosos do restabelecimento da condição de colônia e do Pacto Colonial para recuperar a economia portuguesa.

Revolução Liberal do Porto

Nesse clima de insatisfação, em 1820 organizou-se a **Revolução Liberal do Porto**, um movimento social liderado pela burguesia, que depôs a Junta Governativa inglesa.

Influenciados por ideais iluministas e liberalismo político, os rebeldes organizaram um governo provisório e convocaram eleições para formar as Cortes de Lisboa (o parlamento de Portugal), cuja primeira tarefa foi elaborar uma constituição que restringisse os poderes da monarquia.

No entanto, com relação à economia, defenderam o mercantilismo, exigindo o retorno de D. João VI e manifestando a intenção de anular a abertura dos portos brasileiros e restabelecer o monopólio português sobre o comércio do Brasil.

Repercussões da Revolução Liberal do Porto

D. João VI cedeu às pressões e retornou a Lisboa em abril de 1821, levando o dinheiro dos cofres públicos. No Brasil ficou D. Pedro, herdeiro do trono português, e as opiniões sobre as relações com Portugal se dividiram.

Muitos portugueses que aqui viviam (grandes comerciantes e militares) apoiavam a política recolonizadora das Cortes de Lisboa. Entre os brasileiros, prevaleceu o anseio pela independência, mas com propostas diferentes.

Para a elite (proprietários de negros escravizados e de terras, comerciantes brasileiros e estrangeiros e altos funcionários públicos) interessava manter a escravidão, o latifúndio monocultor e a produção de gêneros agrícolas destinados à exportação. Por outro lado, jornalistas, médicos, professores, padres e pequenos comerciantes locais (em geral, brasileiros) defendiam o fim da escravidão, o estabelecimento de governo democrático e a autonomia para as províncias. Os escravizados queriam sua liberdade.

A Inglaterra não pretendia abrir mão de seus interesses econômicos, mas não atuou diretamente na situação.

Domingos Antonio de Sequeira. *Retrato Equestre de Dom João VI*, 1821. Óleo sobre tela, 1,08 m × 8,10 m.

Jean-Baptiste Debret. *Partida da rainha para Portugal*. Gravura publicada em *Viagem Pitoresca e Histórica ao Brasil*, 1834-1839.

As medidas tomadas por D. João VI entre 1808 e 1821, período em que o Brasil foi sede da monarquia portuguesa, foram decisivas para ampliar a autonomia do país em relação a Portugal e contribuíram para aprofundar as divergências entre a elite brasileira e a burguesia lusitana.

A regência de D. Pedro

Entre a partida de D. João VI, em abril de 1821, e a independência, em setembro de 1822, houve a regência de D. Pedro. Acentuaram-se as divergências entre o projeto recolonizador português e as pressões de setores da sociedade brasileira pela emancipação do país.

Em abril de 1821, as Cortes de Lisboa determinaram que fossem ignoradas as decisões do príncipe regente e transferiram de volta a Portugal órgãos da administração aqui instalados desde a vinda da família real.

Enquanto isso, a elite brasileira se aproximou de D. Pedro, para convencê-lo a romper com Portugal e implantar seu projeto político conservador.

Em outubro de 1821, as Cortes de Lisboa ordenaram o regresso de D. Pedro a Portugal, e as lideranças brasileiras fizeram um abaixo-assinado pedindo sua permanência no Brasil. Em janeiro de 1822, o príncipe regente decidiu ficar. Tropas portuguesas se mobilizaram, exigindo o retorno de D. Pedro, mas os colonos reagiram e expulsaram os militares lusos do Brasil. Descontentes, os ministros portugueses se demitiram, e os cargos foram ocupados por brasileiros. Foi formado um novo ministério, liderado por José Bonifácio. Fortalecia-se a participação da elite brasileira no governo.

Episódios sucedidos entre maio e setembro de 1822 culminaram na oficialização da independência política. Entre eles, o decreto do "Cumpra-se" determinou que as ordens portuguesas fossem aceitas no Brasil somente após autorização de D. Pedro.

Oscar Pereira da Silva. *Sessão das Cortes de Lisboa*, 1922. Óleo sobre tela, 3,15 m × 2,62 m.

A obra representa os trabalhos do Parlamento português, criado após a Revolução do Porto. Como o Brasil fora elevado à categoria de Reino Unido a Portugal e Algarves, havia a participação de deputados brasileiros nas Cortes de Lisboa.

Rumo à emancipação

Em 3 de junho, D. Pedro convocou uma Assembleia Constituinte, formada sobretudo por grandes comerciantes e proprietários de terras. A elite desejava uma nação independente, mas com a mesma estrutura econômica e social.

Novas ordens de Portugal declararam nulas as decisões do príncipe regente e exigiram seu retorno a Lisboa. Estimulado pela aliança de interesses com os brasileiros e pelos conselhos de sua esposa e de José Bonifácio, D. Pedro declarou a Independência do Brasil.

José Bonifácio foi um político brasileiro que se destacou no processo de Independência. Ocupou o Ministério do Reino e Estrangeiros e exerceu forte influência sobre D. Pedro, no papel de amigo e de conselheiro do príncipe regente. Em projeto de sua autoria, encaminhado às Cortes de Lisboa pelo irmão, Antônio Carlos Ribeiro de Andrada, Bonifácio propôs a criação de colégios e universidades no Brasil, a modernização das técnicas de produção agrícola e mineradora e a extinção do tráfico de escravos. Também defendia o fim da escravidão. É considerado o "Patriarca da Independência".

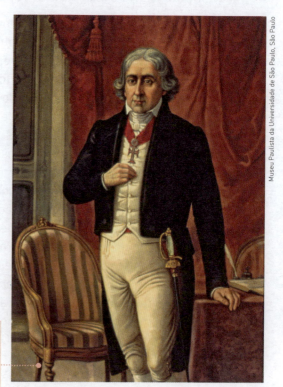

Benedito Calixto. *Retrato de José Bonifácio de Andrada e Silva*, 1902. Óleo sobre tela, 1,4 m × 1 m.

1. De acordo com o escritor Laurentino Gomes, a partida da família real e da Corte portuguesa para o Brasil provocou incredulidade no povo português e medo na elite do país. Quais teriam sido as razões de tais sentimentos?

2. Comente as principais transformações causadas pela transferência da família real portuguesa no Brasil nos seguintes aspectos:

   a) urbanístico;
   b) cultural;
   c) econômico;
   d) administrativo.

3. Comente as situações que descontentaram setores da população portuguesa e culminaram com a Revolução Liberal do Porto.

4. Comente as mudanças que a Revolução Liberal do Porto causou no cenário político português da época.

5. Analise a divergência de interesses entre as Cortes de Lisboa e os brasileiros no contexto que se seguiu à Revolução Liberal do Porto.

6. Durante a regência de D. Pedro no Brasil, diferentes setores sociais manifestaram suas expectativas pela independência da colônia.

   a) Esses setores tinham a mesma expectativa em relação à nação que pretendiam inaugurar? Justifique.
   b) Identifique a camada social que liderou o processo de independência do Brasil e destaque uma iniciativa desse grupo social para selar sua aliança com o príncipe regente D. Pedro.

7. Em algumas províncias do Brasil, a independência, oficializada em 1822, provocou conflitos contra o novo governo. Foram as chamadas "guerras de independência" e ocorreram na Bahia, no Maranhão, no Piauí, no Grão-Pará e na Cisplatina.

   a) Por que elas ocorreram? Como o governo recém-instalado de D. Pedro reagiu a elas? Qual foi o desfecho desses conflitos?
   b) Pesquise o assunto e elabore um resumo com as conclusões. Anote as fontes consultadas para confrontar informações e esclarecer eventuais dúvidas.

8. Leia o texto a seguir, depois responda às questões.

   O resultado, em 7 de setembro, foi o conhecido brado de "independência ou morte", isto é, o grito do Ipiranga, que hoje é celebrado como a declaração de independência do Brasil. Entretanto, para os contemporâneos, este fato não teve significado especial, sendo noticiado apenas sob a forma de um breve comentário no jornal fluminense *O Espelho*, com data de 20 de setembro. Para a maioria dos atores principais, a separação, embora parcial, já estava consumada. Ainda que não tivesse tal intenção, foi o 3 de junho, por exemplo, que passou a ser comemorado como a data em que o Brasil despedaçou "as cadeias da escravidão".

   Alberto da Costa e Silva. *Crise colonial e Independência. 1808-1830.* v.1. Rio de Janeiro: Fundação Mapfre; São Paulo: Objetiva, 2011. p. 97.

   a) No cenário da época, por que a data de 3 de junho foi considerada como um marco na separação do Brasil em relação a Portugal?
   b) Atualmente, em qual data é celebrada a Independência do Brasil?

Visualização

DESCONTENTAMENTO COLONIAL

- Restrição ao desenvolvimento
- Carga tributária alta
- Ideias iluministas
- Independência dos EUA
- Ideais revolucionários franceses
- Independência do Haiti
- Movimentos de emancipação

Mineração
- Criação de cidades
- Formação de uma classe média urbana
- Novo centro econômico
- Transferência da capital

Conjura mineira
- Rompimento com Portugal
- Governo republicano
- Estímulo à produção manufatureira
- Movimento sem caráter abolicionista
- Denúncia dos companheiros
- Clemência e exílio
- Execução de Tiradentes

CONJURAÇÃO MINEIRA

Crise portuguesa
- Concorrência internacional
- Gasto com guerras
- Redução das exportações
- Crise do açúcar
- Empréstimos ingleses

Tributação das minas
- Aumento dos impostos
- Derrama
- Alvará de 1785

Motivações
- Desemprego
- Crise do açúcar
- Perda de *status* de capital
- Elite prejudicada
- Altos impostos
- Separação de Portugal
- Impostos abusivos
- Latifúndio
- Escravidão

CONJURAÇÃO BAIANA

Movimento
- Mestiços, soldados e artesãos
- Distribuição de folhetos
- República igualitária
- Abolição da escravidão
- Liberdade comercial
- Aumento da remuneração dos soldados

Repressão
- Prisões e exílio
- Execução dos líderes populares
- Incentivo do governo à denúncia de movimentos

Contexto
- Preços do açúcar e algodão em baixa
- Portugueses no controle comercial
- Altos impostos

REVOLUÇÃO PERNAMBUCANA

Propostas
- Proclamação de uma república
- Liberdade comercial
- Fim dos privilégios dos comerciantes portugueses
- Tributação justa
- Melhores condições de trabalho

Revolução
- Rebeldes de diversas camadas sociais
- Luta armada contra o governo
- Prisão do governador
- Aplicação das propostas
- Reação da metrópole
  - Invasão a Pernambuco
  - Prisões e execuções

A COROA NO BRASIL

Fuga da corte
- Bloqueio Continental
- Acordo secreto
- Partida para a colônia
- Estrutura de Estado

Emancipação
- Assembleia Constituinte
- Tensões com Portugal
- Interesses da elite
  - Independência
  - Mesma estrutura social e econômica
- Declaração de Independência

D. Pedro
- Retorno de D. João a Portugal
- Regência de D. Pedro
- Projetos conflituosos
  - Manutenção da estrutura colonial
  - Emancipação da colônia
- Restrição ao poder regente
- Ordem para o príncipe voltar a Portugal
- Ideia de independência
- Permanência no Brasil
  - Apoio da elite conservadora

Realeza na colônia
- Rio de Janeiro
- Chegada de 15 mil pessoas
- Abertura dos Portos
- Fim do Pacto Colonial

Economia
- Permissão de manufaturas
- Desenvolvimento econômico
- Tratado de Comércio e Navegação
- Déficit na balança comercial

Portugal
- Desgaste pós-guerra com a França
- Junta Governativa inglesa
- Desejo de retomar o Pacto Colonial
- Revolução Liberal do Porto
  - Retorno de D. João VI
  - Ideais iluministas
  - Liberalismo político
  - Restabelecimento do monopólio

Infraestrutura
- Academia de Belas Artes
- Jardim Botânico
- Biblioteca Real
- Escola de Medicina
- Banco do Brasil
- Imprensa Régia

Reino Unido
- Congresso de Viena
- Permanência da Corte no Brasil
  - Interesses econômicos
  - Portugal destruído pela guerra
- Anexação de territórios
  - Colônia do Sacramento
  - Província Cisplatina

Retomar

1. Mobilize seus conhecimentos para preencher o quadro comparativo sobre as principais características dos movimentos emancipacionistas estudados nesta unidade.

	CONJURAÇÃO MINEIRA	**CONJURAÇÃO BAIANA**	**REVOLUÇÃO PERNAMBUCANA**
Ano e local em que ocorreu			
Principais propostas			
Principais influências			
Principais camadas sociais participantes			
Principais razões para a formação do movimento			
Desfecho			

2. Muitos historiadores interpretam a abertura dos portos brasileiros ao comércio internacional como um marco da independência econômica do Brasil com relação à metrópole. Na obra *História econômica do Brasil*, Caio Prado Júnior assim analisa o significado do decreto de 1808:

> Desfazia-se a base essencial em que **assentava** o domínio metropolitano e que consistia [...] precisamente no monopólio do comércio colonial. Com a abertura dos portos brasileiros e a concorrência estrangeira, sobretudo inglesa, contra quem Portugal não estava em condições de lutar, estava **abolido** de um golpe o que havia de realmente **substancial** na dominação metropolitana. Daí por diante esta se pode considerar virtualmente extinta.
>
> Caio Prado Júnior. *História econômica do Brasil*. 7. ed. São Paulo: Brasiliense, 1962. p. 130.

Glossário
Abolir: extinguir, anular, suprimir.
Assentar: apoiar.
Substancial: importante, essencial, fundamental.

a) Do ponto de vista do historiador Caio Prado Júnior, o que era essencial na dominação metropolitana sobre a colônia?

b) Para o historiador, que fato assinalou o fim da dominação portuguesa sobre o Brasil?

3. Como a presença da família real portuguesa no Brasil contribuiu para a independência do país?

4. Sobre o cotidiano das mulheres no Brasil no início do século XIX, leia o trecho a seguir e responda ao que se pede.

> As mulheres da classe mais abastada não tinham muitas atividades fora do lar. Eram treinadas para desempenhar o papel de mães e exercer as prendas domésticas. As menos afortunadas, viúvas ou membros da elite empobrecida, faziam doces por encomenda, arranjos de flores, bordados a crivo, davam aulas de piano e solfejo, ajudando, assim, na educação da numerosa prole que costumava cercá-las.

Tais atividades, além de não serem valorizadas, não eram tampouco bem-vistas socialmente. As mulheres que as exerciam tornavam-se alvo fácil da maledicência masculina. Na época, era voz comum que a mulher não precisava, nem devia, ganhar dinheiro. As pobres, contudo, não tinham escolha senão garantir o próprio sustento. Eram, pois, costureiras e rendeiras, lavadeiras, fiandeiras ou roceiras.

[...] As escravas trabalharam principalmente na roça, mas também foram usadas por seus senhores como tecelãs, rendeiras, carpinteiras, amas de leite, pajens, cozinheiras, costureiras, engomadeiras e mão de obra para todo e qualquer serviço doméstico. [...]

Até o período em que se deu a independência, as mulheres viviam num cenário com algumas características constantes: a família patriarcal era o padrão dominante entre as elites agrárias, enquanto, nas camadas populares rurais e urbanas, os concubinatos, uniões informais e não legalizadas e os filhos ilegítimos eram a marca registrada. [...] Debret confirmava o despreparo intelectual das mulheres de elite. Até 1815, e não obstante a passagem da família real, a educação se restringia a recitar preces de cor e calcular de memória, não incluindo a escrita. [...]

Em 1816, encontramos no Rio de Janeiro apenas dois colégios particulares para moças. Entre as jovens de elite, o costume era aprender, graças à visita de professores particulares, piano, inglês e francês, canto e tudo o mais que as permitisse brilhar nas reuniões sociais.

Mary Del Priore et al. *500 anos de Brasil: histórias e reflexões*. São Paulo: Scipione, 1999. p. 10-13.

Jean-Baptiste Debret. *Negra com tatuagem vendendo caju*. Gravura publicada em *Viagem Pitoresca e Histórica ao Brasil*, 1834-1839.

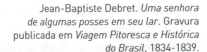

Jean-Baptiste Debret. *Uma senhora de algumas posses em seu lar*. Gravura publicada em *Viagem Pitoresca e Histórica do Brasil*, 1834-1839.

a) As diferenças sociais se refletiam no cotidiano das mulheres? Justifique sua resposta com base nas informações do texto.

b) Que informações do texto permitem concluir que, no início do século XIX, as mulheres no Brasil tinham pouco acesso à educação?

UNIDADE 5

Antever

Por cerca de três séculos o Brasil esteve sob domínio de Portugal na condição de colônia mais importante do Império Português. Contudo, as divergências entre os interesses luso-brasileiros e os do governo metropolitano foram constantes, acrescidas de tensões sociopolíticas internas motivadas pela resistência tanto dos povos indígenas quanto dos escravizados de origem africana ao longo da colonização.

Com a Proclamação da Independência, em 1822, o país alcançou enfim a soberania. A nova condição de país livre abria muitas possibilidades. Contudo, não foram feitas mudanças profundas na organização socioeconômica, o que provocou o descontentamento de diferentes segmentos sociais.

A imagem de abertura desta unidade é uma das mais representativas da independência do Brasil. Em sua opinião, essa pintura representa fielmente a realidade? Por quê? O artista que a criou representou na obra todas as camadas sociais do Brasil na época da Independência? Quais segmentos sociais teriam ficado descontentes com os rumos sociopolíticos e econômicos que se seguiram a esse fato?

Museu Paulista da Universidade de São Paulo, São Paulo

Pedro Américo. *Independência ou morte*, 1888. Óleo sobre tela, 4,15 m × 7,60 m.

Obra encomendada pela família real, que investia na construção do Museu do Ipiranga, na cidade de São Paulo. Ao criar o quadro, a ideia era promover a monarquia – que, no entanto, caiu no ano seguinte, em 15 de novembro de 1889.

Primeiro Reinado e Regência

CAPÍTULO 13
O governo autoritário de D. Pedro I

As sociedades estão em constante mudança e, enquanto mudam as gerações, também se altera a imagem que a sociedade tem de si mesma. Assim, a visão que o Brasil tem de si é dinâmica, embora algumas visões persistam há bastante tempo, como a ideia de que a história de nosso país é pacífica.

O estudo do Primeiro Reinado (1822-1831), período que se seguiu ao rompimento dos laços de dominação de Portugal com o Brasil, é uma oportunidade para confrontar essa visão cristalizada com a realidade histórica. Veremos que ele foi repleto de conflitos e revoltas, marcado pela truculência e, muitas vezes, pela inabilidade de D. Pedro I, um governante de mentalidade autoritária.

A independência, embora tenha sido precedida por movimentos emancipacionistas, traduzia os interesses de uma minoria da sociedade brasileira. Após o Brasil se desligar de Portugal, quase metade da população era constituída de escravos, portanto, excluída dos direitos de cidadania. Esse cenário moldou os acontecimentos do governo imperial de Pedro I.

Jean-Baptiste Debret. *Retrato do Imperador Dom Pedro I*. Gravura publicada em *Viagem pitoresca e histórica ao Brasil*, 1834-1839.

Debret utilizou diferentes recursos para enfatizar que, apesar de haver nascido português, o imperador D. Pedro I tinha vínculos com o Brasil: o manto, bordado em ouro, remete ao poncho (peça típica do vestuário de paulistas e gaúchos da época), as insígnias dele são brasileiras e ele é sobreposto por uma murça (manto curto que cobre o tórax) feita com plumas de tucano (típica ave brasileira). Ao retratar D. Pedro I com botas de cavalaria – habitualmente usadas por ele em ocasiões diversas –, o artista revela a personalidade ativa do imperador. A coroa à cabeça, a espada desembainhada e o cetro simbolizam o início da nova era política, a do Brasil independente.

Uma independência com poucas mudanças

A independência do Brasil consolidou-se com a aliança entre as elites agrárias e D. Pedro I. As bases sociais e econômicas permaneceram inalteradas: escravidão, latifúndio monocultor e produção voltada para o mercado externo.

Alguns setores da sociedade, formados principalmente por portugueses (militares, antigos funcionários públicos, grandes comerciantes), resistiam a aceitar a autoridade de D. Pedro I. Com isso, em algumas localidades do norte e nordeste do país, houve revoltas que pretendiam restabelecer o domínio de Portugal. No entanto, elas foram reprimidas pelo novo governo, que tinha o apoio das camadas populares (ansiosas por mudanças) e dos latifundiários, bem como de tropas inglesas.

A Inglaterra continuou a exercer influência sobre o Brasil, cujo mercado interno dependia cada vez mais dos produtos industrializados ingleses. Era necessário organizar a nova nação, criar uma estrutura administrativa e obter o reconhecimento de outros países. O maior desafio de D. Pedro I, entretanto, era governar uma nação cuja composição social ainda era bastante instável. As elites agrárias eram certamente as mais influentes, mas os grupos sociais das diversas regiões eram múltiplos e, como tal, tinham interesses e projetos políticos bastante diferentes. Todos eles desejavam ser atendidos pelo imperador.

Reconhecimento da Independência

Rompendo com Portugal, o Brasil constituía-se como uma nação livre e soberana. Para que uma nova nação se estabeleça, é necessário que o novo regime obtenha reconhecimento dentro e fora do território nacional. A guerra se travava não somente contra as forças portuguesas "de fora". Em lugares como a Bahia, ela aconteceu contra luso-brasileiros fiéis à metrópole.

Domenico Failutti. *Retrato de Maria Quitéria de Jesus Medeiros*. 1920. Óleo sobre tela, 1,55 m × 1,33 m.

Quando as notícias sobre as lutas contra os portugueses chegou à vila de Cachoeira, na Bahia, a jovem Maria Quitéria desafiou o pai e os costumes sociais da época e alistou-se nas tropas brasileiras, incialmente fazendo-se passar por um homem. Mostrando disciplina e bom manejo com as armas, ao ser descoberta, os oficiais a mantiveram no Batalhão de Caçadores Voluntários do Príncipe D. Pedro em que chefiou um grupo de mulheres no combate que derrotou os portugueses. Pelo feito, recebeu a condecoração Cavaleiro da Ordem Imperial do Cruzeiro das mãos do imperador Pedro I.

Reconhecimento dentro do Brasil: a Independência da Bahia

A consolidação da independência do Brasil foi ameaçada por grupos de portugueses que, embora vivessem aqui, mobilizaram-se contra o fim do domínio de Portugal. Enquanto, no Rio de Janeiro, a emancipação do país era fato, Salvador estava controlada pelos portugueses. Nesse contexto, em fevereiro de 1822 iniciou-se uma violenta guerra de independência na Bahia.

Contra a resistência portuguesa e liderado pelos senhores de engenho do Recôncavo Baiano, foi organizado o Exército Pacificador, tropa popular composta por militares, milicianos, sertanejos, negros e índios. Os baianos receberam apoio do recém-aclamado imperador D. Pedro I, que ordenou o envio de armas, munição e tropas sob o comando do oficial francês Labatut. Ele treinou as tropas e aumentou o número de combatentes recrutando escravos que trabalhavam nos engenhos e confiscando outros aos inimigos portugueses. Os senhores de engenho baianos desaprovaram essa ação, temendo que os cativos lutassem também por sua liberdade, e pressionaram o governo imperial para substituir o comando das tropas.

Sob o novo comando de José Joaquim de Lima e Silva, em 2 de julho de 1823, o Exército Pacificador retomou o controle de Salvador, após a retirada dos portugueses pelo mar. O fato teve grande repercussão entre a população e, desde então, festejos populares celebram o 2 de julho como o Dia da Independência da Bahia.

O Exército Pacificador contou com elevado número de libertos e cativos e, terminada a guerra, Lima e Silva pediu ao imperador que fosse concedida a **alforria** aos escravizados que lutaram em defesa da independência. No final de julho, chegou ao governo da Bahia a ordem imperial para isso, e as negociações com os senhores de escravos se estenderam por alguns anos.

Embora a documentação referente ao recrutamento e à libertação dos soldados-escravos seja farta, não se conhece o número de alforrias dadas com ou sem indenização, e poucos são os registros que abordam a visão dos próprios cativos sobre a situação.

Glossário

Alforria: liberdade.
Crucial: de máxima importância.
Incessantemente: continuamente, constantemente.
Obá: em iorubá significa "rei"; título dos governantes das monarquias africanas.

Antônio Parreiras. *O primeiro passo para a Independência da Bahia*, 1931. Óleo sobre tela, 2,80 m × 4,30 m.

A obra representa um momento **crucial** na luta pela independência da Bahia, quando os brasileiros aclamam D. Pedro I como Imperador do Brasil. O pintor preocupou-se em conferir protagonismo ao povo que participou da luta.

Reconhecimento fora do Brasil: África, América e Europa

Os primeiros soberanos a reconhecer a independência do Brasil foram o **obá** Osemwede, de Benim, e o obá Osinlokun, de Lagos, dois reinos africanos, fato que se explica, em parte, pelas relações entre Portugal e África terem ocorrido a partir do Brasil, para onde vieram milhões de africanos e africanas escravizados. Nas colônias africanas mantidas por Portugal, a independência brasileira causou grande comoção. Chegou a surgir na sociedade angolana uma campanha para que também Angola se separasse de Portugal e se unisse ao Império do Brasil, proposta que não prosperou, em parte, por não ser do interesse do governo brasileiro.

Em 1824 foi a vez de os Estados Unidos reconhecerem a independência do Brasil. O presidente James Monroe, interessado no fortalecimento político e econômico da América diante da Europa, criara o lema "A América para os americanos" e, com isso, pretendia evitar que a interferência dos países europeus do Congresso de Viena restabelecesse o colonialismo na América. No entanto, os outros países do continente resistiam à ideia de reconhecer a independência do Brasil, principalmente por criticarem as tendências absolutistas de D. Pedro I e se oporem à forma de governo estabelecida no país, ou seja, a monarquia – uma exceção entre os demais, que adotaram o regime republicano.

A Inglaterra, por sua vez, impôs diversas condições para reconhecer a independência do Brasil. Além de desejar manter os privilégios estabelecidos pela abertura dos portos, de 1808, e pelos tratados de 1810 (que davam a ela amplos benefícios alfandegários na venda de seus produtos), pretendia que o Brasil abolisse o tráfico de escravos. Assim, a população brasileira passaria a ser composta por trabalhadores livres, o que garantia mercado consumidor para os produtos ingleses.

Temeroso de desagradar às elites agrárias, que desejavam manter a escravidão e o tráfico negreiro, D. Pedro I adiou o quanto pôde as negociações com os ingleses. Porém, como o Brasil dependia economicamente da Inglaterra, precisava também de seu apoio político. Diversos acordos marcaram as relações entre os dois países, garantindo aos ingleses os maiores benefícios: o **Tratado de Paz e Amizade**, de 1825, pelo qual a Inglaterra reconhecia a independência do Brasil; o **Tratado de 1826**, pelo qual o Brasil se comprometia a abolir progressivamente o tráfico de escravizados; e o **Tratado de Livre-Câmbio**, de 1827, que confirmou os tratados de 1810.

Os portos brasileiros ficavam abarrotados de produtos ingleses, que chegavam **incessantemente** – um reflexo da enorme influência inglesa sobre o Brasil. Os navios traziam todos os tipos de artigos, mesmo os que não tinham nenhuma utilidade para o brasileiro, como atesta um relato de viajante inglês do século XIX, que se espantou ao ver no comércio do Rio de Janeiro a venda de aquecedores a carvão e patins de neve.

Depois do reconhecimento inglês e da própria ex-metrópole, foi a vez de França, Áustria, Santa Sé, Rússia e países sul-americanos reconhecerem a independência brasileira. Por volta de 1830, o Brasil já havia conquistado o reconhecimento da maior parte dos países com os quais tinha interesse em manter relações políticas e econômicas.

Johann Moritz Rugendas. *Rua Direita*, 1822-1825. Aquarela, 29 cm × 21 cm.

O autoritarismo do governo de D. Pedro I

Logo após a Independência, começaram a surgir as primeiras **divergências** políticas entre os membros da elite brasileira: os setores mais conservadores defendiam a organização de uma monarquia absolutista; os liberais desejavam uma monarquia constitucional com limites ao poder do imperador e autonomia administrativa para as províncias. Nesse clima de discussões, a Assembleia Nacional Constituinte iniciou, em maio de 1823, os trabalhos de elaboração da primeira Constituição do Brasil. Foi formatado um projeto que propunha o voto censitário, restringindo os direitos políticos aos proprietários de terras cuja uma renda anual fosse significativa. Inspirado nas ideias liberais, o projeto também propunha o fortalecimento do Poder Legislativo e a limitação da autoridade do imperador.

> **Glossário**
>
> **Divergência:** discordância, desacordo.
> **Outorgar:** conceder, permitir.

A Constituição outorgada de 1824

D. Pedro I recusou-se a aceitar esse projeto constitucional e dissolveu a Assembleia Constituinte, nomeando uma comissão para reiniciar os trabalhos. Em março de 1824, ele **outorgou** ao país uma Constituição que manteve, do projeto anterior, a permanência da escravidão e a manutenção do catolicismo como religião oficial, mas reforçou mecanismos autoritários para a centralização do poder. A Constituição outorgada estabeleceu a existência de quatro poderes:

- Moderador (exercido unicamente pelo imperador, com autoridade para anular quaisquer decisões dos demais poderes).
- Executivo (exercido pelo imperador e por ministros nomeados por ele);
- Legislativo (exercido por deputados eleitos pelo voto censitário e por senadores vitalícios nomeados pelo imperador);
- Judiciário (exercido por juízes nomeados pelo imperador);

A inclusão do Poder Moderador, concedido ao imperador de forma que ele tudo podia, ia contra o próprio sentido da monarquia constitucional, que é a limitação dos poderes do monarca por um sistema legal que está acima dele. A **Constituição Política do Império do Brasil**, outorgada por D. Pedro I em 1824, é um documento fortemente autoritário, que mostra uma sociedade altamente hierarquizada: acima do povo, as elites; acima de todos, o imperador.

> **Ampliar**
>
> **Independência ou morte**
> Brasil, 1972. Direção: Carlos Coimbra, 108 min.
> O filme traça um perfil de D. Pedro I desde menino até sua coroação como imperador do Brasil, incluindo a declaração de Independência, o caso de amor com a marquesa de Santos, a amizade com José Bonifácio de Andrada e Silva e os diversos conflitos com ministros e nobres, que o levaram à impopularidade e ao desgaste político.

Jean-Baptiste Debret. *Vista do Largo do Paço*, c. 1816-1831. Publicado em *Viagem pitoresca e histórica ao Brasil*.

Pode-se observar, à esquerda da obra, o Paço Imperial, de onde D. Pedro I assistia aos trabalhos da Assembleia Constituinte, em um edifício próximo.

Documentos em foco

Exclusão e centralização outorgadas

A Constituição de 1824 orientou o exercício da cidadania e do governo no Brasil durante todo o regime imperial. Conheça parte de suas determinações:

Art. 92. São excluídos de votar nas Assembleias Paroquiais:

[...] §5° Os que não tiverem **renda líquida** anual de 100$rs por **bens de raiz**, indústria, comércio ou empregos.

[...]

Art. 93. Os que não podem votar nas Assembleias primárias de Paróquia não podem ser membros, nem votar na nomeação de alguma autoridade **eletiva** nacional.

[...] Do Poder Moderador

Art. 98. O Poder Moderador é a chave de toda a organização política, e é delegado **privativamente** ao Imperador, como Chefe Supremo da Nação, e seu primeiro Representante, para que incessantemente vele sobre a manutenção da Independência, equilíbrio e harmonia dos mais poderes políticos.

Art. 99. A pessoa do Imperador é **inviolável** e sagrada: ele não está sujeito a responsabilidade alguma.

Art. 100. Os seus títulos são: Imperador Constitucional e Defensor **Perpétuo** do Brasil e tem tratamento de Majestade Imperial.

Art. 101. O Imperador exerce o Poder Moderador.

Mary Del Priore (Org.). *Documentos de História do Brasil: de Cabral aos anos 90*. São Paulo: Scipione, 1997. p. 42-43.

Juramento de D. Pedro I à Constituição do Império.

Glossário

$rs: símbolo de "réis" (unidade monetária do Brasil desse período).
Bem de raiz: propriedade, imóvel (casa, terreno etc.).
Eletivo: relacionado a uma eleição.
Perpétuo: eterno, vitalício.
Privativamente: particularmente, exclusivamente.
Renda líquida: rendimento que não está sujeito a impostos.

1. De acordo com o Art. 92 da Constituição de 1824, que segmentos sociais ficavam excluídos das decisões políticas? Isso revela uma tendência democrática do regime monárquico implantado no Brasil? Por quê?

2. Comente as características do governo monárquico do Brasil notadas no fragmento acima.

A Confederação do Equador

O absolutismo de D. Pedro I, reforçado pelo Poder Moderador, provocou revoltas em diversas regiões do país, mais intensamente em Pernambuco, onde também se faziam sentir a crise açucareira, o aumento do custo de vida, os impostos abusivos e a dependência de produtos importados. Em 1824, a elite liberal, apoiada pelas camadas populares, pretendia proclamar uma república independente nas províncias do Nordeste, que, juntas, formariam a Confederação do Equador.

Atuação da imprensa

O jornalista Cipriano Barata, que havia participado da Conjuração Baiana (1798) e da Revolução Pernambucana (1817), teve atuação destacada na Confederação do Equador. Nos artigos publicados em seu jornal, o *Sentinella da Liberdade*, divulgava ideias liberais, criticava o autoritarismo de D. Pedro I e influenciava outros líderes do movimento. Meses antes do início do levante, foi preso sob acusação de crime de lesa-majestade. Na mesma ocasião, Frei Caneca, que também participara da Revolução Pernambucana (1817), passou a publicar o jornal *Tífis Pernambucano*, em que fazia sérios ataques ao imperador.

> **zoom**
> Os jornais *Sentinella da Liberdade* e *Tífis Pernambucano* tiveram papel central nas críticas ao autoritarismo de Pedro I. Atualmente, que importância você atribuiu ao papel da imprensa em analisar de maneira crítica e imparcial as decisões e medidas dos governos? Explique seu ponto de vista.

Fonte: Cláudio Vicentino. *Atlas histórico: geral e Brasil.* São Paulo: Scipione, 2011. p. 128.

A Confederação do Equador pretendia ser uma república cujas províncias teriam autonomia política.

A Confederação se organiza

Em 1822, a oposição se intensificou quando o imperador ordenou a substituição do governador de Pernambuco, Manuel Paes de Andrade, latifundiário que defendia o liberalismo e a autonomia das províncias. A população pernambucana não aceitou o novo governador e, durante dois anos, rejeitou outras substituições impostas ao governo da província. Paes de Andrade, mantido no governo com apoio da elite agrária e das camadas populares, proclamou a Confederação do Equador em julho de 1824, sob a forma de república, e convocou para agosto uma Assembleia Constituinte. Obteve adesão de Rio Grande do Norte, Paraíba e Ceará.

A frágil identidade entre os interesses da elite agrária e os das camadas populares (negros forros, brancos pobres, mestiços etc.) desapareceu quando os líderes revolucionários demonstraram a intenção de abolir o tráfico de escravos. Surgiram, assim, divisões internas que enfraqueceram o movimento.

Leandro Martins. *Exército Imperial do Brasil ataca as forças confederadas no Recife*, 1824.

A repressão ao movimento

A repressão não tardou. Obtendo apoio militar e financeiro da Inglaterra para atacar Pernambuco pelo litoral e enviando tropas do Exército brasileiro por terra, D. Pedro I sufocou o movimento entre setembro e novembro de 1824. Paes de Andrade conseguiu fugir, mas outros líderes foram condenados à morte, entre eles Frei Caneca, fuzilado em 1825.

Frei Caneca, um dos líderes da Confederação do Equador, foi executado por fuzilamento. Apesar de a sentença determinar a execução na forca, nenhum carrasco aceitou a tarefa.

Murillo La Greca. *A execução de Frei Caneca*, [s.d.]. Óleo sobre tela, 175 cm × 90 cm.

O fim do Primeiro Reinado

A violenta repressão à Confederação do Equador, a falta de solução para a crise econômica que vinha desde o Período Colonial e a dependência econômica da Inglaterra aumentavam a impopularidade do imperador em quase todas as camadas da sociedade brasileira. O desgaste político foi agravado em 1826, quando D. João VI morreu em Portugal. D. Pedro I, como seu sucessor natural, deveria assumir o trono português como D. Pedro IV, título que chegou a acumular com o de imperador do Brasil por um breve período. Percebendo que a dúvida entre ficar ou partir prejudicava ainda mais sua imagem diante da sociedade brasileira, D. Pedro I abdicou do trono de Portugal em favor de sua filha de 7 anos, a princesa Maria da Glória, e prometeu-a em casamento ao irmão, D. Miguel, que ocuparia o trono até que a princesa se mudasse para Portugal e atingisse idade para casar.

zoom Esse mapa do Brasil mudou com um fato ocorrido em 1828. Que mudança foi essa e como ela ocorreu?

Fonte: Cláudio Vicentino. *Atlas histórico: geral e Brasil*. São Paulo: Scipione, 2011. p. 128.

A Guerra da Cisplatina chega ao fim

Dois anos depois, a impopularidade de D. Pedro I se tornou irreversível, com a derrota do Brasil na guerra contra a Cisplatina. A região fora anexada por D. João VI em 1821, mas a população local resistiu bravamente durante sete anos, o que custou muitas perdas humanas e financeiras. Em 1828, com a mediação da Inglaterra, o Brasil reconheceu a independência do novo país formado na Cisplatina – a República Oriental do Uruguai.

Jean-Baptiste Debret. *Embarque na Praia Grande das tropas destinadas ao bloqueio de Montevidéu*, c. 1816. Óleo sobre tela, 42 cm × 64 cm.

Ampliar

Debret em viagem histórica e quadrinhesca ao Brasil, de Spacca (Companhia das Letras).

Narração da vida de Debret no Brasil na forma de quadrinhos.

Viver

Casamentos no Brasil imperial

Durante o século XIX, as moças viviam reclusas sob o poder dos pais até o momento de passar, ainda adolescentes, às mãos do marido. [...] Não havia liberdade para escolher de acordo com o coração, e os arranjos promovidos pela família prevaleciam [...] Por muito tempo, o casamento foi um "negócio", não só porque envolvia duas pessoas, mas porque se tratava de um mecanismo presidido pelos pais. Certa angústia os perseguia quando a filha atingia a idade de casar, ocasião em que era bom ter uma rede de relações para, então, descobrir um candidato aceitável. Em missas e festas, as mães inspecionavam os candidatos com o olhar, analisando as cifras das fortunas familiares. [...] A mulher procurava aperfeiçoar os dotes artísticos e físicos para valer mais no mercado matrimonial. O dote contava muito, e a ausência dele fazia ruir as alianças. Agências matrimoniais se ocupavam de encontrar o par perfeito: ela, rica; ele, pobre, mas trabalhador. A falta de maridos e esposas endinheirados promoveu casamentos entre brancas e mulatos. Arranjos matrimoniais de órfãs com rapazes católicos de boa conduta eram estabelecidos por administradores de asilos. As moças que recebiam educação conveniente na Santa Casa de Misericórdia, por exemplo, onde aprendiam a ler, escrever e costurar, levavam de dote entre duzentos e quatrocentos mil-réis; as que não tinham dote nem marido, tal como no Brasil Colonial, continuavam chefiando lares **monoparentais**.

Mary Del Priore. *Conversas e histórias de mulher*. São Paulo: Planeta, 2013. p. 44-45.

Glossário

Monoparental: em que há somente o pai ou a mãe para educar o filho ou filhos.

Jean-Baptiste Debret. *Visita a uma chácara nos arredores do Rio*, 1828. Aquarela, 15,1 cm × 21,1 cm.

A aquarela revela uma cena típica das residências de famílias ricas do Rio de Janeiro, em que as mulheres brancas costumavam ficar em aposentos separados dos homens, constantemente cercadas por escravas que realizavam diversas tarefas. Nessa cena, uma escravizada auxilia uma senhora a despir o xale, outras auxiliam as moças a tirarem os chapéus, ajudam a cuidar das crianças e fazem bordados e costuras. O único escravo na cena usa máscara, que o impede de ver as mulheres enquanto abana as senhoras para refrescar o ambiente.

O texto descreve práticas da sociedade brasileira imperial em relação ao casamento. Com base em sua vivência e na observação da sociedade atual, responda:

1. Quais são as transformações e permanências da situação da mulher na sociedade brasileira? O que mudou? O que continua parecido?

2. "As que não tinham dote nem marido, tal como no Brasil Colonial, continuavam chefiando lares monoparentais." Existe alguma semelhança entre a situação dessas chefes de família citadas no texto e as mulheres que, no Brasil de hoje, lideram lares monoparentais? Justifique sua resposta.

A crise política se aprofunda

Também no ano de 1828, em Portugal, D. Miguel deu um golpe de Estado para ocupar o trono, provocando uma guerra civil. D. Pedro I, na tentativa de garantir que as tropas portuguesas se mantivessem fiéis à princesa Maria da Glória, passou a enviar grandes quantias de dinheiro para Portugal, o que gerou protestos no Brasil. Na imprensa eram cada vez mais intensas as críticas ao governo imperial.

As tensões se agravaram com o assassinato do jornalista de oposição, Líbero Badaró, na cidade de São Paulo, em 1830. O crime ficou sem solução, recaindo as suspeitas sobre D. Pedro I, apesar da ausência de provas. No momento de sua morte, Badaró teria pronunciado uma frase que o tornou um símbolo do liberalismo no Brasil: "Morre um liberal, mas não morre a liberdade".

As atitudes autoritárias se multiplicavam. Em março de 1831, na tentativa de acalmar as revoltas – principalmente em Minas Gerais e no Rio de Janeiro –, D. Pedro I convocou novos ministros, todos brasileiros e de ideias liberais. Como os protestos continuaram, o imperador demitiu o chamado "Ministério dos Brasileiros" e nomeou o "Ministério dos Portugueses", formado unicamente por membros do Partido Português. A reação popular foi imediata.

Em 7 de abril de 1831, sem condições de solucionar a crise política, D. Pedro I abdicou em favor de seu filho de cinco anos, D. Pedro de Alcântara, que ficou no Brasil sob a **tutela** de José Bonifácio, amigo pessoal e **estadista** de confiança do imperador.

D. Pedro I morreu de tuberculose em setembro de 1834, aos 36 anos, em Portugal, para onde foi após abdicar. O legado de seu governo foi a consolidação da emancipação política do Brasil no cenário internacional, com o reconhecimento externo da soberania do país. No cenário interno, preservou a unidade nacional por meio da repressão aos movimentos liberais e às revoltas sociais recolonizadoras. Aliado das elites, o governo de D. Pedro I não estendeu a cidadania aos grupos sociais mais pobres e manteve intocada a questão da escravidão. As forças políticas conservadoras permaneceram no poder, mantendo-se a mesma estrutura social do Período Colonial: domínio dos grandes proprietários de terras e de escravos, escravismo e economia agrária exportadora.

Glossário

Estadista: pessoa de atuação notável na administração ou nos negócios políticos de um país.
Tutela: autoridade dada a alguém em relação a um menor de idade que esteja longe dos pais.

Ampliar

José Bonifácio – Obra completa: www.obrabonifacio.com.br.

Site com obras escritas por José Bonifácio, político de destaque no Primeiro Reinado.

zoom

Descreva o quadro Abdicação do Imperador Dom Pedro I do Brasil, em 1831. Em sua opinião, que emoções o artista tentou despertar no observador?

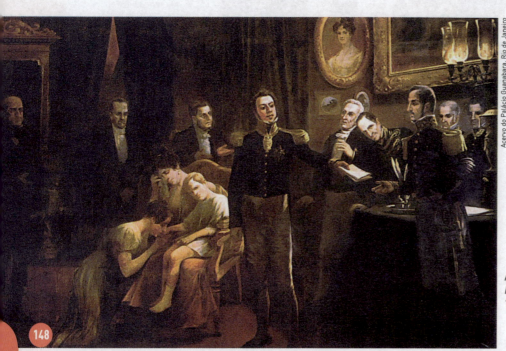

Aurélio de Figueiredo. *Abdicação do Imperador Dom Pedro I do Brasil, em 1831*, 1911. Óleo sobre tela.

Atividades

1. Observe a reprodução da parte central da obra *A proclamação da Independência*, pintada pelo artista François-René Moreaux, em 1844.

François-René Moreaux. *A Proclamação da Independência*, 1844. Óleo sobre tela, 2,44 m × 3,83 m.

a) Descreva a cena representada na obra.

b) Identifique semelhanças e diferenças entre a obra *A proclamação da Independência* e a tela *Independência ou morte*, reproduzida na abertura da unidade.

c) Em qual das obras D. Pedro I foi retratado de maneira mais popular? Justifique.

2. Entre 1825 e 1827, a preeminência [superioridade] britânica no Brasil atingiu o apogeu. A supremacia tradicional na vida econômica portuguesa transferiu-se para o império independente, entre 1808 e 1827; o virtual monopólio sobre o comércio brasileiro, desfrutado pela Inglaterra durante as guerras napoleônicas, prolongou-se até 1827, por intermédio da taxa preferencial de importação, assegurada em 1810; e a abertura dos portos da colônia ao comércio com o mundo estimulou os interesses britânicos. Entre 1800 e 1827, a Grã-Bretanha assegurou, dessa maneira, uma posição privilegiada entre os poderes estrangeiros no comércio, nos investimentos e na navegação brasileiros, e firmou os ingleses como um fator permanente na vida econômica da nação.

Alan Manchester. *Preeminência inglesa no Brasil*. São Paulo: Brasiliense, 1973. p. 192.

a) É possível afirmar que os interesses ingleses prevaleceram nos acordos comerciais firmados entre Brasil e Inglaterra durante o Primeiro Reinado? Justifique.

b) Por que a Inglaterra estava interessada no reconhecimento da Independência do Brasil?

c) D. Pedro I adiou as negociações com a Inglaterra pelo reconhecimento da independência. Por quê?

3. O texto a seguir foi publicado na cidade de Recife, em 1832 por Cipriano Barata, ativo jornalista que se engajou na defesa da Independência do Brasil. Escrito na linguagem e grafia da época, o texto se refere a fatos de grande repercussão na política brasileira de então.

> Em o anno passado de 1831, appareceo huma Gazeta Sentinella do Forte de S. Pedro N. 36, na qual se deo a noticia vinda do Rio de Janeiro ácerca da pretenção, ou politica dos Francezes e Inglezes, em se apossarem por estratagema desta Provincia da Bahia, e de Santa Catharina, segundo a fama, em virtude de certos ajustes, ou tratados occultos, e já depois da expulção, ou fuga do ex-Tyranno D. Pedro 1º.: essa Gazeta foi chamada ao Jury por gentes indiscretas, ou talvez por insinuação de pessoas parciaes nessas machinações tenebrosas: o Gazeteiro foi sabiamente absolvido pelo honrado e patriotico Jury. Depois publicou-se nos Jornaes do Commercio do Rio, N. 11 e 12 do mez de Setembro de 1831, huma parte das negociações criminosas, de que foi encarregado o falecido Marquez de S. Amaro; e no Rio mesmo era fama, que havião outras negociações clandestinas contra a liberdade da nossa Patria, unidade do Brasil, e systema de Governo adoptado,

Trecho de página de um exemplar do jornal *Sentinella da Liberdade*, de Cipriano Barata, de 1832.

a) Quem está sendo duramente criticado no texto?

b) Consta que Cipriano Barata se recusou a ser deputado da Assembleia Constituinte de 1823 por não confiar no governo de D. Pedro I. Sabendo que o jornalista Barata era defensor de um regime de governo constitucional, em que a autoridade do governante fosse limitada pelas leis, que fatos podem justificar o posicionamento crítico dele em relação ao imperador?

c) Enumere os fatores que causaram o desgaste político de D. Pedro I.

4. A Confederação do Equador (1824) foi uma rebelião contra o governo imperial que ameaçou romper com a unidade do Brasil, contrariando a visão de que não houve lutas e conflitos na história brasileira. Explique a razão do enfraquecimento interno dessa rebelião.

CAPÍTULO 14

Da Regência ao Golpe da Maioridade

Na memória nacional, associa-se quase sempre a época em que o Brasil foi uma monarquia à figura de seus dois monarcas: D. Pedro I e seu filho, D. Pedro II. Contudo, por mais de dez anos após a abdicação do imperador D. Pedro I, o país foi governado por regentes sem qualquer ligação com a família real.

Isso ocorreu porque o pequeno Pedro de Alcântara, herdeiro do trono brasileiro, tinha apenas 5 anos quando seu pai abdicou do poder e voltou a Portugal, em 1831.

A idade mínima determinada pela Constituição para assumir o trono era 18 anos. Quem governaria o país enquanto o herdeiro não atingisse essa idade? Todas as províncias brasileiras (o equivalente aos atuais estados) aceitaram o governo iniciado em 1831? E as ideias republicanas, que haviam sido defendidas em vários conflitos no Primeiro Reinado, desapareceram?

D. Pedro de Alcântara era criança quando seu pai, D. Pedro I, abdicou do trono do Brasil em seu favor.

Armand Julien Pallière. *D. Pedro II, menino*, c. 1830. Óleo sobre tela, 45 cm × 39 cm.

Um governo provisório: as regências trinas

Diante da inexistência de um membro da família real em condições de assumir a regência do trono, a Constituição determinava a criação de uma Regência Trina, composta de três membros eleitos pela Assembleia Geral (Senado e Câmara dos Deputados) para exercer o poder por um período de quatro anos.

Glossário

Brigadeiro: posto da carreira militar; comandante de uma brigada ou agrupamento militar.

Regência Trina Provisória

Na época da abdicação (abril de 1831), no entanto, os trabalhos da Câmara dos Deputados e do Senado – órgãos encarregados de escolher os regentes – estavam suspensos, pois os deputados e senadores estavam em férias. A Regência Trina Provisória, cujo breve governo se estendeu de abril a junho de 1831, foi formada então pelos parlamentares que se encontravam na capital do país: os senadores Nicolau Campos Vergueiro e José Carneiro de Campos e o **brigadeiro** Francisco de Lima e Silva. Os regentes provisórios decretaram anistia imediata aos presos políticos, mantiveram a Constituição de 1824, reintegraram os ministros demitidos por D. Pedro I, proibiram a concessão de títulos de nobreza e suspenderam o Poder Moderador até a maioridade de Pedro de Alcântara, futuro imperador do Brasil.

Regência Trina Permanente

Com o retorno ao trabalho, a Câmara e o Senado organizaram a Regência Trina Permanente, integrada pelo brigadeiro Francisco de Lima e Silva e pelos deputados Costa Carvalho e Bráulio Muniz. Permaneciam no poder os representantes da elite, que não pretendiam alterar significativamente as estruturas sociais e econômicas do Brasil. Em outras palavras: a regência atuou em favor dos interesses dos grandes comerciantes e dos proprietários de terras e de escravos, já que estava comprometida com a manutenção do latifúndio, da monocultura, da escravidão e da exportação de produtos tropicais.

Ainda havia partidários do retorno de D. Pedro I ao trono brasileiro, em especial militares e comerciantes portugueses que aqui viviam. Contudo, o objetivo foi frustrado com a morte do ex-imperador em 1834. Ao mesmo tempo, a pressão pela autonomia provincial continuava e, no mesmo ano, foi aprovado o Ato Adicional, que fez algumas mudanças na Constituição, destacando-se a concessão de maior poder aos governos das províncias (por exemplo, a formação de assembleias legislativas que elaborariam leis locais) e a substituição da Regência Trina Permanente pela Regência Una, com mandato de quatro anos.

Manuel de Araújo Porto-Alegre. *Juramento da Regência Trina*, século. XIX. Óleo sobre tela.

Ampliar

O Império em construção: Primeiro Reinado e regências, de Maria de Lourdes Viana Lyra (Atual).

Trata do contexto político e das lutas sociais ocorridas no Brasil entre as décadas de 1820 e 1840.

151

A Regência Una

Em 1834, o padre Feijó, de tendência liberal, lançou-se candidato e foi escolhido como regente, com mandato até 1838. Ele ganhara projeção como ministro da Justiça, quando tivera amplos poderes e se tornara figura central no cenário político da época.

Feijó havia criado, em 1831, a Guarda Nacional, força paramilitar formada por pessoas escolhidas pelos latifundiários e comandadas por eles para conter revoltas e manter a ordem. Ao longo do tempo, essa instituição se transformou em braço armado da elite agrária na defesa de seus interesses e permaneceu em atividade por praticamente um século, até 1930. Ainda hoje há herança desse tipo de atuação paramilitar em algumas áreas disputadas por povos indígenas, madeireiros, posseiros e proprietários rurais.

Ao assumir a Regência Una, Feijó e aliados pretendiam alterar a Constituição, fortalecendo o Poder Executivo e eliminando o Poder Moderador e o Senado vitalício, entre outras medidas. Nesse período, a crise econômica do país fazia crescer a insatisfação de diferentes setores sociais e, em 1835, eclodiram revoltas no Pará e no Rio Grande do Sul.

O fracasso das tentativas de conter as rebeliões e de alterar a Constituição enfraqueceu o prestígio político de Feijó, levando-o à renúncia em 1837. Iniciou-se, então, a Regência Una de Araújo Lima, um político conservador.

> **zoom**
> Alguns pesquisadores consideram o governo regencial uma primeira experiência republicana no Brasil. Que razões justificariam esse ponto de vista?

Origens dos partidos Liberal e Conservador

Prosseguiram as disputas políticas entre os defensores da autonomia das províncias e os defensores do fortalecimento do poder central. Os primeiros organizaram o Partido Liberal e os outros, o Partido Conservador. Em maio de 1840, os parlamentares conservadores conseguiram aprovar uma lei que praticamente anulava o Ato Adicional de 1834 e que subordinava a Guarda Nacional a delegados nomeados pelo governo central.

Em paralelo a essa instabilidade política, de avanços ora liberais, ora conservadores, o quadro social se agravava: continuavam as revoltas no Pará e no Rio Grande do Sul, e outras começaram na Bahia (1837) e no Maranhão (1838).

Na primeira caricatura publicada no Brasil sobre as disputas no cenário político da Regência Una, vê-se o redator do jornal *Correio Oficial*, publicado no Rio de Janeiro, de joelhos, recebendo um saco de dinheiro do governante.

Manuel Araújo Porto-Alegre. *A campainha e o cujo*. Charge publicado no *Jornal do Commercio*, n. 277, de 14 de dezembro de 1837.

Movimentos sociais na Regência

As camadas populares, duramente atingidas pelo alto custo de vida e pelos impostos abusivos, esperavam que sua situação melhorasse com as medidas tomadas pelo governo regencial. Como isso não aconteceu, o clima de insatisfação espalhou-se, ocorrendo depredações, saques e revoltas populares com a participação de soldados de origem humilde e de oficiais portugueses do Exército. Muitos revoltosos queriam o retorno de D. Pedro I ao trono, o que desestabilizou a Regência. Ao mesmo tempo, crescia entre as camadas médias urbanas e os fazendeiros do nordeste do país e do Rio Grande do Sul o apoio à descentralização administrativa, ou seja, à diminuição do poder central e à maior autonomia para as províncias. O contexto social durante a Regência era, portanto, muito instável.

Ao longo dos nove anos de Regência (1831-1840) ocorreram diferentes rebeliões em vários pontos do Brasil, e algumas delas estenderam-se por anos. As principais foram a Cabanagem (Pará), a Farroupilha (Rio Grande do Sul), a Sabinada (Bahia) e a Balaiada (Maranhão). Houve também outras revoltas, como você pode observar no mapa ao lado.

Fonte: Cláudio Vicentino. *Atlas histórico: geral e Brasil*. São Paulo: Scipione, 2011. p. 128.

A Revolução Farroupilha no sul do país foi a mais longa guerra civil do Brasil. De caráter separatista, ela culminou com a proclamação de um governo republicano local, situação que ameaçou a unidade territorial do país e colocou em risco o poder central inicialmente da Regência e, depois, do monarca Pedro II.

Oscar Pereira da Silva. *Cena de Batalha no Sul do Brasil*, [s.d.]. Óleo sobre tela, 56 cm × 74 cm.

Cabanagem

A Cabanagem começou em janeiro de 1835 e foi, de acordo com o cientista político José Murilo de Carvalho, "a mais longa e violenta revolta popular da história do Brasil". O nome do movimento deriva de *cabanos* (pessoas que viviam em cabanas às margens dos rios). A revolta foi motivada pelas más condições de vida das camadas populares e por seu descontentamento com o governo regencial, que nada fez pela população humilde. Inicialmente, os revoltosos conseguiram apoio dos fazendeiros da região, mas eles logo romperam com o movimento por temer seus rumos.

Os cabanos ocuparam Belém – capital da província do Pará – e executaram as autoridades locais. A seguir, organizaram um governo revolucionário sob o comando de um fazendeiro, Clemente Malcher. No entanto, ele se mostrou um governante autoritário, que tomava decisões ignorando as outras lideranças do movimento. A rebelião prosseguiu com a deposição e execução de Malcher pelos cabanos. Francisco Vinagre assumiu o poder e iniciou negociações com o representante do governo regencial para a retirada dos rebeldes de Belém. Vinagre reivindicava o direito de o povo eleger o governante local e participar das decisões políticas. O movimento espalhou-se pelo interior; novos conflitos se sucederam, líderes rebeldes foram presos e as negociações, canceladas.

Em 1835, após a morte de seu irmão em confronto com as tropas federais, Francisco Vinagre desentendeu-se com as outras lideranças do movimento. A cidade de Belém foi novamente ocupada pelos cabanos, que lá proclamaram uma república. Nessa fase, destacou-se o jovem líder Eduardo Angelim – que, aos 21 anos de idade, tornou-se o presidente da república recém-criada. Angelim governou entre agosto de 1835 e maio de 1836, quando foi preso.

Nesse momento chegaram reforços militares enviados pelo governo central e as lutas se intensificaram na capital e no interior. A vitória definitiva da Regência ocorreu somente em 1840. De seus 120 mil habitantes, à época, o Pará perdeu 30 mil na Cabanagem.

Ampliar

Período Regencial
http://multirio.rio.rj.gov.br/historia/modulo02/periodo_reg.html.

Textos e imagens sobre o período regencial, o contexto político e os movimentos sociais da época.

O movimento da Cabanagem foi uma das mais duradouras guerras civis brasileiras do século XIX e teve intensa participação popular.

Oscar Niemeyer. *Memorial da Cabanagem*, 1985. Belém (PA), 2018.

Na Cabanagem, a participação popular foi muito mais intensa que a dos fazendeiros locais. Indígenas e mestiços compunham a maioria dos rebeldes. No julgamento dos rebeldes prevaleceu a noção de justiça que já se manifestara em outros movimentos sociais no país: indígenas, mestiços e negros receberam as penas mais severas, enquanto os brancos eram anistiados ou exilados.

Revolução Farroupilha

Em 20 de setembro de 1835, iniciava-se, no outro extremo do Brasil, a Revolução Farroupilha ou Guerra dos Farrapos, que se estendeu por dez anos. O conflito assumiu características de guerra civil, opondo as elites locais: de um lado, lutavam os farroupilhas, fazendeiros de gado que defendiam a instalação de um governo republicano no Rio Grande do Sul; do outro, lutavam os chimangos, que estavam no poder da província rio-grandense e apoiavam a Regência e a monarquia. Os farroupilhas criticavam o governo central pelos excessivos impostos cobrados sobre o **charque** produzido por eles, que tornavam o produto nacional mais caro do que o importado do Uruguai.

Glossário

Charque: carne seca.

Liderados por Bento Gonçalves, os farroupilhas tomaram a capital, Porto Alegre, provocando a fuga do governante da província. As tropas fiéis ao governo se mobilizaram, e seguiram-se meses de intensos combates. Cerca de um ano após o início dos conflitos, os rebeldes – dentre os quais se destacou o italiano Giuseppe Garibaldi – obtiveram sua primeira vitória política, proclamando a República de Piratini. A ação deles continuou em outras regiões do sul do país. Em julho de 1839, tomaram Santa Catarina e lá proclamaram a República Juliana.

De todos os estados brasileiros, o Rio Grande do Sul é, provavelmente, o que mais cultiva a memória desse período. Um exemplo disso é a incorporação do lenço vermelho, que simbolizava o movimento farroupilha, à roupa tradicional do gaúcho.

Foi somente anos depois, já no início do governo de D. Pedro II, que o novo imperador, interessado em apaziguar a nação e recuperar o controle do Rio Grande do Sul e Santa Catarina, ordenou a organização de novas tropas para lutar na região. Em 1842, o comando do Exército imperial foi entregue a Luís Alves de Lima e Silva (posteriormente Duque de Caxias). Após anos de lutas, as forças rebeldes enfraqueceram. Em 1845, assinaram um tratado de paz que estabelecia a anistia para os rebeldes, a manutenção da alforria aos escravizados que lutaram ao lado dos farroupilhas e o aumento de impostos sobre o charque uruguaio.

Rafael Mendes de Carvalho. *A batalha de reconquista de Laguna pelas forças imperiais, em novembro de 1839*, século XIX.

A obra representa o ataque da esquadra imperial ao Porto de Laguna, no atual estado de Santa Catarina, controlado pelos rebeldes, em 1839.

Mas a Revolução Farroupilha entraria para a História, e para o imaginário rio-grandense, como mito fundador do gaúcho, ou seja, na segunda metade do século XIX, após o fim dos conflitos entre os riograndenses e o Império brasileiro, que teve início no Rio Grande do Sul, o processo de construção de identidade regional foi baseado principalmente na insurreição rio-grandense, junto à manutenção do modo de vida simples, ligado à terra, ao campo, ao uso do cavalo, do habitante da campanha, o "fronteiriço" ou "pampeiro", movimento esse que teve primeiramente a ação dos intelectuais da época, literatos, poetas e estudantes.

Nelson André M. R. De Oliveira. Das coisas simples da gente: A identidade gaúcha na música rio-grandense. *Monografias*. Universidade Tuiuti do Paraná. História. 2015. p. 300. Disponível em: <http://universidadetuiuti.utp.br/historia/Tcc/rev_hist_11/pdf_hist_11/mono_9.pdf>. Acesso em: out. 2018.

Revolta dos Malês

Foi durante o Período Regencial que aconteceu uma das mais importantes revoltas de escravizados da história brasileira. Ela passou a ser conhecida como Revolta dos Malês por ter sido promovida por escravizados muçulmanos de idioma iorubá (*imalê* significa "muçulmano" em iorubá).

Na madrugada de 25 de janeiro de 1835, centenas desses escravizados, ao lado de libertos muçulmanos, tomaram as ruas de Salvador armados de instrumentos de trabalho, paus e facas e lutaram contra os soldados. Pretendiam o fim da escravidão e a liberdade de culto para seguirem o islamismo.

A grande maioria dos participantes era formada por escravos urbanos que trabalhavam em atividades variadas, como pedreiros, sapateiros, barbeiros, vendedores ambulantes, ferreiros, alfaiates. Planejavam seguir para o Recôncavo onde se concetravam os engenhos de açúcar e, ali, mobilizar os cativos das grandes propriedades. Contudo, o movimento foi derrotado antes.

Os confrontos duraram poucas horas, mas foram violentos. Acabaram reprimidos pelas tropas a serviço do governo, apoiadas por civis. O saldo foi a morte de sete soldados e de 70 rebeldes.

Posteriormente, foi feita uma investigação para identificar as lideranças do movimento e seus participantes. Cerca de quinhentas pessoas foram punidas: quatro foram executadas, a pena de açoitamento foi aplicada a mais de 40 e outras tantas foram mandadas de volta para a África. Embora o movimento tenha fracassado, ele representou a principal revolta contra a escravidão da Bahia.

> **zoom**
> Por que a Revolta dos Malês foi uma ameaça à ordem social vigente no Brasil imperial?

Sobre as vinculações da Revolta dos Malês com o Islamismo, sabe-se que, à época, na Bahia, essa era uma religião seguida apenas por africanos e não se restringia a uma ou outra etnia. A introdução da religião islâmica se deu pelos escravizados muçulmanos e foi fator de identidade entre cativos e libertos de diferentes origens.

As razões para o fracasso do movimento foram várias, incluindo a delação às autoridades locais, o que antecipou o início da rebelião. A população livre de Salvador, tanto branca quanto mulata, rica e pobre, se uniu contra o levante.

Ampliar

A noite dos cristais, de Luís Carlos de Santana (Editora 34).

Nesse romance histórico, Gonçalo é filho de um ex-escravo e conta como ocorreu a Revolta dos Malês.

A obra retrata um escravizado muçulmano vendendo palmitos.

Jean-Baptiste Debret. *Vendedor de palmitos regressando da floresta*, 1827. Aquarela, 16,1 cm × 21,2 cm.

Sabinada

Em novembro de 1837, estourou na Bahia a Sabinada, revolta liderada pelo médico Francisco Sabino Vieira, grande defensor da república como forma de governo. A revolta foi motivada pelo descontentamento com a Regência, sobretudo de profissionais liberais, militares, pequenos comerciantes e membros do clero.

O recrutamento forçado de tropas para combater os farroupilhas no sul do país e a formação de um governo local de caráter autoritário, que fora nomeado pelo regente, provocaram o início do movimento. Os rebeldes proclamaram a República Bahiense, pretendendo mantê-la somente até a coroação de D. Pedro de Alcântara. No entanto, o caráter provisório da República Bahiense não impediu que o governo regencial a reprimisse com violência. Em 1838, chegava ao fim o plano dos rebeldes com a execução dos principais líderes, bem como a prisão e o exílio de muitos envolvidos.

Balaiada

No mesmo ano, 1838, iniciava-se a Balaiada, no Maranhão, outra província do nordeste. Foi uma revolta popular contra os grandes proprietários rurais e a exploração que exercem sobre escravizados, **vaqueiros**, artesãos e trabalhadores livres do Maranhão. Destacaram-se, como líderes, o vaqueiro Raimundo Gomes, o artesão Manuel Francisco dos Anjos (que fazia **balaios**) e o negro Cosme, que organizava fugas de escravizados das fazendas da região.

Durante a luta, os rebeldes tomaram a cidade de Caxias, formaram um governo provisório, facilitaram a fuga de escravizados e a formação de um quilombo. Eles reuniram uma tropa numerosa, estimada em mais de 10 mil pessoas, o que atemorizou as elites da província e das regiões vizinhas. No entanto, a falta de organização dos rebeldes enfraqueceu o movimento, que foi definitivamente derrotado em 1841. Uma vez mais um levante popular foi reprimido pelo governo, que se mostrava disposto a evitar a qualquer custo que escravizados e pobres chegassem ao poder.

> **Glossário**
> **Balaio:** cesto de palha.
> **Vaqueiro:** trabalhador livre que cuidava do gado nos latifúndios em troca de baixo salário.

Ruínas da fortaleza do Morro do Alecrim, ao lado do Memorial da Balaida. Caxias (MA).

> **Ampliar**
>
> **As rebeliões regenciais,** de Roberson Oliveira (FTD).
> O autor aborda o período regencial e as rebeliões que nele ocorreram.
>
> **Balaiada: a guerra do Maranhão,** de Iramir Araújo, Beto Inácio e Ronilson Freire (Dupla).
> Quadrinhos que contam como foi a participação popular na Balaiada.

Documentos em foco ■■■

O futuro do país era incerto

O período regencial foi marcado por profundas incertezas em relação aos destinos do país, conforme revela o texto a seguir.

O Império não caiu, mesmo que sacudido em suas estruturas por tantos movimentos que eclodiram de norte a sul do país. Ficaria, porém, marcado por essas insurreições e pelo velho e sempre presente fantasma do desmembramento. [...]

O certo é que, com a vacância do trono, um clima de incerteza tomou conta das principais cidades do país, levando não só a movimentos reivindicatórios como à criação de diversas sociedades políticas. Dentre elas, uma das mais conhecidas era a Sociedade Defensora da Liberdade e da Independência Nacional, fundada em 10 de maio de 1831. Formada por adversários confessos do primeiro imperador [...] mas também por antigos colaboradores do ex-monarca, como José Bonifácio de Andrada, e militares representantes do "liberalismo moderado", a Defensora sustentava um compromisso entre as suas lideranças com o fito de evitar a mudança das hierarquias vigentes. Apesar de defender a bandeira do civismo, a agremiação orientou suas primeiras atividades visando coibir "o populacho". [...] Outro grupo se reuniu no Rio de Janeiro, em torno da Sociedade Federal, criada em 31 de dezembro de 1831. Seu propósito era pressionar o Senado em favor das reformas constitucionais, e sua vida foi efêmera. Existiam também sociedades que defendiam posições contrárias, como a volta do imperador.

Lilia Moritz Schwarcz e Heloisa Murgel Starling. *Brasil: uma biografia*. São Paulo: Companhia das Letras. 2015. p. 265-266.

Fundação Biblioteca Nacional, Rio de Janeiro

O jornal era uma publicação mantida pela Sociedade Defensora da Liberdade e Independência Nacional do Rio de Janeiro, cuja principal liderança era do político e jornalista brasileiro Evaristo da Veiga.

Reprodução da primeira página do jornal *O Homem e a América*, 1831.

1. Considerando as rebeliões que ocorreram no Brasil durante os governos regenciais, por que o desmembramento do país era um fantasma a ameaçar o império?

2. Com base nas informações do documento, é possível afirmar que havia unidade de projetos políticos entre os segmentos que participavam do poder durante os governos regenciais? Justifique.

Golpe da Maioridade

A elite temia que a crise do país favorecesse novas mobilizações populares e lutas pela igualdade política e social. Acreditando que somente a autoridade do imperador poderia restabelecer a ordem, os liberais lançaram a ideia de antecipar a maioridade de D. Pedro de Alcântara. Inicialmente criticada pelos conservadores, a proposta circulou entre os populares do Rio de Janeiro e ganhou sua adesão.

No dia 23 de julho de 1840, após aprovação de uma emenda constitucional, deputados e senadores, reunidos em Assembleia Geral, decretaram oficialmente a maioridade do jovem imperador. Do lado de fora, uma multidão aplaudia o novo monarca. Essa passagem ficou conhecida como "Golpe da Maioridade", pois a Constituição foi alterada em resposta à crise que se instalara no Brasil durante os governos regenciais.

Tanto os liberais quanto, posteriormente, os conservadores viam na antecipação da maioridade de D. Pedro de Alcântara uma oportunidade para manipulá-lo e usar a legitimidade do poder monárquico para consolidar seus interesses e projetos nas decisões do governo que teria início. Os dois partidos consideravam-se prejudicados pelas convulsões sociais e ameaças de fragmentação do país.

Os desafios do jovem Pedro II

O Golpe da Maioridade marcou o fim da Regência e o início do governo de D. Pedro II. O jovem imperador tinha o apoio popular, que ansiava por uma "nova era" para o país. Entretanto, a Regência deixara um legado de crise política, social e econômica. Havia pela frente difíceis tarefas para D. Pedro II: criar um ambiente político de diálogo entre os partidos Conservador e Liberal; reprimir as revoltas e evitar o separatismo das províncias; estimular a economia brasileira.

François-René Moreaux. *O ato de coroação de D. Pedro II*, 1842. Óleo sobre tela, 2,38 m × 3,10 m.

A cerimônia de coroação de D. Pedro II ocorreu em 18 de julho de 1841. No quadro, nota-se que o novo imperador foi representado ainda com a aparência de um menino. Com o Golpe da Maioridade, iniciou-se o Segundo Reinado, que se estendeu de 1840 a 1889.

Atividades

1 Com a abdicação de D. Pedro I, em 1831, iniciou-se a Regência, prevista na Constituição do império em vigor no país desde 1824.

a) A Regência atuou em favor de quais grupos sociais?

b) Identifique as principais características do Período Regencial no Brasil, entre 1831 e 1840.

c) O período regencial foi marcado pela instabilidade política. Que fatores justificam essa afirmativa?

d) Em que medida o Ato Adicional de 1834, instituído durante a Regência Trina Permanente, representou um abalo à centralização de poder até então estabelecida pela Constituição Imperial?

2 Durante o Período Regencial, formaram-se dois partidos políticos que se mantiveram até o fim do regime monárquico brasileiro: o Partido Liberal e o Partido Conservador. Sintetize as principais ideias de cada um.

3 O período regencial (1831-1840) foi marcado pela eclosão de várias rebeliões em diversas regiões do país. O que diferenciou a Revolta dos Malês (1835) das demais revoltas do período?

4 A identidade cultural da população do Rio Grande do Sul tem como forte referência a Revolução Farroupilha iniciada em 20 de setembro de 1835, sob a liderança de Bento Gonçalves, e só finalizada dez anos depois, com um acordo de anistia aos rebeldes.

a) A memória da revolução está presente na letra do hino do Rio Grande do Sul, símbolo solene do povo gaúcho. Forme uma dupla e, com base nos conhecimentos sobre o contexto da Revolução Farroupilha, interprete o fragmento desse hino, apresentado abaixo, e registre as principais ideias de cada estrofe.

> Como a aurora precursora
> do farol da divindade
> foi o Vinte de Setembro
> o precursor da liberdade.
>
> Mostremos valor, constância,
> Nesta ímpia e injusta guerra,
> Sirvam nossas façanhas
> De modelo a toda terra. [...]
>
> Mas não basta pra ser livre
> ser forte, aguerrido e bravo,
> povo que não tem virtude
> acaba por ser escravo.

Hino Farroupilha ou Hino Rio-grandense. Disponível em: <https://estado.rs.gov.br/simbolos>. Acesso em: ago. 2018.

b) Anualmente, em 20 de setembro acontece no Rio Grande do Sul uma das mais importantes festas das tradições gaúchas. Qual é a ligação dessa data com a Revolução Farroupilha? Pesquise como a data é celebrada pelos gaúchos e escreva um comentário sobre sua importância para a identidade cultural da população sul-rio-grandense.

5 O ano de 1835 registrou o início de uma violenta revolta no norte do país, a Cabanagem, que se estendeu por cinco anos e contabilizou um saldo de 30 mil mortes. Que fatores permitem caracterizar esse levante como um movimento armado popular?

6 Em 1838, estourou no Maranhão um movimento rebelde liderado pelas camadas populares. Embora tenha sido derrotado em 1841, esse movimento social conseguiu obter vitórias parciais enquanto durou a rebelião. Identifique-as.

7 O Golpe da Maioridade, em 1840, tem a interessante característica de tentar estabelecer a estabilidade no país entregando seu governo a um garoto de 14 anos, D. Pedro II.

a) Considerando o contexto sociopolítico da época, que razões explicam o apoio das lideranças políticas à antecipação da maioridade de D. Pedro II?

b) A estabilidade pretendida estava relacionada com a possibilidade concreta de o jovem D. Pedro II realizar um bom governo ou com a legitimidade dele à frente do poder? Justifique sua resposta.

8 A revolta organizada pelos malês, na Bahia, em 1835, estava marcada para o domingo, 25 de janeiro, dia de Nossa Senhora da Guia. Esse dia foi escolhido pelos revoltosos porque aos domingos e dias de festas em homenagem aos santos, a sociedade inteira – livres, escravos, libertos, brancos e negros, ricos e pobres – reunia-se em torno das comemorações, deixando a cidade mais movimentada do que o habitual.

Apesar de nesses dias as autoridades redobrarem as ações de controle e repressão à população, em particular aos escravos, a intensa circulação de pessoas pelas ruas disfarçava os preparativos de qualquer revolta, além de desviar a atenção para a área da festa. [...]

Além disso, seria mais fácil para os escravos circularem livremente, apresentando aos seus senhores como justificativa a realização da festa. Por outro lado, a data escolhida coincidia com o final do Ramadã, uma celebração sagrada para os muçulmanos, os organizadores da revolta. [...]

O objetivo da revolta era libertar os africanos da escravidão. Para tanto, apesar da revolta ser organizada pelos malês, houve também a participação de outros grupos, sobretudo aqueles que se juntaram no momento da luta nas ruas.

No entanto, os escravos e libertos crioulos, isto é, descendentes de africanos nascidos no Brasil, não participaram da revolta. [...]

A relação entre crioulos e africanos não raro era conflituosa. Em primeiro lugar, porque eles eram distintos física e culturalmente. Além disso, eram tratados de maneira diversa pela sociedade. Alguns crioulos eram filhos de pais brancos e tinham como primeira língua o português, a mesma dos senhores. A maior parte dos cargos de controle e repressão, como o de capitão do mato e o de soldado, eram ocupados por crioulos, que também eram preferidos como escravos domésticos.

Regiane Augusto de Mattos. *História e cultura afro-brasileira*.
São Paulo: Contexto, 2016. p. 133 e 135.

A partir do texto resolva as questões que seguem:

a) Analise o papel da religião na organização da Revolta dos Malês.

b) Como você avalia a estratégia dos rebeldes malês em planejar a revolta para o dia de Nossa Senhora da Guia? Explique seu ponto de vista.

c) A Revolta dos Malês representou uma unidade entre os diferentes grupos de escravizados de Salvador? Como isso repercutiu no desfecho do movimento?

d) No contexto da Revolta dos Malês, aponte as diferenças étnicas e culturais entre crioulos e africanos.

9 Observe a representação do imperador Pedro II, que circulou em jornais do Brasil e de vários países como imagem oficial do monarca recém-coroado.

Representação de Dom Pedro II, imperador do Brasil, que circulou nos jonais no dia de sua coroação, 1841.

a) Em sua opinião, há na imagem elementos que associem D. Pedro II a um jovem que foi coroado antes de completar 16 anos de idade? Justifique.

b) Considerando que essa foi a imagem oficial divulgada pelos jornais brasileiros e estrangeiros da coroação de D. Pedro II, qual pode ter sido a intenção do autor ao representá-lo desta forma?

Visualização

Nova nação
- Política elitista
- Economia colonial
- Poder autoritário
- Influência inglesa

Fim do Primeiro Reinado
- Impopularidade de D. Pedro I
- Crise econômica
- Morte de D. João VI
- Guerra da Cisplatina
- Crise política
- Crise portuguesa
- Assassinato de Líbero Badaró, opositor
- Trocas ministeriais
- Insatisfação popular crescente
- Abdicação do trono

Reconhecimento da independência
- Soberania do Brasil
- Ameaça portuguesa
- Independência da Bahia
- Apoio estrangeiro
- Reinos africanos
- EUA: América para os americanos
- Inglaterra: interesse comercial
- Reconhecimento português

BRASIL INDEPENDENTE

D. Pedro I
- Autoritarismo
- Divergências políticas
- Absolutismo
- Constitucionalismo
- Assembleia Constituinte de 1823

Constituição de 1824
- Outorgada
- Escravocrata
- Religião oficial: catolicismo
- Quatro poderes
  - Moderador
  - Executivo
  - Legislativo
  - Judiciário
- Contra o modelo de monarquia constitucional

Confederação do Equador
- Pernambuco
- Crise econômica
- Interferência imperial
- Revolta elitista
- República independente
- Utilização da imprensa
- Fragilidade ideológica
- Ação do Exército

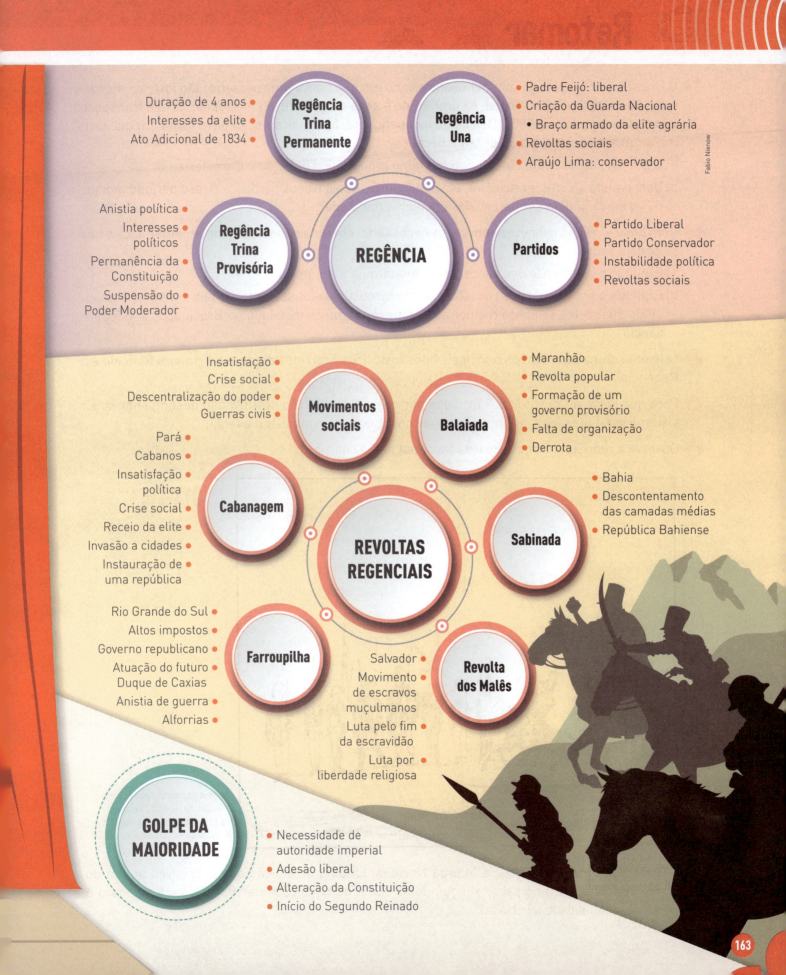

Retomar

1. O Brasil é o único país do continente americano em que houve uma presença tão forte da monarquia. Ainda no Período Colonial, foi promovido à sede do governo da metrópole, com a transposição da família real em 1808. Depois de independente, foi a única nação americana em que uma monarquia própria governou durante décadas.

   a) O governo de D. Pedro I inaugurou o regime monárquico brasileiro. Caracterize-o.

   b) Observando a cultura brasileira, em sua opinião, quais traços herdados desse período monárquico ainda podem ser percebidos em nossa realidade?

2. Com base em seus conhecimentos e, se necessário, em uma pesquisa complementar, faça o que se pede a seguir.

   a) Explique o significado dos conceitos de monarquia e república.

   b) Explique o significado dos conceitos de monarquia absolutista e monarquia constitucional citando qual deles se aplica melhor ao regime monárquico instalado no Brasil após a Independência.

3. Crie uma cronologia com os principais fatos históricos ocorridos durante o Primeiro Reinado e a Regência.

4. Para que serve a Constituição? Explique por que a Constituição de 1824 não desempenhava, no sistema legal brasileiro, a função de uma constituição em um sistema legal.

5. Observe a representação da Guarda Nacional nesta charge:

A charge satiriza a composição da Guarda Nacional.

Ângelo Agostini. *Specimen das revistas da Guarda Nacional da Província, na actualidade*. Publicada em *O Cabrião*, em 30 de junho de 1867.

- Criada durante a Regência, a Guarda Nacional foi uma instituição que sobreviveu ao fim do regime monárquico no país, extinguindo-se somente na década de 1930. Como funcionava e com qual finalidade foi criada?

6 Com estas palavras foi proclamada, em 1840, a maioridade de Sua Majestade Imperial D. Pedro II, à época com 14 anos de idade:

Proclamação da Assembleia Geral ao povo sobre a maioridade

Brasileiros!

A Assembleia Geral Legislativa do Brasil, reconhecendo o feliz desenvolvimento intelectual de S.M.I. o senhor D. Pedro II, com que a Divina Providência favoreceu o Império de Santa Cruz; reconhecendo igualmente os males inerentes a governos excepcionais, e presenciando o desejo unânime do povo desta capital; convencida de que com este desejo está de acordo o de todo o Império, para conferir-se ao mesmo Augusto Senhor o exercício dos poderes que, pela Constituição lhe competem, houve por bem, por tão ponderosos motivos, declará-lo em maioridade, para o efeito de entrar imediatamente no pleno exercício desses poderes, como imperador constitucional e defensor perpétuo do Brasil.

<u>Brasileiros! Estão convertidas em realidades as esperanças da Nação; uma nova era apontou; seja ela de união e prosperidade.</u> Sejamos nós dignos de tão grandioso benefício.

Paço da Assembleia Geral, 23 de julho de 1840.

A declaração da maioridade de sua Majestade Imperial, o Senhor D. Pedro II. Rio de Janeiro: Tipografia da Associação do Despertador, 1840. p. 113 (grifo nosso). Disponível em: <www2.senado.leg.br/bdsf/handle/id/242439>. Acesso em: ago. 2018.

a) Identifique no documento duas razões apresentadas como justificativa para a antecipação da maioridade de D. Pedro II e reescreva-as com suas palavras.

b) Releia o trecho grifado no documento. Considerando o contexto sociopolítico do país durante os governos regenciais, explique o sentido que a classe política da época atribuiu à antecipação da maioridade de D. Pedro II.

7 Reflita a respeito de como a composição social brasileira dificultava a articulação política daqueles que se dispunham a enfrentar o governo na defesa dos próprios interesses. Registre como essa dificuldade era influenciada pelas desigualdades sociais.

8 Após conhecer a história do Período Regencial, podemos dizer que a história brasileira é pacífica? Relacione esse período com outros períodos mais recentes da história brasileira.

9 Forme uma dupla e observem o retrato de Pedro Alcântara (futuro D. Pedro II) aos 12 anos de idade.

a) Descrevam a cena representada.

b) O que mais lhes chamou a atenção nesse retrato?

c) Como vocês podem observar, o futuro imperador tinha aproximadamente a idade de vocês quando foi coroado. Procurem saber se nos dias de hoje seria possível um jovem de 15 anos governar o Brasil.

d) E antigamente? Qual é a opinião de vocês sobre a coroação de um imperador tão jovem?

e) Se um de vocês tivesse de enfrentar a mesma situação naquela época, quais seriam as principais decisões que tomaria como governante?

Félix-Émule Tauanay. *Retrato de D. Pedro II.* 1837.

UNIDADE 6

> **Antever**

O Segundo Reinado corresponde ao período do governo de D. Pedro II que se estendeu de sua coroação, em julho de 1840, após o golpe da maioridade, até novembro de 1889, quando foi deposto do trono por ocasião da Proclamação da República.

Ao lado da relativa estabilidade política alcançada com a vitória do governo sobre as rebeliões herdadas do Período Regencial e enfrentando novo levante pernambucano, D. Pedro II se mostrou hábil estadista na condução das disputas entre liberais e conservadores. Como o monarca conseguiu equilibrar as divergências entre os dois principais partidos políticos do Império?

Durante os 49 anos de seu reinado, o Brasil passou por intensas transformações, culminando com a abolição da escravidão, vigente no país por quase quatro séculos. Quais forças sociopolíticas atuaram nesse processo de ruptura? Como reagiram ao fim da escravidão os setores que a temiam? Que condições de inserção social tiveram os ex-cativos após a abolição?

O cenário de mudanças apontava para a modernização do país promovida pela economia cafeeira e decorrente urbanização. Contudo, as antigas estruturas dos tempos coloniais não desapareceram, a permanência do latifúndio-exportador intensificava as desigualdades sociais que marcaram a transição para o trabalho livre. Observe a obra de Cândido Portinari, *Café*, feita nas primeiras décadas da República no Brasil. Que traço de modernização do país foi representado na obra? Como ela representa a permanência das desigualdades sociais herdadas do Período Colonial?

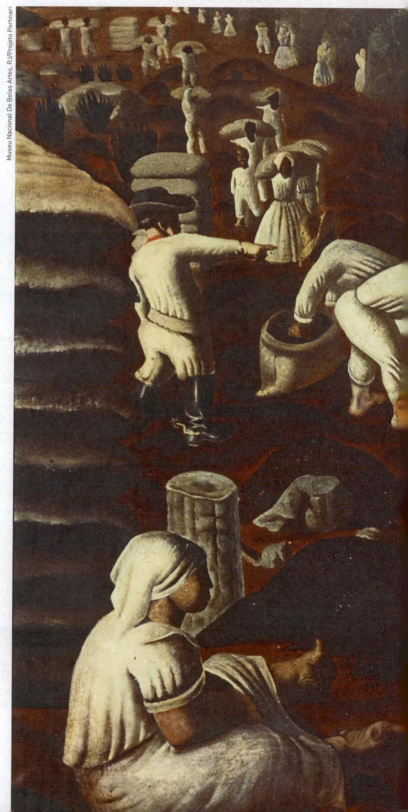

Candido Portinari. *Café*, 1935. Óleo sobre tela, 1,30 m × 1,95 m.

Segundo Reinado

CAPÍTULO 15
Sociedade e política nos tempos de Pedro II

De maneira geral, o início de um novo governo carrega muitas expectativas, especialmente quando substitui outro em um momento de crise, situação em que a própria legitimidade do governante costuma ser questionada.

O início do reinado de D. Pedro II, em meados de 1840, não escapou a esse clima político. Conforme registrado na biografia do monarca:

> Do governo do jovem imperador esperava-se muito. A elite política esperava que a figura suprapartidária de d. Pedro II reduzisse os conflitos que a dividiam. Esperava, ainda, que a legitimidade centenária da monarquia congregasse a população do país. [...] As duas coisas, redução do conflito intra-elite e adesão popular, eram condição para a manutenção da ordem social e política e da integridade nacional.
>
> J. M. D. Carvalho. *Pedro II*. São Paulo: Companhia das Letras, 2007. p. 42 e 43.

Do ponto de vista pessoal, os primeiros anos de reinado foram difíceis para o jovem imperador, que não tinha a experiência política que lhe era exigida. Cercou-se assim de conselheiros, firmou sua autoridade ao restabelecer o poder Moderador e, aos poucos, projetou à nação a imagem pública de um monarca respeitado. Contudo, enfrentou críticas após envolver o país na guerra contra o Paraguai.

A coroação e sagração de sua Majestade Imperial o Senhor D. Pedro II, 1841. Litografia, 50 cm x 38 cm. Litografia publicada por Heaton e Rensburg.

Reunida no Senado, em 23 de julho, a Assembleia Geral oficializou a maioridade do jovem Pedro de Alcântara, que foi levado por muitos populares até o paço da cidade do Rio de Janeiro.

Cenário político do início do Segundo Reinado

Desde o governo regencial, a elite agrária do Brasil subdividia-se em dois partidos políticos: o Liberal e o Conservador. Ambos tinham projetos políticos semelhantes em relação à defesa do latifúndio e da concentração de terras sob seu controle, à estrutura agrária e exportadora da economia brasileira. Com relação à escravidão, porém, havia no Partido Liberal setores mais progressistas que começaram a pensar em alternativas para substituir o trabalho escravo pelo livre. Entre os filiados do Partido Conservador prevalecia o interesse em manter a escravidão.

Mas a principal diferença entre esses partidos era relacionada à autonomia administrativa das províncias brasileiras. O Partido Liberal defendia que os governos provinciais tivessem autonomia em relação ao governo central, podendo tomar decisões sobre assuntos de seu interesse direto. Já o Partido Conservador defendia o fortalecimento do poder central, subordinando as províncias às decisões do governo federal, sediado no Rio de Janeiro e chefiado pelo Imperador. Ao longo de seu governo, D. Pedro II procurou se aproximar dos dois partidos políticos, ora nomeando ministros liberais, ora conservadores.

Eleições de deputados

Nas eleições para a Câmara dos Deputados, geralmente esses partidos políticos praticavam ações **fraudulentas** para contabilizar mais votos para seus respectivos deputados. Há registros de eleitores que votavam duas ou mais vezes e de grupos que eram contratados para pressionar os eleitores a votar em determinados candidatos usando violência quando fosse preciso. Era comum também a contagem incorreta dos votos para favorecer um determinado partido político.

> **Glossário**
> **Dissolver:** no contexto político, representa fechar, anular o poder de seus membros.
> **Fraudulento:** em que há falsificação, fraude.

Um exemplo dessas práticas ocorreu em 1842, quando a violência foi utilizada por partidários liberais para assegurar a vitória de seus deputados nas eleições. Os membros do Partido Conservador se referiam ao episódio, na época, como "eleições do cacete", e o próprio Imperador **dissolveu** a Câmara dos Deputados, reconhecendo os abusos cometidos pelo Partido Liberal para obter votos.

zoom Tanto Liberais quanto Conservadores praticavam fraudes eleitorais. Comente o que isso revela sobre o compromisso desses partidos com a ética.

A charge ironiza a violência e as fraudes nas eleições da época. Observe que enquanto a cena principal evidencia o uso de violência entre um representante do Partido Liberal e outro do Partido Conservador (o nome de cada partido aparece escrito na faixa na cintura dos personagens), a cena ao fundo representa um tumulto, com várias pessoas se agredindo e outras feridas no chão.

Angelo Agostini. "As eleições ou O povo soberano exercendo sua soberania". Capa da *Revista Illustrada* de 3 de julho de 1880.

A adoção do parlamentarismo

Em 1847, os liberais que participavam do governo aprovaram a criação de um novo cargo político, o de presidente do Conselho de Ministros, que chefiaria o ministério e o Parlamento (Câmara dos Deputados). Foi uma tentativa do Partido Liberal de implantar no Brasil a monarquia parlamentar (semelhante à que existia na Inglaterra desde a Revolução Gloriosa, de 1689) e, com isso, diminuir o poder do Imperador.

No regime político parlamentarista, o primeiro-ministro (cargo correspondente, no Brasil, ao de presidente do Conselho de Ministros) é escolhido pelos deputados do partido com a maioria de representantes na Câmara, visando fortalecer o Poder Legislativo frente ao Executivo.

No entanto, o parlamentarismo implantado no Brasil não anulou o Poder Moderador. Era o imperador quem nomeava o presidente do Conselho de Ministros; ele também tinha autoridade para demitir ministros, desfazer a Câmara dos Deputados e convocar novas eleições. Na prática, esse regime político fortaleceu o poder pessoal de D. Pedro II, por isso foi chamado de "parlamentarismo às avessas". Esse regime político permaneceu até o fim do Segundo Reinado, frustrando as expectativas dos liberais, que há muito desejavam diminuir o poder central.

Pedro Américo de Figueiredo e Melo. *D. Pedro II na abertura da Assembleia Geral*, 1872. Óleo sobre tela, 2,88 m × 2,05 m.

Este quadro também é conhecido como Fala do Trono, pois era costume o imperador fazer um pronunciamento importante a cada ano, quando abria oficialmente os trabalhos da Assembleia Geral.

 **Viver**

Bolsinho imperial

A monarquia brasileira, embora fosse poderosa do ponto de vista político, graças ao caráter absolutista do Poder Moderador, não traduzia esse poder em forma de ostentação. Isso pode ser explicado pela personalidade de D. Pedro II, que dava grande valor à modéstia – exemplo disso foi seu hábito de, depois de deposto pela República, passar a assinar simplesmente "Pedro". Mas havia outro fator principal: a Corte brasileira era pobre se comparada às cortes europeias.

Autor de uma biografia de D. Pedro II, o cientista político e professor José Murilo de Carvalho descreve como o imperador usava o dinheiro público:

 Ampliar

Biblioteca Nacional Digital, http://bndigital.bn.br

Acervo digitalizado atual da Biblioteca Nacional, localizada no Rio de Janeiro. É possível consultar jornais, manuscritos, iconografia, mapas antigos e publicações, muitas delas da época do Segundo Reinado.

> A manutenção de uma corte luxuosa no Brasil seria inviável até mesmo por causa da modesta dotação [renda vitalícia] da família imperial, a lista civil [salário anual do monarca]. Ela era de oitocentos contos por ano. No início do reinado, isso representava apenas 3% da despesa do governo central. No final, os oitocentos contos estavam reduzidos a 0,5%. Ao longo dos 49 anos de reinado, o imperador nunca aceitou aumento da dotação, apesar de várias propostas nesse sentido feitas no Parlamento. Além de não ter os hábitos perdulários [gastadores] das grandes cortes, D. Pedro não buscava acumular dinheiro. Anotou no diário: "Nada devo, e quando contraio uma dívida, cuido logo de pagá-la [...]. Não ajunto dinheiro". [...] Grande parte dos gastos normais do bolsinho imperial, como se dizia, ia para esmolas, doações a entidades beneficentes e científicas, pensões. [...] No ano de 1857, foram gastos noventa contos com esmolas, muito mais do que os vencimentos anuais de todos os seis ministros. No mesmo ano, pensões e aposentadorias consumiram cinquenta contos. Boa parcela das pensões correspondia ao que hoje se chama de bolsa de estudos. Muitos brasileiros estudaram no país e no exterior à custa do bolsinho imperial. [...] Durante o Segundo Reinado, 151 bolsistas obtiveram pensões, 41 deles para estudar no exterior. [...]
>
> José Murilo de Carvalho. *D. Pedro II*. São Paulo: Companhia das Letras, 2007. p. 97 e 98.

Litografia de D. Pedro II. O imperador optava por ter sua imagem associada à sobriedade e à simplicidade.

① O que você entendeu por "bolsinho imperial"?

② O que mais chamou sua atenção na descrição de como D. Pedro II usava o dinheiro público? Por quê?

③ Frequentemente, nossa sociedade debate a questão do uso do dinheiro público pelos políticos brasileiros. Em sua opinião, quais critérios podem definir o uso adequado do dinheiro público voltado para investimentos sociais? Discuta o assunto com os colegas.

Revolução Praieira

No início do Segundo Reinado, a tradição liberal e republicana pernambucana voltou a se manifestar. Embora Pernambuco enfrentasse há décadas constante queda nas exportações de açúcar, continuava a ser uma das mais importantes províncias do Nordeste brasileiro. No entanto, a longa crise econômica provocava tensões e conflitos sociais.

Glossário

Alternância: repetição alternada de dois ou mais elementos, sempre na mesma ordem.

Nessa mesma província, que foi palco da Revolução Emancipacionista de 1817 (que pretendia o fim do domínio português e a adoção do regime republicano) e da Confederação do Equador, em 1824 (na qual o regime republicano era defendido como opção para acabar com o Poder Moderador e com o autoritarismo de D. Pedro I), ocorreu a Revolução Praieira, em 1848.

O clima de descontentamento na região começou anos antes, em 1842, quando um grupo de liberais radicais fundou um partido político local: o Partido da Praia. Seus membros criticavam a **alternância** de poder entre o Partido Liberal e o Conservador e o controle da política pernambucana pelos latifundiários. Eles divulgavam pesadas críticas à concentração de terras e à escravidão, nos jornais *A Voz do Brasil* e *O Diário Novo*, atingindo as poderosas famílias Cavalcanti e Albuquerque Maranhão, que tinham o poder político local.

A agitação social na província tomou corpo com o descontentamento dos setores populares contra a profunda desigualdade social entre o povo e os latifundiários, a miséria e o desemprego. A dificuldade de acesso à terra também era criticada por eles, pois grande parte das terras férteis pertencia aos produtores de açúcar, o que restringia a agricultura de subsistência. Comerciantes brasileiros queixavam-se do fato de portugueses deterem a maior parte do comércio varejista de Pernambuco; esse monopólio favorecia a elevação dos preços de alimentos e de outros gêneros de primeira necessidade.

Emil Bauch. Rua da Cruz, antiga Rua dos Judeus, e a partir de 1870, Rua Bom Jesus. Cromolitografia, 27 cm × 52 cm.

Neste quadro, o pintor registrou uma rua de comércio em Recife, cidade palco da Revolução Praieira.

A Revolução

Em 1848, a substituição do presidente da província de Pernambuco, do Partido Liberal, por um do Partido Conservador foi o **estopim** para o início do conflito armado. O movimento começou na cidade de Olinda e ampliou-se pela Zona da Mata. Na Revolução Praieira, engajaram-se proprietários de terras, comerciantes brasileiros, jornalistas, artesãos, trabalhadores urbanos e libertos. Destacaram-se nomes como Pedro Ivo, Borges da Fonseca e Nunes Machado.

Em fevereiro de 1849, três meses após o início da revolta, os rebeldes tentaram invadir a cidade de Recife, para lá se dirigindo com mais de 2 mil pessoas. No entanto, foram duramente reprimidos pelas tropas imperiais. Eles se dispersaram, então, pela Zona da Mata e resistiram utilizando táticas de **guerrilha**. O governo os perseguiu e negociou sua rendição. A Praieira encerrou-se com a anistia da maioria de seus líderes em 1851 e sua derrota fortaleceu o governo imperial.

Ampliar

A Revolução Praieira, de Antonio Paulo Rezende (Ática). Conheça detalhes do conflito entre políticos liberais e conservadores em Pernambuco no ano de 1848.

Novas forças políticas

A partir de 1853, após a reaproximação do imperador com o partido Conservador, formou-se o Ministério da Conciliação, composto de representantes de ambos os partidos. Em 1868, as forças políticas se rearticularam: um grupo formado por liberais de ideias republicanas organizou o Partido Liberal Radical, que, em 1870, oficializou-se como Partido Republicano.

D. Pedro II ladeado pelos integrantes do Ministério da Conciliação, 1853. No sentido horário: Marquês de Paraná (Presidente do Conselho e Ministro da Fazenda); Luís Pedreira do Couto Ferraz (Ministro do Império); José Tomás Nabuco de Araújo Filho (ministro da Justiça); Antônio Paulino Limpo de Abreu (Ministro dos Estrangeiros); Pedro de Alcântara Bellegarde (Ministro da Guerra); José Maria da Silva Paranhos (Ministro da Marinha).

Glossário

Estopim: elemento provocador de uma série de acontecimentos.
Guerrilha: luta armada realizada por meio de pequenos grupos formados irregularmente e que não obedecem às normas internacionais; as ações de guerrilha são marcadas por muita rapidez e grande capacidade de atacar de surpresa.

Cenário econômico do Segundo Reinado

No início do Segundo Reinado eram muitas as dificuldades para integrar o Brasil à economia internacional e acompanhar as transformações que ocorriam na Europa e nos Estados Unidos, sobretudo nos aspectos relacionados à urbanização e à industrialização. Nesses países, a produção industrial crescia e aumentava a concorrência entre eles.

Enquanto isso, a estrutura econômica brasileira permanecia baseada no latifúndio, na monocultura e na mão de obra escrava. Desde a Abertura dos Portos, em 1808, a dependência do Brasil de produtos ingleses só aumentava e faltava capital nacional para investir na indústria brasileira.

Com o objetivo de aumentar a arrecadação de impostos e de incentivar o desenvolvimento econômico do país, em 1844 foi criada a Tarifa Alves Branco. A nova tarifa aboliu as taxas alfandegárias preferenciais de 15% que os produtos ingleses pagavam desde 1810 e que foram mantidas durante o governo de D. Pedro I. A política protecionista inaugurada com a Tarifa Alves Branco estabelecia impostos de importação de 60% sobre os produtos que faziam concorrência aos nacionais e 30% sobre os que não tinham similares no país.

As consequências mais imediatas da tarifa Alves Branco foram o aumento da receita tributária, o encarecimento dos produtos importados e o consequente descontentamento das camadas favorecidas, que até então consumiam tais produtos, e dos comerciantes que os negociavam.

No entanto, essa medida não conseguiu promover a autossuficiência da economia brasileira; manteve-se a dependência das importações de vários artigos industrializados. Em 1860 entrou em vigor a Tarifa Silva Ferraz, que estabelecia impostos alfandegários mais baixos para máquinas, ferramentas e ferragens, prejudicando a produção nacional desses equipamentos, e favorecendo as importações desses insumos.

Ampliar

Dom Pedro II – Imperador do Brasil
www.e-biografias.net/dompedro_ii
Biografia de D. Pedro II.

A Tarifa Alves Branco
www.brasilescola.com/historiab/a-tarifa-alves-branco.htm
Texto sobre a Tarifa Alves Branco.

J. G. da Costa. *Inauguração da Estrada de Ferro D. Pedro II*, 1858.

Durante o governo de D. Pedro II verificaram-se iniciativas para modernizar os principais setores produtivos e exportadores do país. Um exemplo foi a construção das primeiras ferrovias no Brasil. Vale lembrar que, na Inglaterra, o transporte ferroviário fora implantado por ocasião da Primeira Revolução Industrial, em meados do século XVIII.

Economia cafeeira

Originário da Etiópia, na África, o café era usado pelos povos africanos para a fabricação de bebidas. Há mais de quinhentos anos, os comerciantes árabes divulgaram o produto no Oriente e na Europa. Os franceses o trouxeram para a América do Sul a fim de iniciar o cultivo em suas colônias. Foi da Guiana Francesa que, em 1727, o jovem oficial Francisco Palheta, em missão encomendada pelo governo do Pará, trouxe as primeiras mudas para o Brasil. O cultivo do café foi introduzido no país na área em que atualmente é a Região Norte e estendeu-se para o Maranhão e a Bahia, no Nordeste.

Nas últimas décadas do século XVIII, a produção cafeeira chegou ao Rio de Janeiro e estendeu-se, no início do século seguinte, pelo vale do Rio Paraíba do Sul, onde o cultivo se adaptou aos solos férteis, às boas condições climáticas e à regularidade das chuvas.

Na região conhecida como Vale do Paraíba, o cultivo do grão rapidamente se expandiu e muitas fazendas de café se formaram. Cidades fluminenses como Resende, Valença e Vassouras se destacaram no cenário econômico nacional.

Fonte: Flávio de Campos e Miriam Dolhnikoff. *Atlas história do Brasil*. 3. ed. São Paulo: Scipione, 2006. p. 24.

Produtos produzidos no Brasil entre 1851 e 1880 (%)			
Produtos	1851-1860	1861-1870	1871-1880
café	48,8	45,5	56,6
açúcar	21,2	12,3	11,8
algodão	7,5	6,2	18,3
cacau	1,0	0,9	1,2
borracha	2,3	3,1	5,5
fumo	2,6	3,0	3,4
erva-mate	1,6	1,2	1,5
couros e peles	7,2	6,0	5,6

Fonte: N. W. Sodré. História da burguesia brasileira. In: Ilmar Rohloff Mattos; Marcia de Almeida Gonçalves. *O império da boa sociedade*. São Paulo: Atual, 1991. p. 49.

A produção de café

| Exportação de café em grão pelo Brasil ||
Decênios	Toneladas
1821-1830	190.680
1831-1840	584.640
1841-1850	1.027.260
1851-1860	1.575.180
1861-1870	1.730.820
1871-1880	2.180.169
1881-1890	3.199.560

Fonte: Jacob Gorender. *O escravismo colonial*. São Paulo: Ática, 1978. p. 559.

O modelo agrário-exportador dos tempos coloniais foi reafirmado na economia cafeeira: o café era produzido em latifúndios monocultores. Nas fazendas do Vale do Paraíba predominou o uso do trabalho escravo.

Calcula-se que entre 1780 e 1831 cerca de 1 milhão de africanos desembarcaram no porto do Rio de Janeiro; desses, cerca de 800 mil foram enviados para os cafezais do Vale do Paraíba. Nas lavouras que se fixaram no oeste da província de São Paulo a partir de 1850, houve a introdução gradativa do trabalho livre, realizado por imigrantes de origem europeia, conforme veremos mais adiante. Ao longo do século XIX, a exportação de café para os mercados internacionais assumiu importância crescente na economia brasileira.

A partir de 1850, em virtude do esgotamento do solo no Vale do Paraíba e da baixa produtividade que isso representou para as fazendas da região, novas áreas de cultivo de café se formaram. A lavoura cafeeira passou a ocupar vastas extensões de terra roxa no oeste da província de São Paulo, chegando a Jundiaí, Campinas e Itu. Na segunda metade do século XIX, a produção do oeste paulista superou a do Vale do Paraíba, colocando o Porto de Santos, no litoral da província de São Paulo, como o principal centro exportador de café.

Em 1867 foi inaugurada a estrada de ferro São Paulo Railway. Financiada com capital inglês, ligava Santos a Jundiaí, tornando mais rápido o transporte do café dos centros produtores ao porto. Posteriormente, os cafeicultores paulistas financiaram a ampliação das ferrovias, o que acelerou o desenvolvimento da província de São Paulo. A expansão cafeeira dinamizou a economia da região, estimulando o crescimento populacional, a construção de ferrovias para o escoamento da produção e a urbanização.

Ampliar

A fazenda de café, de Antônio Carlos Robert Moraes (Ática).

Conheça o cotidiano do trabalho nas fazendas de café do Vale do Paraíba durante o Período Imperial.

zoom

1. Com base nas informações da tabela e dos conhecimentos sobre a periodização da história política do Brasil, compare a exportação de café durante o Primeiro Reinado, a Regência e o Segundo Reinado.

2. Considerando os dados da tabela, em qual decênio houve maior aumento nas exportações de café, em comparação com o decênio anterior?

Marc Ferrez. Escravos em terreiro em uma fazenda de café no Vale do Paraíba, c. 1882. Negativo original em vidro, gelatina/prata 30 cm × 40 cm.

Era Mauá

Durante o Segundo Reinado, o país conheceu um breve surto industrial liderado pelo gaúcho Irineu Evangelista de Sousa (1813-1889). Ele é considerado o principal empresário brasileiro do Império, tendo fundado ferrovias, estaleiros, bancos, serviços públicos, reunindo 17 empresas sob seu comando. Por destacar-se nos negócios, obteve os títulos de Barão de Mauá, concedido em 1854, e de Visconde de Mauá, em 1874.

Irineu Evangelista ficou órfão de pai ainda menino e se mudou para a então capital do país, Rio de Janeiro, em 1822, acompanhando seu tio. Logo foi trabalhar na casa comercial do português Pereira de Almeida. Em 1829, começou a trabalhar em uma empresa inglesa de importação, onde ampliou seus conhecimentos de contabilidade e aprendeu o idioma inglês. Tornou-se gerente da companhia e, no final de 1835, passou a ser sócio, conduzindo todos os negócios da empresa.

Na segunda metade do século XIX, Mauá, que era liberal, abolicionista e contrário à Guerra do Paraguai, forneceu os recursos financeiros necessários à defesa de Montevidéu quando o governo imperial decidiu intervir nas questões do Prata (1850). Foi perseguido, passou por dificuldades e falências, endividou-se e acabou falecendo em Petrópolis, em 1889. Os empreendimentos do Barão de Mauá foram tão importantes que o período que compreende as décadas 1850-1860 ficou conhecido como "Era Mauá".

Pieter Godfred Bertichen. *Fábrica de Ponta D'Area no Rio de Janeiro*, 1856. Gravura.

Nesta imagem vê-se o empreendimento fundado pelo Barão de Mauá em 1846 para atuar em indústria pesada, fundição, estaleiro e na produção de caldeiras. As instalações foram destruídas em 1857 em um incêndio criminoso.

Édouard Viénot. *Irineu Evangelista de Sousa, o Visconde de Mauá*, c.1872. Óleo sobre tela.

Revert Henrique Klumb. Passagem do Taquaril. Albúmen, 22 cm × 28 cm.

Nesta fotografia, vê-se passagem da Estrada União e Indústria pela Serra do Taquaril, no Rio de Janeiro. O trecho inicial dessa estrada – a primeira rodovia pavimentada do Brasil, entre Petrópolis e Juiz de Fora – foi inaugurado em 1854 por Mauá.

Conflitos platinos

Fonte: Mapas de la Cuenca. *Comité Intergubernamental Coordinador de los Países de la Cuenca del Plata.* Disponível em: <http://cicplata.org/es/mapas-de-la-cuenca/>. Acesso em: nov. 2018.

Durante o reinado de D. Pedro II, o Brasil se envolveu em conflitos internacionais na região do Rio da Prata, no sul do continente. O mais importante deles foi a Guerra do Paraguai, entre 1864 e 1870. Em paralelo, aumentavam as pressões internas pelo fim da escravidão e pela adoção do trabalho livre no Brasil, estimulado com a imigração europeia para as lavouras de café.

A navegação de navios brasileiros pela Bacia do Prata, formada principalmente pelos rios Paraná, Paraguai e Uruguai, favorecia o acesso à província do Mato Grosso. Na época, uma viagem do Rio de Janeiro a Cuiabá por terra demorava cerca de 5 meses, o que dificultava os contatos frequentes e a ocupação efetiva daquele território da região central do país. Com a introdução dos navios a vapor como meio de transporte, uma alternativa viável para chegar ao Mato Grosso seria navegando pelo Rio da Prata. Para isso, era necessário contornar a cidade argentina de Buenos Aires. No entanto, os governos argentino, uruguaio e paraguaio disputavam o controle da navegação platina e temiam a presença do Brasil naquela região devido à concorrência no comércio local.

Assim, ao longo do Segundo Reinado, as relações externas do Brasil com os países vizinhos do cone sul foram marcadas por tensões. Os vizinhos platinos viam o Brasil como uma monarquia expansionista e escravista, enquanto o governo brasileiro considerava as repúblicas vizinhas instáveis e controladas por líderes políticos pouco confiáveis.

Nesse contexto, frequentemente o gado das fazendas do Rio Grande do Sul era saqueado por fazendeiros uruguaios. Essa situação refletia as rivalidades do início do século XIX, quando o Uruguai foi anexado ao Brasil como Província Cisplatina, entre 1821 e 1828. A fim de defender os interesses dos fazendeiros gaúchos, o governo de D. Pedro II aproximou-se do partido uruguaio Colorado, que representava os comerciantes do país. Esse partido opunha-se ao Partido Blanco, que representava os fazendeiros uruguaios.

Na década de 1850, o governo de D. Pedro II se envolveu em conflitos político-militares no Uruguai e na Argentina para defender os interesses do país na região platina. Em 1851, Manuel Oribe, líder uruguaio do partido Blanco, selou uma aliança com o presidente argentino Manoel Rosas, buscando fortalecer a posição dos dois países no controle da Bacia Platina. Oribe venceu as eleições no Uruguai. O Brasil, então, apoiou os líderes de oposição a essa aliança – o uruguaio Rivera, líder do partido Colorado, e o argentino Urquiza – e enviou tropas para depor o novo governo do Uruguai. Após a derrota de Oribe e Rosas, os governos uruguaio e argentino foram ocupados pelos aliados do Brasil, respectivamente Rivera e Urquiza.

Em 1863, novamente o Brasil enviou tropas ao Uruguai, dessa vez para intervir na guerra civil que ocorria no país pela disputa da presidência da República entre o Partido Colorado e o Partido Blanco.

Diante do impasse político no Uruguai, o presidente do Senado uruguaio, Aguirre, do Partido Blanco, ocupou o poder. Nessa ocasião, os blancos eram apoiados pelo presidente do Paraguai, Solano López. A Argentina, por sua vez, aliara-se aos colorados.

Seguiram-se meses de acordos e negociações diplomáticas entre representantes do governo uruguaio, brasileiro e argentino, na tentativa de pôr fim à guerra civil e restabelecer a paz no país. Participou desse processo um representante do governo inglês, cujo interesse era assegurar a independência do Uruguai. A Inglaterra havia ajudado o governo uruguaio a conquistar a independência na guerra contra o Brasil, em 1828. Além disso, o país tinha interesse no fim da guerra civil no Uruguai para restabelecer seu comércio na região.

A reação paraguaia

O presidente Aguirre, pressionado por grupos radicais, não se mostrou disposto a favorecer o processo de paz. Além de descumprir alguns pontos da negociação com o Brasil e a Argentina, instruiu um enviado a entrar em contato com o governo paraguaio para alertá-lo de que esses países tinham a intenção de dividir e anexar o território do Uruguai.

Ciente de que, se isso ocorresse, o equilíbrio político, econômico e militar na região platina seria afetado e o Paraguai ficaria enfraquecido, o presidente paraguaio, Solano López, manifestou-se contra a interferência dos governos brasileiro e argentino nos rumos da guerra civil do Uruguai. Mesmo assim, Brasil e Argentina intervieram no Uruguai. Em outubro de 1864, soldados brasileiros entraram no território uruguaio a fim de derrubar Aguirre e empossar no governo Venâncio Flores, do Partido Colorado. Em represália, o Paraguai aprisionou o navio brasileiro Marquês de Olinda em 11 de novembro do mesmo ano, quando a embarcação cruzava águas paraguaias em direção ao Mato Grosso, levando a bordo o governante local e alguns oficiais.

O início da guerra contra o Paraguai

Em dezembro de 1864, uma expedição paraguaia chegou ao Forte Coimbra, situado na província de Mato Grosso, pelo Rio Paraguai. A inferioridade numérica dos combatentes brasileiros e o tempo que demoraria para chegar reforços foram apontados como razões para a retirada brasileira do forte.

Em janeiro de 1865, tropas paraguaias alcançaram Corumbá. As ações militares de Solano López contra o Brasil levaram o governo brasileiro a mobilizar as tropas para combater os paraguaios. No entanto, o Exército brasileiro era pouco numeroso, mal treinado e mal equipado. Para suprir a necessidade de homens para o conflito, o governo assinou um decreto, em janeiro de 1865, criando o alistamento de "voluntários da pátria" para os interessados que tivessem entre 18 e 50 anos de idade e quisessem servir ao Exército. Escravos libertos, cativos e prisioneiros eram alistados no Exército e até meninos eram recrutados para a Marinha.

Autoria desconhecida. Diversos oficiais com Conde D'Eu (ao centro, com a mão na cintura) e o visconde do Rio Branco retratados em quartel general. Paraguai, 1870.

Documentos em foco

Voluntários da pátria

Tal era carência de tropas para os combates da Guerra no Paraguai, que o governo se viu na necessidade de fazer grandes promessas aos que se dispusessem a combater.

Para estimular o alistamento, oferecia-se aos voluntários, além do soldo normal dos soldados das forças regulares, de quinhentos réis diários, uma gratificação de 300 mil réis ao darem baixa no final da guerra. Nesse momento, os voluntários teriam direito, ainda, a terras, na extensão de 49 500 metros quadrados, nas colônias militares e agrícolas existentes em diferentes pontos do Brasil. Ao voluntário, garantiam-se, também, promoções por bravura, meio soldo se ficasse inválido e, em caso de morte, pensão neste valor para o herdeiro indicado à vontade. [...] As condições vantajosas oferecidas aos Voluntários da Pátria demonstravam a gravidade da carência de soldados no Brasil, onde os cidadãos, no geral, relutavam em ir para o Exército. Na realidade, enquanto a elite, representada pela Guarda Nacional, resistia a ir para a guerra, no setor popular houve entusiasmo patriótico para preencher os corpos de Voluntários da Pátria. Alistaram-se cerca de 10 mil voluntários, número considerado suficiente pelo governo imperial que suspendeu o recrutamento de guardas nacionais, pois 'não é necessário coagir ninguém a ir para a guerra'. No Piauí, chegou a alistar-se, disfarçada de homem, a adolescente Jovita Alves Feitosa, que, descoberta, acabou aceita, destinada a um hospital militar. Na Bahia, o afluxo de voluntários foi tal que lotou os quartéis e outros edifícios de Salvador. O governo provincial ordenou, inclusive, a recusa de novos voluntários, o que foi difícil de ser implementado, devido à pressão dos que desejavam alistar-se. [...] Parte dos voluntários, sem suspeitar de que a guerra seria longa e dura, talvez visse no alistamento a possibilidade de melhorar sua condição de vida, tendo em vista as vantagens financeiras oferecidas pelo governo. Outros, porém, delas abriram mão, e comprovaram o caráter realmente voluntário de sua ida para a guerra, como se vê nos relatórios do Ministério da Guerra de 1865 e 1866, nos quais também se registram doações financeiras de particulares e instituições para custearem as despesas dos voluntários.

Francisco Doratioto. *Maldita guerra: nova história da Guerra do Paraguai*. São Paulo: Companhia das Letras, 2002. p. 114-117.

Autoria desconhecida. Representação dos Voluntários da Pátria, 1870.

1. Quem eram os "voluntários da pátria"? Quais eram as vantagens e as desvantagens de se alistar como voluntário nessa guerra?

2. Em sua opinião, quais foram as motivações daqueles que se alistaram como voluntários da pátria?

A Tríplice Aliança

Em abril de 1865, a marinha de guerra paraguaia atacou dois navios da marinha argentina e o exército ocupou a província de Corrientes, desencadeando a entrada da Argentina no conflito. No mês seguinte, Brasil, Argentina e Uruguai (presidido por Flores) assinaram o tratado da Tríplice Aliança, pelo qual selaram apoio militar mútuo contra o Paraguai. O tratado já delimitava algumas condições para um acordo de paz, prevendo a definição de fronteiras entre o território paraguaio, brasileiro e argentino e a livre navegação na Bacia Platina. Para custear os gastos da guerra, os países da Tríplice Aliança tomaram empréstimos de banqueiros ingleses. Argentina e Uruguai, que tinham economia menor que a brasileira, tomaram empréstimos também do barão de Mauá.

A Argentina enviou à guerra quase 30 mil combatentes; o Uruguai, cerca de 5 500; o Paraguai tinha aproximadamente 100 mil, entre os quais havia crianças e adolescentes. O governo brasileiro fez o alistamento voluntário para ampliar seu efetivo; fazendeiros enviaram seus escravos aos campos de combate, prometendo-lhes alforria. Representantes da elite agrária também mandavam seus filhos, fazendo-os crer que se tratava de defender a honra e o território brasileiro. As tropas brasileiras somaram 139 mil soldados.

> **Ampliar**
>
> **Adeus, chamigo brasileiro: uma história da Guerra do Paraguai,** de André Toral (Companhia das Letras).
>
> Romance em quadrinhos sobre a Guerra do Paraguai. A história é narrada pela visão de quatro personagens que teriam participado dos conflitos.
>
> **A Guerra do Paraguai,** http://bndigital.bn.br/dossies/guerra-do-paraguai/
>
> Site especial sobre a Guerra do Paraguai, organizado pela Fundação Biblioteca Nacional. Há textos, fotografias da época, imagens dos uniformes militares e biografias dos principais envolvidos no conflito.

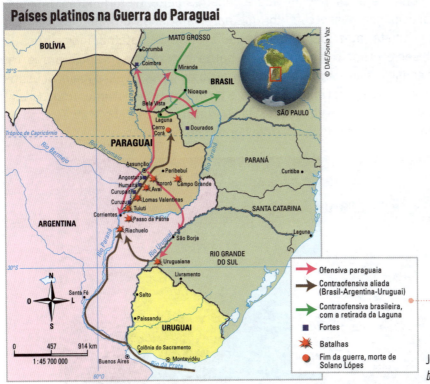

A navegação na Bacia Platina era estratégica para os países da região. Sem acesso direto ao Oceano Atlântico, os rios platinos eram fundamentais para o Paraguai transportar os produtos nacionais (como erva-mate, madeira e tabaco) para o mercado externo.

José Jobson de A. Arruda. *Atlas histórico básico*. 17. ed. São Paulo: Ática, 2011. p. 42.

Vitória aliada

Os países da Tríplice Aliança venceram o conflito, ao fim do qual, em 1870, o presidente paraguaio Solano López foi capturado e morto. O maior número de mortes na guerra deveu-se a doenças e fome. O Brasil perdeu cerca de 50 mil homens, os argentinos em torno de 18 mil e os uruguaios, 5 mil. Do lado paraguaio, os números não são precisos, variando entre 8 e 69% de sua população total. Muitos paraguaios fugiram para a Argentina e para o Brasil ao fim do conflito, em busca de melhores condições de vida.

Desdobramentos da Guerra do Paraguai

No Brasil, a vitória na Guerra do Paraguai fortaleceu o Exército, até então uma instituição frágil e de organização precária. O aumento do prestígio dos militares levou-os a reivindicar maior espaço no cenário político. Outros setores defendiam a modernização do país pela adoção do regime republicano. Depois da guerra, o governo de D. Pedro II passou a sofrer crescente oposição, motivada pelo triste saldo: muitas perdas de combatentes e aumento da dívida com a Inglaterra.

Cândido Lopes. *Trincheira de Curupaiti*, 1893. Óleo sobre tela, 149,7 cm × 50,0 cm.

Este detalhe da obra mostra soldados paraguaios atirando contra as forças aliadas.

A guerra contra o Paraguai continua a ser pesquisada e debatida pelos historiadores. Por que o Brasil teria prolongado sua participação nesse conflito, que parecia apenas um ato de covardia? D. Pedro II era considerado um pacifista, mas foi pessoalmente à frente de batalha, indicando sua disposição em, simbolicamente, ser o primeiro voluntário da pátria e marcar seu apoio à guerra. Embora os inimigos do Paraguai construíssem uma imagem negativa do governo paraguaio, acusando-o de cometer atos bárbaros contra seu próprio povo durante o conflito, o envolvimento do Brasil se justifica, sobretudo, para assegurar a livre navegação na Bacia Platina pela qual o Mato Grosso se integrava ao resto do território nacional e garantir o controle comercial na região.

Pedro Américo. *A batalha do Avaí*, 1872. Óleo sobre tela, 6 m × 1,1 m.

Essa batalha foi travada em território paraguaio, perto da capital Assunção, em dezembro de 1868. Após cinco horas de combate sob forte chuva, a cavalaria brasileira chegou para reforçar a infantaria e a artilharia, que enfrentavam dura resistência das tropas paraguaias. A vitória brasileira nessa batalha teve um saldo de 3 mil paraguaios mortos e cerca de 2 mil soldados brasileiros mortos ou feridos.

Pontos de vista

As visões da Guerra do Paraguai

A guerra contra o Paraguai, também chamada de Guerra da Tríplice Aliança, foi o maior conflito armado sul-americano e o mais sangrento do século XIX, deixou profundas marcas nas tentativas posteriores de integração regional. Há várias explicações para o conflito, a começar pelo ponto de vista de figuras políticas e militares que o vivenciaram. No Brasil, também foram elaboradas distintas interpretações:

> [...] Há quem diga que a origem da guerra estaria condicionada à ambição desmedida de López e a seu caráter autoritário. Mais personalista, tal versão insiste em acusar o presidente paraguaio, sua política fraudulenta e a aversão que D. Pedro II teria ao seu perfil de **caudilho**. Há também quem explique o conflito a partir da política imperialista inglesa. Ciosa em manter sua influência financeira no local, a Inglaterra teria se **imiscuído** na guerra, forjando oposições e selando amizades. [...] Existe uma terceira interpretação, mais atenta aos diferentes processos de formação nacional por que passavam os países envolvidos e aos interesses geopolíticos e econômicos da região platina. Para o Brasil era importante garantir a navegação dos rios Paraná e Paraguai, pois através deles a província de Mato Grosso mantinha contatos com o resto do país e assegurava o controle do comércio na região do Prata. Quanto à Argentina [...] era patente sua disposição em anexar territórios vizinhos e ampliar sua esfera de interesses. Já do lado de López, reconhecida a autonomia do país [...], afloraram divergências em torno da navegação dos rios e das fronteiras. Isso sem falar das velhas desconfianças que pairavam sobre o Brasil, esse gigantesco Império escravocrata, diante das pequenas repúblicas sul-americanas, assustadas com possíveis imperialismos. [...]

Lilia Moritz Schwarcz e Heloisa Murgel Starling. *Brasil: uma biografia*. São Paulo: Companhia das Letras, 2015. p. 294.

Glossário

Caudilho: chefe político que exerce o poder de forma autoritária ou ditatorial.
Imiscuir: interferir; intrometer-se.

Procissão de N. S. da Conceição em 30 de Maio de 1868 no Acampamento Brasileiro, no Tayi, 1868. Fotografia, 9,3 cm × 12,8 cm.

1. Qual dessas visões apresenta a ideia de que o Brasil cumpriu uma significativa missão na guerra: libertar a população paraguaia do tirano López?

2. Qual das visões justifica a guerra como resultado de uma ação externa, desvinculada dos interesses e das disputas regionais entre a Tríplice Aliança e o Paraguai?

3. A interpretação mais recente sobre a guerra analisa a divergência de interesses de Brasil, Argentina e Paraguai sobre a região. Identifique-os.

4. Discuta com o professor que razões justificam a diferença de visões sobre essa guerra. Depois, produzam um texto coletivo sobre o assunto.

A população indígena no Império

Antônio de Araújo de Sousa Lobo. *Retrato do Imperador Dom Pedro II*, 1909. Óleo sobre tela, 2,40 m × 1,58 m.

Vestes imperiais com representação de penas de tucano.

Durante o Segundo Império, o tratamento dado aos indígenas era contraditório: havia um choque entre o índio simbólico e o índio real. O primeiro correspondia a uma visão idealizada do indígena, considerado patrimônio da identidade brasileira, enquanto o segundo se referia ao membro da população indígena propriamente dito, que era condenado a uma posição social inteiramente marginal (posição que ocupa ainda hoje).

A construção do indígena na simbologia oficial do Império passava tanto pelo uso recorrente de palavras das línguas nativas para designar membros da nobreza brasileira (como Barão do Itamaraty, Barão do Pirajá etc.), como pelo uso de penas de tucano no manto imperial. Outro forte indício do papel simbólico e idealizado do índio naquele período é sua transformação em herói pelos poemas românticos e pinturas históricas. O indígena de carne e osso, entretanto, se beneficiava pouco ou nada desse prestígio.

A situação legal do indígena

Embora a Constituição do Império não mencionasse as populações indígenas, o tema não esteve totalmente ausente dos debates da Constituinte de 1823. Na ocasião, vários constituintes defenderam que se escrevesse um capítulo dedicado "à civilização dos índios bravios", o que demonstra que, naquele momento, estabelecia-se uma oposição entre índios mansos e bravios, civilizados e selvagens.

Eram considerados bravios não somente aqueles que resistissem diretamente ao contato com a civilização branca, mas todos os que buscassem preservar seu modo de vida tradicional, cabendo ao Estado brasileiro "amansá-los". Essa tarefa "civilizatória" foi a marca da legislação indígena no período.

Entre os mais importantes documentos dessa legislação está o Regulamento das Missões de 24 de julho de 1845. Trata-se de uma lei ambiciosa cujo objetivo era regulamentar "as missões, a catequese e a civilização dos índios". Ela propunha a presença forte do Estado em cada província por meio da nomeação do cargo de Diretor Geral de Índios, que seria representado por um diretor em cada aldeia. A lei previa ainda algumas medidas protetivas aos índios, como poupá-los do serviço militar e da exploração do trabalho, e regulamentava seu acesso à terra, com o requisito de que apresentassem bom comportamento e praticassem alguma atividade produtiva, como agricultura.

No entanto, tal proteção tinha como contrapartida vigilância e controle cerrados: os diretores podiam constituir e desfazer aldeias, unir diferentes comunidades em uma só e também premiar indivíduos de bom comportamento com terras particulares, que eram separadas das aldeias. Quanto aos índios não civilizados, o Regulamento não deixava dúvidas: cabia, entre as competências do Diretor Geral de Índios, enviar missionários para catequizá-los.

Bugreiros

Enquanto isso, a ocupação territorial brasileira continuava a se expandir sobre o território indígena de forma frequentemente violenta. Do ponto de vista das populações indígenas brasileiras, a invasão de suas terras pela civilização branca não era algo do passado, mas um processo ainda em curso: onde quer que se instalasse uma nova fronteira de ocupação, instalava-se ali um novo conflito com a população indígena local. Caso fosse, até então, isolada, essa população acabaria experimentando pela primeira vez o contato devastador com as doenças dos brancos, responsáveis pelo aniquilamento de cerca de 90% das populações indígenas do continente americano.

Dessa maneira, os indígenas brasileiros enfrentavam aqueles que queriam sua completa extinção e aqueles que defendiam sua tutela pelo poder central, negando-lhe sua própria cultura. Principalmente no sul do Brasil, onde predominaram tais conflitos durante o Império, o uso da palavra **bugre** para se referir aos indígenas, tornou-se muito comum e constitui uma forte evidência de preconceito em nossa história. Essa palavra tem muitos sinônimos: rude, selvagem, primitivo, inculto, incivilizado, grosseiro; essa foi, até o final do século XX, a forma arrogante e ofensiva amplamente utilizada pelos brancos para fazer referência aos indígenas brasileiros, inferiorizando-os.

A figura do bugre está muito presente na literatura brasileira. Por exemplo, o livro *O bugre do chapéu de anta*, do paulista Francisco Marins, foi um grande sucesso da literatura infantojuvenil nas décadas de 1960 e 1970. Narra as aventuras de três jovens pelos sertões do Brasil, em uma época de desbravamento do interior, de expansão das lavouras cafeeiras e de urbanização do país, processo que expropriou as nações indígenas de suas terras originárias e as colocou em risco de extinção.

No romance *O Chapadão do Bugre*, lançado na década de 1960, o escritor Mário Palmério retratou o contexto de grande violência em que se deu a ocupação do sertão mineiro no início do século XIX. A trama envolve as disputas políticas entre os poderosos fazendeiros da região, que faziam uso de seus **jagunços** para dominar e aterrorizar as populações sertanejas, na sua maioria mestiços de origens indígenas.

A figura do **bugreiro**, ou seja, do caçador de índios, surgiu dos conflitos ocasionados pelo avanço da ocupação do sul do país pelos imigrantes de origem europeia sobre as terras indígenas. Os bugreiros, agindo de forma semelhante aos bandeirantes dos séculos XVI e XVII, se organizavam em grupos e atacavam de surpresa, eliminando aldeias inteiras sem poupar nem as crianças. Tal era o clima de animosidade entre as populações brancas e indígenas, que o próprio governo provincial de Santa Catarina chegou a promover, de maneira autônoma em relação ao poder central, a organização de grupos de bugreiros. Estes chegaram até a ser celebrados pela cultura local; essa prática se prolongou para além do Império, permanecendo durante boa parte da República.

> **Glossário**
>
> **Jagunço:** o mesmo que capanga, homem que presta serviços de segurança armada para os líderes políticos, geralmente de maneira obscura e fora da lei.

Grupo indígena xokleng e colonos alemães. Blumenau, 1929.

Atividades

1) Durante grande parte do Segundo Reinado, as principais forças políticas da época se dividiram entre os partidos Liberal e Conservador. Que aspectos esses partidos tinham em comum? Quais os diferenciavam?

2) Em 1847, os liberais aprovaram a criação do cargo político de presidente do Conselho de Ministros, por meio do qual tentaram instalar o sistema parlamentarista no país. Por que o parlamentarismo praticado durante o Segundo Reinado foi classificado como "às avessas"?

3) Em janeiro de 1849, os integrantes da Revolução Praieira divulgaram suas reivindicações em um documento denominado "Manifesto ao Mundo", do qual destacamos:

> Protestamos [declaramos] só largar as armas quando virmos instalada uma ASSEMBLEIA CONSTITUINTE. Esta assembleia deve realizar os seguintes princípios:
> 1º – O voto livre e universal do povo brasileiro.
> 2º – A plena e absoluta liberdade de comunicar os pensamentos por meio da imprensa.
> 3º – O trabalho como garantia de vida para o cidadão brasileiro.
> 4º – O comércio a retalho [varejista] só para cidadãos brasileiros.
> 5º – A inteira e efetiva independência dos poderes constituídos.
> 6º – A extinção do Poder Moderador e do direito de agraciar.
>
> Ilmar Rohloff de Mattos e Marcia de Almeida Gonçalves. *O império da boa sociedade.* São Paulo: Atual, 1991. p. 71.

a) Que influência dos ideais da filosofia iluminista você percebe nas reivindicações dos praieiros? Justifique sua resposta.

b) Que exigência foi apresentada pelos praieiros no Manifesto do Mundo para acabar com a rebelião?

c) Que artigos desse manifesto representam críticas diretas ao governo imperial brasileiro? Por quê?

4) Ao longo do Segundo Reinado, escritores e poetas brasileiros criaram obras com temáticas indígenas, nas quais idealizavam os nativos. No entanto, a realidade dos povos indígenas era, e continua sendo, bem diferente.

a) Explique a política oficial do Império em relação aos povos indígenas.

b) Como é, atualmente, a situação do indígena brasileiro em relação à situação do indígena naquela época? Pesquise o assunto, registre suas conclusões e discuta-as com os colegas.

5) Durante o Segundo Reinado, o café ocupou lugar de destaque na economia brasileira, sendo chamado na época de "ouro verde".

a) Que características da economia colonial permaneceram na produção cafeeira?

b) Comente a modernização desencadeada pela economia cafeeira.

c) No contexto do Segundo Reinado, o que foi a Era Mauá?

6) No contexto da Guerra do Paraguai, D. Pedro II posicionara-se de forma contundente contra a figura de Solano López, presidente do Paraguai que ameaçava os interesses brasileiros na região do Prata. Leia o texto sobre o assunto e responda às questões.

> A imagem de barbárie [selvageria] ligada ao regime paraguaio, sempre enfatizada [destacada] pelos aliados durante a guerra, deve ter se consolidado na cabeça do monarca. Essa convicção pode ajudar a explicar a intransigência [rigidez] dele em relação ao destino de López. Uma pessoa que exercia tal controle sobre seus militares e sobre a população não poderia continuar no país após a guerra, sob pena de tudo voltar [voltar] ao ponto de partida. [...] Em janeiro de 1869, o monarca dizia [...]: "López e sua influência representam um sistema de governo com o qual não podemos ter segurança, ao menos enquanto os anos não operarem [realizarem] uma

mudança. Cumpre [é necessário], pois, destruir completamente esta influência, direta ou indireta, capturando ou expelindo López, por meio do emprego [uso] da força, do território paraguaio."

José Murilo Carvalho. *D. Pedro II*. São Paulo: Companhia das Letras, 2007. p. 113-115.

a) No texto, que características são atribuídas a Solano López e a seu governo?

b) Na passagem grifada no texto, como D. Pedro II justifica a motivação de prender e executar López?

7 No início da década de 1860, o viajante português Augusto Emílio Zaluar percorreu regiões da província de São Paulo e observou a produção cafeeira de diferentes vilas. Em relação à crescente produção do oeste paulista, Zaluar relatou:

> [...] nos últimos vinte anos, depois que começou a ser **ensaiada** e a produzir a cultura do café, pois até então o único ramo de cultura era cana e gêneros alimentícios, este fertilíssimo **torrão** da província de São Paulo excede em produção não só a quase todos os seus municípios, como ainda a um grande número de outros que tenho visitado da província do Rio de Janeiro. [...] Estes elementos de grandeza, que ora prometem um tão risonho porvir aos campineiros, dependem de um auxílio que, se lhes for negado, fará estacionar o seu desenvolvimento e até comprometer o seu futuro. Sabeis qual é este auxílio? É a estrada de ferro. [...]

Glossário

Ensaiar: praticar, experimentar.
Torrão: território, pedaço de terra.

Augusto Emílio Zaluar. *Peregrinação pela província de São Paulo: 1860-1861*. Belo Horizonte: Itatiaia; São Paulo: Edusp, 1975. p. 55, 134-135.

Fotografia das obras da ferrovia São Paulo Railway. Serra do Mar (SP), c. 1876.

a) Do ponto de vista de Zaluar, o que era necessário para garantir o desenvolvimento da produção de café na província de São Paulo?

b) A construção da estrada de ferro São Paulo Railway (registrada na fotografia) foi iniciada em 1860 e financiada pelo capital inglês. Em sua opinião, porque a Inglaterra tinha interesse em introduzir a ferrovia no sistema de distribuição do café brasileiro?

CAPÍTULO 16
Abolição, imigração e urbanização

As raízes de boa parte das mais importantes questões sociais atuais do Brasil podem ser traçadas até o período do Segundo Reinado. Já estava lá a desproporcional concentração de riqueza no sudeste do país, desequilíbrio que começou a se instalar desde a mudança da Corte portuguesa para o Rio de Janeiro. Já estava lá também a perspectiva paternalista do poder central em relação às populações indígenas, que exigia delas obediência aos limites territoriais impostos.

Sobretudo, vêm do Segundo Reinado as escolhas de como lidar com o fim da escravidão. Optou-se por um lento e penoso processo, que praticamente impossibilitava o acesso dos escravos libertos à propriedade de terras e instalava políticas de preferência ao emprego de imigrantes europeus. Dessa forma, as grandes massas de pessoas saídas da escravidão foram lançadas para o desemprego crônico, selando, assim, um futuro de desigualdade.

A partir de 1870, o governo de D. Pedro II passou por um processo de desgaste que culminou com sua queda em 1889. Contribuíram para isso especialmente as críticas aos elevados gastos com a guerra contra o Paraguai e a campanha pelo fim da escravidão, que se difundiu na década de 1880 e desagradou aos setores da elite opostos à adoção do trabalho livre. Por outro lado, para os libertos, a comemoração foi passageira, pois logo se engajaram nas lutas sociais para romper com a dura realidade de exclusão socioeconômica.

Johann Moritz Rugendas. *Negro e negra numa plantação*. Gravura publicada em *Viagem Pitoresca através do Brasil*, 1835.

Fim do tráfico negreiro

No cenário internacional, a Inglaterra há muito vinha pressionando pelo fim do tráfico atlântico de escravos. Motivada tanto por interesses econômicos quanto por uma crescente rejeição da opinião pública inglesa à escravidão, o governo inglês promulgou, em 1845, o Ato de Supressão do Comércio de Escravos, autorizando sua Marinha a capturar quaisquer navios que fizessem a travessia de escravos da África à América.

O Brasil levou cinco anos para ceder à pressão dos ingleses até que, em 1850, promulgou a Lei Eusébio de Queiroz proibindo o tráfico de escravos. A partir de então, a apreensão de navios negreiros e de africanos recém-chegados aos portos do país se tornou frequente. A Auditoria da Marinha se encarregava em conduzir os processos e os julgamentos em primeira instância ao fim dos quais, ficando comprovado o tráfico ilegal, os africanos apreendidos eram emancipados. No Rio de Janeiro, entre 1850 e 1854, mais de 2000 africanos recuperaram a liberdade dessa forma. No entanto, permaneceu intocada a situação dos demais cativos que aqui chegaram antes dessa lei.

A proibição ao tráfico negreiro gerou uma série de reações que reconfiguraram a sociedade brasileira. Com a repressão ao tráfico ilegal, as dificuldades de obter escravos aumentaram significativamente e provocaram a formação de um tráfico interno no país – fazendeiros do Nordeste, como opção à crise na exportação dos produtos da região, começaram a vender seus cativos às fazendas de café do Vale do Paraíba e do Oeste Paulista.

Não restava mais dúvida de que a escravidão era uma instituição em vias de extinção. Diante disso, a elite brasileira adiou o quanto pôde a extinção do sistema escravista dentro do território, ao mesmo tempo em que tomava providências para preparar a sociedade para a abolição que viria. Contudo, essa preparação não incluiu a integração dos futuros libertos; ao contrário, a legislação aprovada tinha o objetivo de manter a hierarquia social rigidamente dividida.

No mesmo ano da Lei Eusébio de Queiroz, foi aprovada a Lei de Terras. Ao fazer da compra a única forma de aquisição de uma propriedade, ela tornava praticamente inviável o acesso dos pobres à terra. Em 1881, um novo golpe foi dado nas camadas mais humildes da população com a aprovação da Lei Saraiva. Ela estabelecia que para ter o direito de votar em candidatos para os cargos legislativos do Império, os eleitores deveriam ser alfabetizados e comprovar uma renda anual de 200 mil réis.

É importante registrar que o primeiro Censo da população brasileira, realizado em 1872, indicou que o analfabetismo à época atingia cerca de 82% da população com cinco anos de idade ou mais. Esse dado dá a dimensão do quanto a exclusão do direito de voto aos analfabetos significou o impedimento de direitos políticos à grande maioria da sociedade brasileira. Nesse contexto, até o estabelecimento de renda mínima para os eleitores era menos excludente, pois não representava um valor tão alto em relação à média, ainda que houvessem na lei critérios muito rigorosos de comprovação dos ganhos, o que era um obstáculo aos eleitores pobres e alfabetizados.

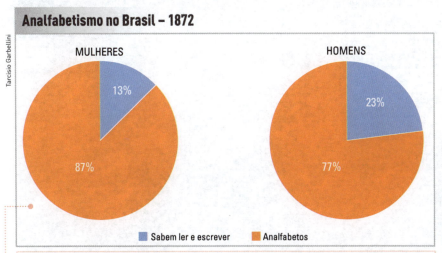

Fonte: *Recenseamento do Brazil em 1872*. Rio de Janeiro: Typ. G. Leuzinger, 1874. Disponível em <https://biblioteca.ibge.gov.br/visualizacao/livros/liv25477_v1_br.pdf>. Acesso em: out. 2018.

O primeiro recenseamento realizado no Brasil em 1872 apontava uma grande maioria de analfabetos e uma minoria alfabetizada. Embora fizessem parte dessa minoria, os homens alfabetizados ainda representavam uma parcela sensivelmente maior do que as mulheres alfabetizadas.

Divergências de historiadores sobre o oeste paulista

Alguns latifundiários admitiam o fim da escravidão, desde que o governo os indenizasse pelos prejuízos. Esses eram mais resistentes à introdução do trabalho livre em suas propriedades. Já os cafeicultores do oeste paulista consideravam que o alto preço dos escravos, por causa da proibição do tráfico, os tornava economicamente inviáveis, assim, estimularam o trabalho dos imigrantes nas fazendas.

A maioria dos historiadores, sociólogos e economistas concorda que os fazendeiros do oeste paulista, cujas terras eram férteis e produtivas, foram pioneiros de uma série de transformações econômicas, sociais e políticas durante a segunda metade do século XIX. Esses pesquisadores afirmam que os latifundiários da região constituíram uma classe burguesa tipicamente capitalista e abolicionista, que introduziu a mão de obra livre e assalariada em suas fazendas, defendeu a implantação de um governo republicano e estimulou o crescimento do mercado interno, das exportações, da urbanização, das ferrovias, dos setores financeiros. Diferenciaram-se, pois, dos fazendeiros do Vale do Paraíba, cujas terras enfrentavam esgotamento e queda na produção. Apegados ao sistema de *plantation*, esse setor social criticava a modernização do país e também a abolição da escravidão, apoiando a manutenção do trabalho escravo mesmo no contexto das leis abolicionistas.

> No entanto, há quem interprete essa situação de outra forma, como o historiador Jacob Gorender. Ele afirma que a mentalidade dos fazendeiros do oeste paulista era tão escravista como a daqueles do Vale do Paraíba e que a exploração cafeeira, fundamentada no trabalho escravo e voltada unicamente para o mercado externo, permanecia nos moldes coloniais. Argumenta que o oeste paulista somente adotou o trabalho livre por causa das circunstâncias, e não porque os fazendeiros tivessem mentalidade capitalista e ideais abolicionistas.

Negros escravizados trabalham em um terreiro de café em 1895, mesmo após a abolição. São Paulo (SP).

A transição para o trabalho assalariado

No mesmo período, alguns fazendeiros deram início à política de imigração, estimulando a vinda de famílias estrangeiras ao país para trabalhar nas lavouras, especialmente na cafeicultura. Essa estratégia foi adotada como alternativa à mão de obra escrava, constituindo-se em passos para promover a transição do trabalho escravo para o trabalho livre e assalariado, nas grandes propriedades rurais. Assim, a população negra teve seu caminho ao emprego assalariado vedado pela preferência dada ao trabalhador imigrante europeu, que serviria, inclusive, como parte de uma campanha de embranquecimento da população brasileira.

Em seu conjunto, ao vedar à população negra o acesso à terra, à representatividade política e ao emprego, a elite imperial procurava evitar que, após a inevitável abolição da escravidão, o país viesse a se tornar uma sociedade com predominância de afrodescendentes.

Imigração europeia

Alguns fazendeiros começaram a buscar alternativas para fugir da crescente alta nos preços dos escravos, provocada pela escassez de novos braços. Nesse contexto, o cafeicultor e senador Nicolau de Campos Vergueiro fundou uma empresa de colonização a fim de trazer imigrantes europeus para trabalhar nas lavouras de café, em um regime de trabalho denominado parceria.

Assim, em 1847, Vergueiro financiou a vinda de imigrantes para sua fazenda Ibicaba, no interior de São Paulo. O negócio iniciado por ele tornou-se bastante lucrativo: os imigrantes trazidos pela empresa eram repassados a outros fazendeiros mediante pagamento à Vergueiro & Cia.

Os principais interessados em vir para o Brasil eram famílias italianas, alemãs e suíças, empobrecidas por crises políticas e econômicas enfrentadas na época por seus países.

Guilherme Gaensly. Imigrantes trabalhando em fazenda de café, 1901.

O regime de parceria

No regime de parceria, a viagem dos imigrantes da Europa para o Brasil era paga pelos fazendeiros. Ao chegar à fazenda para a qual foram contratados, os imigrantes recebiam pequenos lotes de terra onde plantavam gêneros voltados à própria subsistência, ficavam alojados em casas simples e ganhavam mudas de café para cultivar. Eles deveriam adquirir no armazém das fazendas os instrumentos de trabalho, vestimentas e outros bens necessários ao seu cotidiano. Geralmente, os preços praticados no armazém eram altos e os imigrantes compravam as mercadorias a crédito, gerando dívidas muitas vezes impossíveis de quitar. Os imigrantes entregavam ao fazendeiro metade da safra de café e permaneciam na propriedade até pagar as dívidas provenientes das despesas com a viagem, as compras no armazém e a construção das casas.

O regime de parceria foi abandonado diante da revolta dos imigrantes em se submeter às condições de trabalho que lhes foram impostas. Mas a imigração europeia permaneceu como alternativa de mão de obra, motivada pela situação de miséria e desemprego que muitos trabalhadores europeus enfrentavam em seus países de origem.

Os governos do Império e de algumas províncias brasileiras passaram a financiar a viagem dos imigrantes com o intuito de que o contingente de europeus contribuísse para o "branqueamento" do povo brasileiro e a consequente "qualificação" da mão de obra. Naquela época, acreditava-se que uma população majoritariamente branca, composta por famílias europeias, seria superior e mais civilizada que uma afrodescendente. Essa visão de mundo também se difundia entre as nações europeias industrializadas, justificando a exploração que exercem sobre os recursos naturais do continente africano.

Ampliar

Gaijin – Os caminhos da liberdade
Brasil, 1980. Direção: Tizuka Yamasaki, 112 min. História de um grupo de japoneses que emigra para o Brasil no início do século XX e passa a trabalhar em uma fazenda cafeeira.

Fotografia de Albert Richard Dietze, fotógrafo alemão, que registra o modo de vida dos colonos europeus no Brasil entre 1877 e 1878.

A imigração continuou crescendo e no decorrer das primeiras décadas do século XX, o Brasil também atraiu famílias interessadas em se estabelecer como pequenos proprietários rurais, que se dirigiram sobretudo para a região sul do país. Observe os dados sobre as nacionalidades dos imigrantes que aportaram no Brasil no gráfico a seguir.

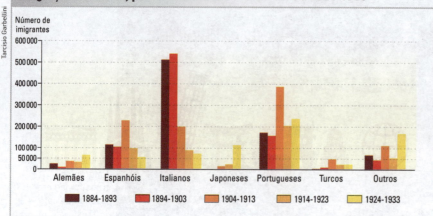

Fonte: *Brasil: 500 anos de povoamento*. Rio de Janeiro: IBGE, 2000. Apêndice: Estatísticas de 500 anos de povoamento. p. 226.

O processo de urbanização

Na segunda metade do século XIX, os lucros provenientes do café, a construção de ferrovias, algumas iniciativas de industrialização e a transição do trabalho escravo para livre promoveram transformações econômicas e sociais no país. Alguns imigrantes se fixaram em cidades, dedicando-se ao artesanato, ao comércio e aos serviços e fazendo crescer uma economia informal, sem relações diretas entre patrões e trabalhadores.

O aumento do trabalho assalariado e as novas ocupações urbanas ampliaram o mercado consumidor interno, estimulando a produção nacional. Cresceu também o número de trabalhadores assalariados, como alfaiates, costureiras, marceneiros, comerciantes ambulantes etc.

Especialmente no Rio de Janeiro, a urbanização foi intensa. Nas principais ruas e avenidas da cidade foram construídos palacetes e funcionava ampla rede de serviços como modistas, cabeleireiros, floristas. Espetáculos teatrais, bailes e concertos eram formas de lazer praticadas pelas pessoas da elite ligadas à administração pública, a prósperos estabelecimentos comerciais e bancários e aos negócios do café. Elas circulavam pelas ruas do centro e frequentavam as cafeterias, que se tornaram ponto de encontro de casais elegantes, políticos e jovens intelectuais. Na década de 1850 foi implantada a iluminação pública a gás; na década seguinte foi a vez da rede de esgoto e de bondes puxados por burros e, depois, bondes elétricos; em 1874 implantou-se a rede doméstica de abastecimento de água. Essa infraestrutura urbana, porém, estava concentrada somente nos bairros centrais e ocupados pelos segmentos sociais mais enriquecidos.

Na capital do país também era visível a escravidão urbana. Escravos de ganho realizavam ofícios diversos como carregadores e quitandeiras e, em acordo com seus senhores, ficavam com uma parte do dinheiro ganho pelos serviços prestados. Criavam-se assim relações sociais específicas entre cativos, senhores e libertos. Nesse período de mudanças, por vezes a convivência entre escravos, libertos e imigrantes pobres foi tensa, porque seus costumes, sua língua e religião eram diferentes, embora todos partilhassem a mesma situação de dificuldades.

> **Ampliar**
> **O Brasil pelo olhar de Thomas Davatz (1856-1858)**, de Ana Luiza Martins (Atual).
> Este livro traz uma rica percepção da vida política, econômica e cotidiana de nossa sociedade em diferentes épocas.

> **zoom**
> Como se justifica o uso da expressão **escravos de ganho** para escravos que se dedicavam a pequenos ofícios urbanos?

Marc Ferrez. *Mulheres no mercado*. Rio de Janeiro (RJ), c. 1875.

Documentos em foco

Imigração e urbanização

A historiadora Denise Antonia Perussolo comenta a relação entre imigração e urbanização no Paraná:

> O objetivo principal do Estado com o incentivo à imigração era atrair principalmente "cultivadores úteis" para povoar o Paraná, mas os navios que atravessaram o Atlântico também trouxeram europeus ligados ao mundo urbano. Ao longo do século XIX, muitos deles insatisfeitos ou inadaptados com a vida rural, transferiram-se sozinhos ou com suas famílias para outras cidades do Paraná. Dessa forma, italianos, alemães, poloneses, franceses [...] vieram dar uma nova configuração para essas cidades. Na capital paranaense essa presença foi tão significativa que, em 1872, Bigg Wither já anotava que a cidade possuía 9.500 habitantes, sendo 1.500 imigrantes.
>
> O Paraná na virada do século XIX tinha aproximadamente 330.000 habitantes, e sua população era predominantemente rural. No entanto, as cidades viriam a ser os centros de beneficiamento da matéria-prima oriunda do campo, eram serrarias, fábricas, olarias, cerâmicas, usinas de mate transferidas do litoral, compondo a paisagem citadina. Os imigrantes desempenharam papel importante na diversificação da atividade artesanal, no desenvolvimento do comércio e das pequenas e médias indústrias de caráter familiar ocorridos no Paraná ao longo do século XIX e início do XX. Por isso mesmo um observador, no começo do século XX, afirmava que em Curitiba já era fácil dispor de operários imigrantes e que várias indústrias começavam a ensaiar-se com a participação desse contingente, que com o tempo iria aumentar. Além de uma fábrica de fósforos havia também fábricas de velas, sabão, cerveja, meias, e começava a funcionar outra destinada a produzir louça. Em volta da cidade se observava o aumento do número de imigrantes ostentando na frente das casas de comércio os seus nomes de origem.

Denise Antonia Perussolo. *Imigração, urbanização, industrialização no Paraná no período de 1890-1913*. Disponível em: <www.diaadiaeducacao.pr.gov.br/portals/pde/arquivos/424-4.pdf>. Acesso em: out. 2018.

Trecho da rua XV de Novembro. Curitiba (PR), 1910.

1. De acordo com o texto, qual era a relação entre imigração e urbanização no Paraná entre meados do século XIX e início do século XX?

2. Após a chegada de imigrantes, que atividades econômicas começaram a ser praticadas nas cidades do Paraná?

Campanha abolicionista

O movimento abolicionista no Brasil difundiu-se na segunda metade do século XIX com o envolvimento de vários grupos, e o principal deles era dos escravos, maiores interessados na alforria imediata. Foram recorrentes as fugas coletivas, revoltas e formações de quilombos pelos cativos, que se mobilizavam e exigiam o fim da escravidão.

Eles foram apoiados por intelectuais, jornalistas e escritores em publicações que condenavam as condições de trabalho, os castigos físicos e a falta de dignidade humana. Profissionais liberais, militares e membros do clero também se engajaram na campanha abolicionista: advogados defendiam os escravos em julgamentos, médicos prestavam atendimento gratuito a cativos doentes e foragidos, soldados se recusavam a capturar os fugitivos, padres pregavam o fim da escravidão, comerciantes prestavam auxílio financeiro.

Na província de São Paulo formou-se um grupo abolicionista, os **caifazes**, que organizava e acobertava fugas de escravos, auxiliava seu encaminhamento para os quilombos, estimulava as revoltas. Na década de 1880 fundaram-se várias associações antiescravistas pelo país. Destacaram-se nesse contexto nomes como Joaquim Nabuco e o poeta Castro Alves.

José do Patrocínio. Fotografia de Alberto Henschel c. 1880.

Angelo Agostini. *Uma nuvem que cresce cada vez mais*. Publicado em 6 de novembro de 1880 na *Revista Illustrada*.

No final do Segundo Reinado a campanha abolicionista, difícil de ser contida, constituía uma ameaça à lavoura apoiada na exploração do trabalho escravo. A charge ilustra o temor dos fazendeiros diante da perspectiva da abolição da escravatura.

Glossário

Caifazes: grupo abolicionista que se formou em São Paulo na segunda metade do século XIX. O nome foi inspirado em uma passagem do evangelho de João.

Ampliar

Abolicionismo: como foi o processo de fim da escravidão

https://educacao.uol.com.br/disciplinas/historia-brasil/abolicionismo-como-foi-o-processo-de-fim-da-escravidao.htm

Texto sobre a campanha abolicionista e o fim da escravidão no Brasil.

Conviver

Interpretar charge

Entre meados do século XIX e a primeira década do século XX, destacaram-se na imprensa brasileira as charges do jornalista Ângelo Agostini, considerado o primeiro cartunista do Brasil. Ele nasceu na Itália em 1843 e, junto com a mãe, mudou-se para São Paulo em 1859. Fundou a revista semanal *Diabo Coxo* e começou a fazer charges relacionadas ao governo imperial e a D. Pedro II. Em 1867, mudou-se para o Rio de Janeiro, onde atuou em vários órgãos de imprensa, até fundar a *Revista Illustrada*, em 1876. Nas publicações da *Illustrada*, criou charges que abordavam a política nacional e criticavam a escravidão e a própria monarquia, apresentando-se como defensor do regime republicano.

Você sabe o que é charge? Conhece as características dessa forma de linguagem? Charge é um texto não verbal, isto é, que comunica ideias por meio de imagens. É uma forma de expressão artística em que o autor utiliza humor para representar sua ideia sobre a situação ou o fato abordado. Ela quase sempre expressa uma crítica do autor sobre determinado assunto, manifestando seu ponto de vista, que muitas vezes é compartilhado por outros setores da sociedade. Para interpretá-la de forma mais ampla, recomenda-se pesquisar informações essenciais, como:

- época e finalidade em que foi produzida;
- sua autoria, isto é, quem a produziu;
- o contexto em que foi elaborada, ou seja, os fatos que ocorriam na época e podem ter inspirado o artista a produzi-la.

Além desses dados, é necessário fazer uma observação atenta da charge, procurando perceber:

- o assunto ao qual ela se refere;
- as pessoas, animais, construções, lugares (se houver) representados na imagem, a forma como foram representados e sua relação ao assunto da charge;
- qual é a cena principal, isto é, o que o autor quis destacar (geralmente, está no centro da imagem) e se há personagens ou figuras distantes do centro.

Na obra original, há um texto abaixo da charge que diz: "De volta do Paraguai. Cheio de glória, coberto de louros, depois de ter derramado seu sangue em defesa da pátria e libertado um povo da escravidão, o voluntário volta ao seu país natal para ver sua mãe amarrada a um tronco! Horrível realidade!"

Ângelo Agostini. Charge sobre a Guerra do Paraguai publicada em 11 de junho de 1870.

1. Agora forme um grupo com alguns colegas para interpretar a charge a seguir, criada por Agostini e publicada no periódico semanal *Vida Fluminense* em 1870, por ocasião do fim da Guerra do Paraguai. Sigam os procedimentos indicados nesta seção.

2. Observem se todos interpretam a charge do mesmo jeito. Depois, discutam no grupo: há mais de uma interpretação possível? Todos acham clara a mensagem da charge? Quanto da charge conseguimos entender apenas por sua imagem e quanto necessitamos do conhecimento prévio que temos de seu contexto na história do império? Socializem a discussão com a turma.

As leis abolicionistas

Em 1871, a Lei do Ventre Livre estabeleceu a alforria para os filhos de escravas nascidas a partir dessa data. Os termos dessa alforria, contudo, eram muito favoráveis aos senhores, já que a lei estabelecia que eles deveriam criar os menores até os 8 anos e depois desse período, o senhor podia escolher entregá-lo para o governo em troca de uma indenização de seiscentos mil réis ou mantê-lo no trabalho até os 21 anos. Embora fossem nítidas as limitações à liberdade dos recém-nascidos com esta lei, levantaram-se contra ela muitos donos de escravos que, descontentes, passaram a desconfiar da monarquia por permitir tal legislação.

A província do Ceará foi pioneira no fim da escravidão, estabeleceu-a em 1884, após iniciativas de jangadeiros que se recusaram a transportar escravos até navios onde seriam levados para o comércio negreiro em outras províncias. O fato foi bastante celebrado no Ceará e repercutiu na capital do Império, fazendo crescer a pressão pelo fim da escravidão.

No processo abolicionista em curso no país, em 1885 uma nova lei foi aprovada. Conhecida como Lei dos Sexagenários, estabelecia a liberdade para os escravos que completassem 60 anos de idade e trabalhassem ainda por mais três anos para seus senhores. Considerando que boa parte dos cativos morria antes dessa idade e os que a alcançavam, via de regra, já estavam improdutivos, os abolicionistas tiveram mais motivos para criticar a lei do que para comemorá-la.

> **Glossário**
> **Ressarcir:** indenizar; compensar.

Em meio às agitações sociopolíticas motivadas pela campanha abolicionista, D. Pedro II embarcou para a Europa em 1887, gerando fortes críticas, ainda que a necessidade de cuidados médicos tenha sido apontada como possível razão para a viagem. À frente do governo ficou sua filha, a regente Princesa Isabel.

Nas ruas aumentavam os protestos pela abolição, nos jornais e panfletos o tema seguia em destaque e as mobilizações de cativos, libertos e populares não deixava dúvida de que a luta prosseguiria até que a escravidão fosse abolida. Nesse cenário de aguda pressão, em maio de 1888 foi assinada a Lei Áurea, que decretava extinta a escravidão no Brasil. Dias de festa se seguiram entre aqueles que tanto lutaram e sofreram pela liberdade. Entre os antigos senhores que esperavam do governo o pagamento de indenização pela perda de seus "bens", o sentimento foi de frustração e indignação, pois não foram **ressarcidos**.

zoom

❶ Na charge, quais elementos da imagem simbolizam a disputa entre setores abolicionistas e escravocratas?

❷ Uma das críticas feitas à Lei dos Sexagenários é a de que representou os interesses dos senhores de escravos ao livrá-los de um "peso morto". Explique o conteúdo da crítica.

Ângelo Agostini publicava charges nas quais exercitava sua visão crítica sobre os interesses divergentes em relação à abolição. Observe que o escravo, ao centro, é puxado por dois grupos distintos: à direita os abolicionistas, para quem o cativo dirige seu olhar; à esquerda, os setores escravocratas, que pretendiam mantê-lo escravizado.

Ângelo Agostini. "Aspecto atual da questão servil". Publicada na *Revista Illustrada* em 1887.

Repercussões da abolição

A abolição representou o enfraquecimento da monarquia, que perdeu o apoio dos setores escravistas da sociedade, como os fazendeiros de café do Vale do Paraíba. Aumentava, assim, o número dos que, por diversas razões, defendiam a modernização do país e o regime republicano, que não à toa se instalou no ano seguinte à abolição dos escravos.

Apesar da situação desamparada em que a própria legislação do império deixara os libertos, pode-se dizer que as massas despossuídas eram sua última base de apoio. Por outro lado, após o período inicial de euforia dos ex-escravos e dos abolicionistas pela realização de seu objetivo – o fim da escravidão –, passou-se a perceber que a inclusão dos libertos no mundo do trabalho livre e assalariado seria um processo longo e árduo.

A abolição não veio acompanhada de políticas de integração dos libertos à sociedade. Em seu lugar verificou-se a permanência do preconceito racial e da desvalorização do trabalho dessas pessoas. Além disso, os afrodescendentes não puderam se estabelecer como pequenos proprietários, pois em 1850 fora aprovada a Lei de Terras, que proibia a doação de terras, definindo a compra como única forma de acesso à propriedade. Como os antigos escravos não dispunham de dinheiro, não conseguiam adquirir terras.

Por fim, o número de imigrantes estrangeiros aumentou no final do século XIX, não deixando muitas oportunidades de trabalho àqueles que até a Lei Áurea foram os braços produtivos nas principais atividades econômicas do Brasil.

Ampliar

Francisco José do Nascimento - Dragão do Mar

http://portalda culturanegra.wordpress.com/2008/11/16/francisco-jose-do-nascimento-dragao-do-mar

Informações sobre Francisco José do Nascimento, líder da revolta de jangadeiros cearenses que culminou com o fim da escravidão naquela província.

zoom
Em sua opinião, que políticas públicas o governo imperial poderia ter implantado no processo de abolição da escravidão, em um esforço para promover a inclusão social dos libertos?

Antônio Luiz Ferreira. *Depois da assinatura do decreto*, 1888.

Na fotografia, comemoração pela abolição da escravidão em 1888. Multidão no Paço Imperial, na cidade do Rio de Janeiro.

De olho no legado

A abolição resultou em igualdade para a população brasileira?

Leia um trecho do livro *Uma história do negro no Brasil*, de Wlamyra R. de Albuquerque e Walter Fraga Filho, sobre acontecimentos posteriores à abolição da escravatura. Em seguida, faça o que se pede.

> Passada a festa, os ex-escravos procuraram distanciar-se do passado de escravidão rechaçando papéis inerentes à antiga condição. Em diversos engenhos do Nordeste eles se negaram a receber a ração diária e a trabalhar sem remuneração. Inegavelmente, os dias que se seguiram à abolição foram momentos de tensão, pois estavam em disputa as possibilidades e limites da condição de liberdade. [...]
>
> Muitas vezes, os ex-escravos tentaram negociar as condições para sua permanência nas fazendas. Estudo recente mostra que, no Sudeste, grupos de libertos recorreram aos párocos locais e mesmo a agentes policiais para apresentar suas condições de permanência aos antigos senhores. No entanto, negociar com os libertos parece ter sido uma situação para a qual seus ex-senhores se mostraram indispostos. [...]
>
> Para os ex-escravos e para as demais camadas da população negra, a abolição não representou apenas o fim do cativeiro. Para eles a abolição deveria ter como consequência também o acesso à terra, à educação e aos mesmos direitos de cidadania que gozava a população branca. Na ausência de qualquer iniciativa séria por parte do governo para garantir um futuro digno aos negros brasileiros após o dia 13 de maio, um grupo de libertos da região de Vassouras, no Rio de Janeiro, endereçou uma carta a Rui Barbosa, então figura importante da política nacional. Na carta, eles reivindicavam que os filhos dos libertos tivessem acesso à educação.
>
> A abolição estava prestes a completar um ano, a monarquia entrara em colapso e aquelas pessoas, ex-escravos, agora tinham planos de ascensão social para seus filhos. E, ao contrário do que proclamavam alguns abolicionistas, aqueles libertos tinham, sim, uma interpretação própria do que seria cidadania. Para eles, uma das formas de inclusão dos negros na sociedade de homens livres seria através da "instrução pública", como se dizia então. Cientes da importância do que pleiteavam, os autores da carta alertavam que, "para fugir do perigo em que corremos por falta de instrução, vimos pedi-la para nossos filhos e para que eles não ergam mão assassina para abater aqueles que querem a república, que é a liberdade, igualdade e fraternidade". Não sabemos se a carta teve resposta, mas é sabido que nenhum plano educacional foi elaborado tendo em vista a inclusão social dos filhos de ex-escravos. Importante observar que essas aspirações ainda são reivindicadas pelo povo negro no Brasil republicano.

Wlamyra R. de Albuquerque e Walter Fraga Filho. *Uma história do negro no Brasil*. Salvador: Centro de Estudos Afro-Orientais e Fundação Cultural Palmares, 2006. p. 197-198.

Forme um grupo para desenvolver as atividades propostas.

1. De acordo com o texto, após a abolição, quais eram as principais reivindicações dos libertos?

2. Hoje, passados mais de 130 anos da abolição no Brasil, a sociedade brasileira, formada por grande número de afro-brasileiros, superou as barreiras do preconceito e da discriminação racial? Que aspectos da realidade confirmam isso?

3. Que iniciativa vocês podem propor para estimular entre os estudantes da comunidade escolar a valorização da diversidade étnica da sociedade brasileira? Discutam com a turma a viabilidade da iniciativa, isto é, o conjunto de ações necessárias para colocá-la em prática. Divulguem a ideia criando uma charge sobre o assunto, compondo uma música ou poema.

1. Leia o trecho a seguir sobre o tráfico de escravos no Brasil e responda às questões.

> Apreensões se tornaram frequentes a partir de setembro de 1850, resultando em milhares de africanos emancipados em poucos meses. [...] Assim cessava o tráfico mas mantinha-se intocada a escravidão.
>
> Beatriz G. Mamigonian. *Africanos livres: a abolição do tráfico de escravos no Brasil*. São Paulo: Companhia das Letras, 2017. p. 284.

a) Que lei brasileira, aprovada em 1850, está diretamente associada à situação descrita acima? O que ela determinava?

b) Explique em que circunstâncias essa lei resultou na liberdade de milhares de africanos que desembarcaram nos portos brasileiros após sua aprovação.

c) Após as dificuldades impostas pela proibição do tráfico negreiro, que soluções foram adotadas pelos cafeicultores para suprir as necessidades de mão de obra de suas propriedades?

2. A Lei de Terras, assinada em 1850, impactou diretamente a possibilidade de os segmentos populares mais empobrecidos terem acesso à propriedade. Qual foi o impacto dessa lei na vida das pessoas libertadas da escravidão em 1888?

3. O viajante francês Charles Ribeyrolles, que esteve no Brasil em 1859, assim descreveu o sistema de parceria:

> Foi em 1847 que o senador Vergueiro fez o primeiro contrato com a Europa, sendo a Suíça o seu principal centro de recrutamento. Os colonos engajados chegaram, na maioria, endividados, ainda mais agravados pelas despesas da viagem, que lhes estavam debitadas no registro da empresa. Instalados em suas casas, foram-lhes distribuídas as terras a cultivar, a cada um o seu lote. Mas, não dispondo de víveres e de ferramentas, eles estavam forçosamente condenados a duas novas contas com a administração. Daí, três adiantamentos de dinheiro que era preciso pagar para ficarem quites; e, <u>de colheita em colheita, a dívida aumentava</u> [...].
>
> Charles Ribeyrolles. *Brasil pitoresco*. São Paulo: Livraria Martins, 1976. v. 2. p. 151.

- Com base em seus conhecimentos sobre o funcionamento do sistema de parceria, justifique a afirmativa grifada no texto acima.

4. A Confederação Abolicionista, criada em 1883, foi um dos muitos clubes políticos abolicionistas que se formaram no Rio de Janeiro na década de 1880 com objetivo de defender o fim da escravidão no país. Comente a campanha abolicionista naquele contexto.

5. Sobre a abolição no Ceará, analise o texto a seguir.

> Em vinte e cinco de março de 1884 a escravidão do Ceará era extinta e os embates sobre o fim da escravidão esquentavam mais ainda nos periódicos da Corte e debates parlamentares, enfim, em todo o território do Brasil não se falava outro assunto. À medida que surgiram as primeiras notícias de que seria decretada no dia 25 de março de 1884 a abolição da escravatura naquela província, logo apareceu um volume maior de notícias nos jornais e periódicos da Corte referentes à questão servil, à abolição, às revoltas e insurreições escravas, entre outros assuntos que eram relacionados com a abolição do Ceará. [...] A divulgação das festividades abolicionistas em comemoração à abolição do Ceará causou grande comoção pública e conseguiu o apoio de vários setores da sociedade. Por outro lado, esses eventos na Corte também conseguiram despertar a ira de muitos escravocratas que empreenderam uma campanha contra o movimento abolicionista [...] Assim, a eliminação da escravidão nesta Província gerou um envolvimento social que repercutiu na Corte e em todo o Império do Brasil. Com as festas abolicionistas que ocorreram na Corte em homenagem à abolição do Ceará podemos perceber o quanto esse evento foi importante para se forjar uma atmosfera política de solidariedade entre os diversos grupos sociais. [...] As atuações de vários grupos demonstram que, apesar de eles se distinguirem em

seus discursos, suas ações convergiam para um mesmo objetivo, que era convencer a sociedade brasileira de que a abolição era inevitável e a participação do povo era um indício de que o fim da escravidão no Brasil estava próximo. [...]

Lusirene Celestino França Ferreira. *A repercussão da abolição no Ceará nos periódicos da Corte Imperial (1884)*. p. 3, 6 e 10. Disponível em: <www.escravidaoeliberdade.com.br/site/images/Textos4/lusireneferreira.pdf>. Acesso em: out. 2018.

a) O texto cita diferentes reações em relação à abolição da escravidão no Ceará, em 1884. Quais foram elas?

b) A abolição da escravidão no Ceará antecedeu em quantos anos a Lei Áurea? Na visão da autora, como ela influenciou os rumos da campanha abolicionista na capital do Brasil?

6. Observe a imagem usada em um rótulo de fábrica de tecido do Rio de Janeiro, datado de 1888, em que se nota uma referência à Lei Áurea, de 13 de maio de 1888, sobre o fundo verde da bandeira do Império.

Etiqueta para tecidos alusiva à abolição da escravidão, 1888.

a) Que ideia a imagem transmite sobre o futuro dos libertos após a Lei Áurea?

b) Que elementos da imagem justificam essa ideia?

c) Essa ideia se concretizou na realidade social do Brasil pós-abolição? Explique.

7. O Brasil foi o último país a abolir a escravidão nas Américas, após quase quatro séculos de uma base socioeconômica escravista. A abolição da escravidão foi feita da melhor maneira possível? Há alguma relação entre as dificuldades vividas pela população negra brasileira atualmente e a maneira como se conduziu o fim da escravidão no Brasil? Justifique sua resposta.

8. Em 2015, a ONU (Organização das Nações Unidas) criou a Agenda 2030, documento com 17 Objetivos de Desenvolvimento Sustentável para Transformar Nosso Mundo. O Objetivo 8, "Promover o crescimento econômico sustentado, inclusivo e sustentável, emprego pleno e produtivo e trabalho decente para todos", inclui o compromisso de "acabar com a escravidão moderna e o tráfico de pessoas, e assegurar a proibição e eliminação das piores formas de trabalho infantil".

Nações Unidas. Disponível em: <https://nacoesunidas.org/pos2015/ods8/>. Acesso em: nov. 2018.

- Se a escravidão em muitos países foi abolida no século XIX, use seus conhecimentos de História e de Atualidades para explicar por que a ONU deseja acabar com a escravidão moderna e o trabalho infantil até 2030.

201

Visualização

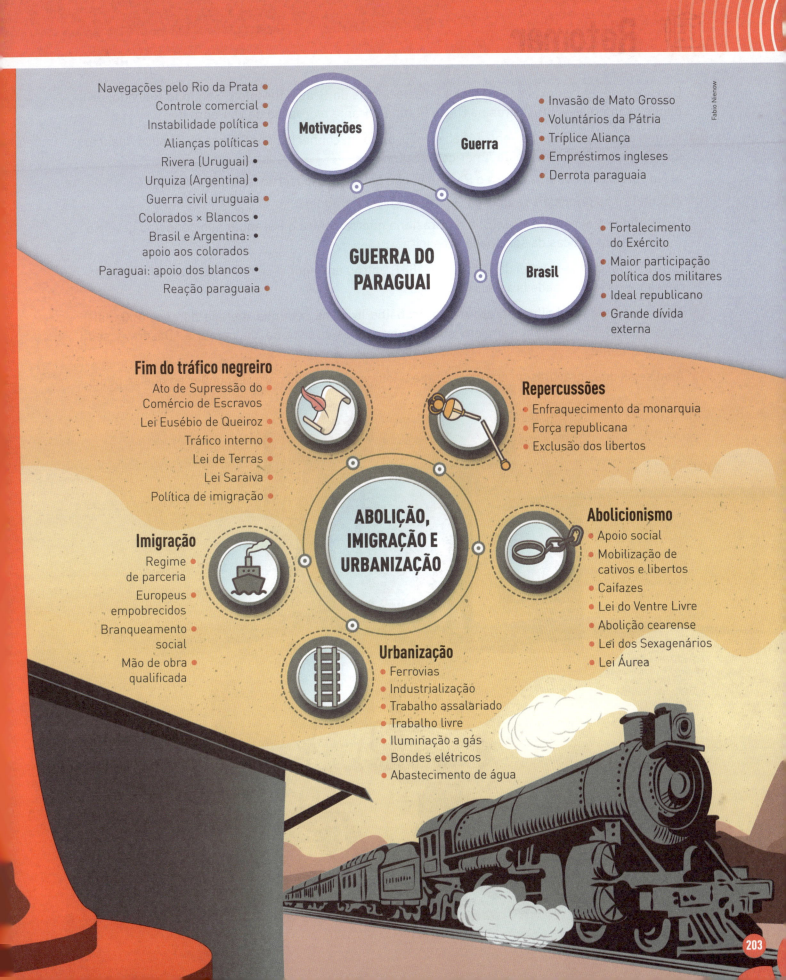

Retomar

1. Considerando o contexto das relações internacionais do Brasil durante o Segundo Reinado, explique os interesses brasileiros na Bacia Platina durante o governo de D. Pedro II.

2. A guerra contra o Paraguai, entre 1865 e 1870, também conhecida por Guerra da Tríplice Aliança, foi o maior conflito armado da América do Sul.

    a) No contexto da guerra contra o Paraguai, que países compuseram a Tríplice Aliança?

    b) Sintetize as principais causas da Guerra contra o Paraguai.

    c) Justifique a afirmativa: "A vitória do Brasil na guerra contra o Paraguai não poupou o governo imperial de críticas da sociedade brasileira".

3. Em 1850, foi aprovada a Lei de Terras; em 1881, entrou em vigor a Lei Saraiva. Qual foi o impacto dessas leis na sociedade brasileira da época?

4. Na transição do trabalho escravo para o trabalho livre, na segunda metade do século XIX, alguns fazendeiros implantaram em suas propriedades o sistema de parceria. Descreva seu funcionamento.

5. Analise as duas gravuras do artista Debret e a fotografia de 1907 para responder ao que se pede.

Jean-Baptiste Debret. *Vendedoras de pão de ló*, 1826.

Nessas gravuras do século XIX, Debret registrou escravos e ex-escravos trabalhando como vendedores ambulantes ou prestadores de serviços nas ruas das cidades brasileiras.

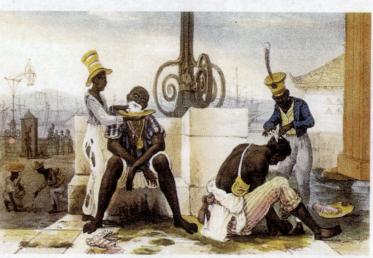

Jean Baptiste Debret. *Barbeiros ambulantes*, 1826. Aquarela.

Entrada de imigrantes em navio a vapor. Fotografia publicada na revista *O imigrante*, 1908.

a) As imagens registram tipos de trabalhadores que passaram a conviver no Brasil no final do século XIX. Que trabalhadores são esses?

b) Em relação às gravuras de Debret, as cenas que ele mostrou continuaram ocorrendo por muito tempo no Brasil do final do século XIX?

c) Com base no que você estudou, o que provavelmente aconteceu com as pessoas reunidas no convés do navio, vistas na fotografia? Para onde elas teriam ido?

6) O fortalecimento da campanha pela abolição dos escravos na segunda metade do século XIX teve ações governamentais (iniciativas do governo imperial contra a escravidão) e ações sociais (iniciativas de grupos sociais contra a escravidão). Exemplifique-as.

7) Considerando o contexto sociopolítico que se seguiu ao fim da escravidão, em 1888, justifique a afirmação: "A Lei Áurea não garantiu a integração dos antigos escravos à sociedade brasileira".

8) Durante a campanha anti-escravista, destacaram-se as ações de vários abolicionistas, como André Rebouças, Castro Alves, Joaquim Nabuco, José do Patrocínio e Luiz Gama. Escolha um deles e pesquise: em que período e local viveu, qual sua condição sociocultural, que ofício exercia e qual foi sua atuação na luta pelo fim da escravidão.

Registre no caderno as principais informações e a fonte consultada para esclarecer eventuais dúvidas. Depois, reúna-se com colegas que pesquisaram o mesmo personagem histórico que você e, juntos, preparem uma apresentação oral sobre o tema e exponham-no para a turma.

9) Que aspectos da configuração étnica, cultural e social do Brasil sofreram transformações durante o Segundo Reinado? Há situações em que essas transformações ainda se manifestam na atual sociedade brasileira?

10) O Segundo Reinado correspondeu ao governo de D. Pedro II, entre 1840 e 1889. Ele pode ser considerado um período de modernização do país? Justifique seu ponto de vista.

11) Pesquise iniciativas recentes do governo e da sociedade para promover a igualdade racial no país. Quais você considera eficazes? Por quê?

UNIDADE 7

> **Antever**

A segunda metade do século XIX foi um período de acentuadas transformações no cenário cultural, político, econômico e social do Brasil. Muito embora a escravidão e a monarquia, elementos centrais na história brasileira, tenham se estendido até fins da década de 1880, o país que emergiu com o fim do tráfico atlântico de escravizados, em 1850, e a vitória na guerra contra o Paraguai, em 1870 apontava para novos rumos.

Nesse contexto, desenvolveu-se uma gradativa e irreversível crise do regime monárquico, culminando no desgaste da figura do imperador D. Pedro II, que, no fim do reinado, passou a ser alvo de críticas até mesmo de antigos apoiadores. Contudo, o Império foi responsável pelo primeiro projeto de construção da identidade nacional, deixando como herança a imagem de um passado glorioso para o Brasil, repleto de símbolos que encarnavam a nação.

A obra em destaque nesta abertura foi criada de acordo com o projeto de identidade nacional apoiado pelo regime monárquico brasileiro e ainda hoje remete a um símbolo da identidade do Brasil. Que símbolo é esse? No passado imperial, que elementos compunham a identidade da nação brasileira? Por que um reinado que parecia estável, como o de Pedro II, chegou ao fim?

Félix-Emile Taunay. *Vista de um mato virgem*, 1843. Óleo sobre tela, 1,34 m × 1,95 m (detalhe).

Monarquia em xeque

CAPÍTULO 17

Forjando uma identidade nacional

A nacionalidade de cada indivíduo é geralmente definida pelo país de seu nascimento. Contudo, o sentimento de pertencer a uma nação ultrapassa a questão do território em que se nasce. Esse sentimento envolve valorizar e compartilhar laços culturais que moldam a nação e sua imagem. Envolve ainda o reconhecimento de ser herdeiro da história do próprio povo, sentindo-se parte dela.

Elementos como esses contribuem para a configuração da **identidade nacional** de um povo. Essa identidade muda conforme o tempo, recebe influências de acontecimentos e da mentalidade vigente em cada época, constrói-se sob tensões e negociações dos diferentes segmentos sociais e das visões que têm de si mesmos, uns dos outros e do país como um todo. A identidade nacional é uma questão central para os Estados Nacionais porque, em grande parte, é o sentimento de pertencer a uma nação que assegura a coesão do povo e, assim, viabiliza sua manutenção.

Quando o Brasil rompeu com sua condição colonial e tornou-se oficialmente um país livre e soberano, o governo imperial tratou de conduzir iniciativas para a formação da identidade da nova nação que emergia. No entanto, um traço marcante da nação brasileira à época era o fato de ela abranger um povo profundamente dividido entre diferentes populações indígenas (algumas mais, outras menos adaptadas à invasão europeia, que já durava 300 anos), as populações negras, em sua grande maioria escravizada, e uma pequenina elite branca, que governava o país e tinha aspirações europeias.

Para resolver essa verdadeira "crise de identidade", o Império investiu recursos na construção de imagens, símbolos e demais elementos que conferissem uma identidade brasileira à população nacional e legitimassem sua existência como única monarquia das Américas. Nesse processo, os povos indígenas foram escolhidos como símbolo da mais genuína brasilidade, e todas as produções artísticas do período foram colocadas a serviço da construção e da exaltação de tradições históricas e de ideais considerados essencialmente brasileiros. Neste capítulo abordaremos tais esforços e a geração de artistas participante desse movimento.

> **Glossário**
>
> **Heráldica:** linguagem dos brasões da nobreza europeia. Cada brasão é composto de um conjunto de símbolos ligados à origem, às relações e à história da família que o adota.

Jean-Baptiste Debret. *Bandeira e pavilhão brasileiros*. Litografia de Thierry Frères publicada em *Viagem pitoresca e histórica ao Brasil*, em 1839.

As bandeiras nacionais estão entre os símbolos mais visíveis produzidos pelo Estado. O desenho da primeira bandeira do Brasil foi criado por Debret a pedido do imperador D. Pedro I, inicialmente como seu pavilhão pessoal, transformado depois em bandeira do Brasil Imperial. O brasão de armas de D. Pedro, depois substituído na República pela esfera azul, é composto de símbolos da **heráldica** europeia e ladeado por um ramo de café e outro de tabaco, produtos coloniais. Embora explicações posteriores tenham associado o uso da cor verde às matas brasileiras, ela é uma referência à família real de Bragança, da qual D. Pedro I fazia parte. Da mesma forma, a cor amarela simboliza a família real Habsburgo, representada na monarquia brasileira pela imperatriz D. Leopoldina.

O Império do Brasil: uma tentativa de Europa nos trópicos

O empreendimento colonial europeu, em maior ou menor escala, significou a tentativa de transferir a realidade europeia e adaptá-la às "exóticas" terras americanas. No Brasil, essa característica foi ainda mais acentuada com a transferência da família real portuguesa para o Rio de Janeiro, em 1808, e prosseguiu após a independência, em 1822. Nesse contexto histórico, a adoção da república em todas as demais ex-colônias americanas representou a oposição dos novos países às monarquias do Velho Mundo que lhes deram origem. Nosso país, contudo, optou por seguir o regime monárquico.

Na interpretação da historiadora Maria Odila Leite da Silva Dias, mesmo após a independência, o país foi "recolonizado", ou seja, durante o século XIX ele recebeu uma nova injeção maciça de culturas e ideologias que circulavam pela Europa.

José Correia de Lima. *Retrato de Dona Teresa Cristina*, c. 1843. Óleo sobre tela, 75 cm × 60 cm.

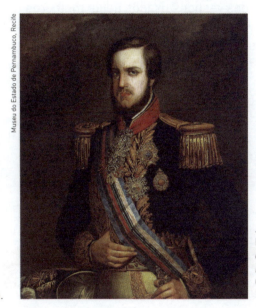

João Maximiano Mafra. *Retrato do imperador D Pedro II*, 1851. Óleo sobre tela, 116 cm × 89 cm.

Na interpretação dos monarquistas brasileiros à frente do poder na segunda metade do século XIX, depois de superada a violência das revoltas regenciais, o Império do Brasil tornou-se um oásis de ordem no caos da América Latina, onde a instabilidade política era grande e os diversos países independentes da Espanha viviam atormentados por golpes de Estado e guerras civis. Aqui, a Coroa conseguira manter a unidade territorial, o idioma português sobre as línguas nativas e um momento de relativa paz e prosperidade, enquanto o país se estabelecia como uma das principais potências na região, papel que ocupa até hoje.

Para esses setores, a escravidão, embora considerada vergonhosa pelos setores cultos e educados da sociedade branca, era vista como natural. Desse modo, eles receberam com duras críticas as medidas implantadas gradualmente para acabar com a escravidão, assumindo que, ao libertar escravos, o governo imperial estivesse agindo de maneira autoritária para com os senhores.

O fato é que, naquele momento, as elites dominantes consideravam o Brasil mais "civilizado" que nossos vizinhos latino-americanos, mesmo que a prática da escravidão ainda fosse uma realidade em nossa sociedade. Alimentava-se um sentimento de superioridade frente aos demais países da América Latina ao mesmo tempo que se buscava firmar a identidade brasileira em padrões socioculturais europeus, considerados modelos de civilização a serem seguidos.

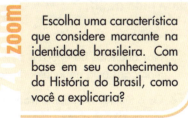

zoom: Escolha uma característica que considere marcante na identidade brasileira. Com base em seu conhecimento da História do Brasil, como você a explicaria?

A última moda em Paris

Durante o Segundo Reinado, a cidade de Paris era a capital cultural europeia e a França, a principal referência de civilização e elegância. Entre as famílias brasileiras mais ricas, o idioma francês era obrigatório na educação de qualquer pessoa refinada e os textos da época estavam repletos de expressões francesas. O Rio de Janeiro tinha mais de uma publicação impressa inteiramente em francês para o público brasileiro.

Nas principais cidades do país, as lojas mais elegantes estavam repletas de produtos franceses. Apesar das diferenças climáticas entre o Brasil e a Europa, homens e mulheres de nossas elites vestiam-se à maneira europeia. Já se notavam por aqui os primeiros passos na cultura de consumo; a industrialização dos países europeus tinha reflexos no comércio dos grandes centros urbanos brasileiros com a crescente oferta de produtos importados, com destaque para as novidades francesas.

Pode-se dizer que, naquele período, quase toda a cultura brasileira produzida e consumida pela nossa elite, dos vestidos usados pelas mulheres da alta sociedade até os poemas de nossos escritores, era movida pela ilusão de tornar o Brasil um perfeito foco de cultura europeia fora da Europa, muito mais do que o desejo de criar algo novo que expressasse tradições culturais nacionais e populares.

Assim, o Império e a geração de artistas que ele apoiou assumiram a missão de elaborar uma identidade cultural e artística brasileira. Contudo, a qualidade dessa cultura seria medida do ponto de vista europeu, afinal, Paris ditava a moda, os costumes, a estética apreciada e valorizada por aqueles que incentivavam e financiavam a produção de bens culturais nacionais.

> **zoom**
> Existe algum país hoje que exporta sua cultura para o resto do mundo, como a França fazia no século XIX? Que relação há entre poder econômico e exportação de cultura?

Documentos em foco

Os anúncios nos jornais

— FUGIO, no 1.º do corrente anno, hum pardo claro por nome Generozo, estatura alto, magro, de cabello crespo, e com algumas sardas pela cara; levou calças de ganga azul e chapéo preto de palhinha fina: quem o pegar e levar á rua do Sabão, n. 33, terá boas alviçaras.

— A. DE MORCENG de Troussauville, professeur de grammaire française, arithmétique, algèbre, géométrie, trigonométrie et navigation, fait savoir au public qu'il peut disposer de quelques heures, et que tous les jours on le trouvera chez lui de 4 à 6 heures, rue da Ajuda n. 30.

Os anúncios a seguir foram retirados da mesma edição do *Jornal do Commercio*, do Rio de Janeiro, no ano de 1840, e indicam o acesso da elite da capital à cultura francesa, entre outros aspectos sociais da época. Analise os anúncios com atenção e responda às perguntas.

Reprodução de página de anúncio do *Jornal do Commercio*, 3 de janeiro de 1840.

1 Nos anúncios da época é possível perceber os conflitos entre a forte influência europeia e as relações sociais marcadas pela desigualdade no Brasil? Justifique sua resposta.

2 Os anúncios no idioma francês possibilitam estabelecer relações entre esse idioma e a educação no Brasil do século XIX? Explique.

O império investe na invenção do Brasil

Logo após a independência e o estabelecimento do Império Brasileiro, o novo governo apressou-se em criar ou aprimorar instituições culturais brasileiras. Nesse contexto, fundou as faculdades de Direito de Olinda e de São Paulo, em 1827, e reformulou as escolas de Medicina, em 1830. Outras duas instituições criadas no reinado de Pedro I tornaram-se, de fato, relevantes durante o reinado de seu filho: a Academia Imperial de Belas Artes – criada em 1826, inspirada na Missão Artística Francesa, que se instalara no Brasil após a transferência da família real para cá –, e o Instituto Histórico e Geográfico Brasileiro (IHGB), em 1838, que seguiu o modelo do *Institut Historique,* fundado em Paris quatro anos antes.

Ambas foram cruciais para a estratégia cultural do Império, uma vez que, por meio delas, respectivamente, o imperador estimulava a criação de uma arte oficial, com a qual buscava associar determinados valores à pátria e difundi-los, e o desenvolvimento de uma narrativa histórica de exaltação da monarquia, da elite e de suas ações.

Pedro II era um grande incentivador das produções artísticas e dos estudos científicos. O funcionamento do Instituto Histórico e Geográfico, por exemplo, foi de seu enorme interesse, o qual manifestava presidindo as sessões pessoalmente. As instituições imperiais distribuíam prêmios, medalhas e bolsas de estudo na Europa, além de financiarem intelectuais e artistas que se converteram em apoiadores do regime.

Essa geração de estudiosos, poetas e artistas plásticos produziu obras típicas do Romantismo, movimento cultural surgido na Europa no final do século XVIII que se expandiu e ganhou força no século seguinte expressando uma nova mentalidade.

O Romantismo foi criado em oposição às máquinas e à produção em massa que se impunham pela Revolução Industrial. Como contraponto à nova realidade social europeia, os artistas e intelectuais românticos valorizavam a natureza, a originalidade e o passado, em que enxergavam uma pureza que se perdera com o advento da modernidade. Eles também afirmavam o nacionalismo, assim, o Romantismo desenvolveu-se em cada país de maneira particular, acentuando e valorizando as especificidades nacionais.

Jean-Baptiste Debret. *Pano de boca de cena criado no Teatro da Corte para representação do espetáculo: a ocasião da coroação de D. Pedro I, imperador do Brasil.* Gravura publicada em *Viagem pitoresca e histórica ao Brasil,* 1834-1839.

Em representações alegóricas como essa, é possível ver claramente como o Estado utiliza símbolos para expressar sua visão de si mesmo e do país. Segundo o próprio Debret, a mulher ao centro simboliza o governo imperial, a quem a família negra presta fidelidade. Junto a ela, ajoelhada, está uma indígena branca. Do lado direito, um oficial da Marinha junto a um canhão de guerra; no segundo plano, mais próximo, estão os paulistas e mineiros, também prestando fidelidade ao Império. Atrás da figura central temos indígenas, numerosos, quase ocultos.

Romantismo e Indianismo no Brasil

No Brasil, a primeira geração de artistas do Romantismo formou-se na segunda metade do século XIX e foi fortemente influenciada pelo sentimento nacionalista e pelo patrocínio estatal. Nossos românticos buscaram no passado colonial a inspiração para suas produções artísticas. Contudo, manifestaram uma visão idealizada dos elementos que marcaram a colonização. Em busca de heróis que encarnassem os ideais românticos de honra, pureza, coragem, transformaram o indígena em "bom selvagem".

Era uma época em que pouco se conhecia sobre a realidade dos povos indígenas brasileiros. Os artistas não tinham contato com as culturas indígenas e, para estudá-las, valiam-se dos documentos coloniais que, em sua quase totalidade, expressavam o ponto de vista do colonizador sobre os nativos. Enquanto no interior do país as populações indígenas sofriam a violência da expansão da sociedade brasileira, principalmente em conflitos por terra, na capital do Império as produções artísticas da Academia Imperial de Belas Artes retratavam a imagem de um índio simbólico, sem qualquer ligação com o real.

José Maria de Medeiros. *Iracema*, 1881. Óleo sobre tela, 1,68 m × 2,55 m.

> Por esse trabalho, o artista, que era aluno da Academia Imperial de Belas Artes, recebeu do imperador e honraria da Ordem da Rosa. O quadro é um exemplo de tipo de obra financiada e estimulada pela Coroa naquele momento.

 Viver

Identidade social

Sua identidade social é formada pelas relações familiares e com pessoas de seu convívio nas comunidades de que participa, bem como por valores e comportamentos que você compartilha com outros adolescentes. Leia o texto a seguir e, depois, reúna-se e discuta com os colegas de turma as questões sobre esse assunto.

> A noção de identidade tornou-se, assim, um dos conceitos mais importantes de nossa época.
>
> O conceito de identidade vem levantando muitas questões em diversos campos das ciências humanas. [...] Todos temos identidade, a palavra inclusive está em nosso dia a dia: no Brasil, somos registrados em um documento, a **carteira de identidade**. Tal documento é a representação oficial do indivíduo como cidadão. Ele é uma representação, entre várias, de nossa identidade social. Para a Psicologia Social, a identidade social é o que caracteriza cada indivíduo como pessoa e define o comportamento humano influenciado socialmente. [...]
>
> Nesse sentido, a identidade social é o conjunto de papéis desempenhados pelo sujeito *per si*. [...] A Psicologia Social assume, assim, que a personalidade, a história de vida de cada um, é bastante influenciada pelo meio social, pelos papéis que o indivíduo assume socialmente.
>
> Kalina V. Silva e Maciel H. Silva. *Dicionário de conceitos históricos*. 3. ed. São Paulo: Contexto, 2014. p. 202-203.

Glossário

Per si: expressão em latim que significa "por si mesmo".

1. Que aspectos fazem parte da identidade social do grupo de estudantes que vocês representam na comunidade da sua escola?

2. Além da identidade social, também temos nossa identidade pessoal. Que gostos, interesses, comportamentos, traços de personalidade são mais significativos em seu jeito de ser?

3. Vocês consideram que a identidade social se reflete na identidade pessoal? Por quê?

Imagens e narrativas da nação

Na literatura, o marco inicial do Romantismo brasileiro foi a revista *Niterói*, de 1836, que tinha como lema "Tudo pelo Brasil e para o Brasil". Muitos poemas indianistas e de exaltação à pátria foram compostos na época, bem como romances baseados em acontecimentos da História do Brasil, particularmente sobre o Período Colonial. As narrativas reafirmavam a idealização da figura do índio e ignoravam ou floreavam as tensões sociais decorrentes de séculos de escravidão africana, do constante confronto cultural e das violências que resultaram da ocupação portuguesa.

Nas obras românticas prevalecia a versão de que a fundação do Brasil se dera com o encontro pacífico entre os povos indígenas e os portugueses, sendo os primeiros representados como aqueles que aceitaram a civilização europeia. Nessas narrativas, os papéis de vilões cabiam aos indígenas que se rebelavam contra o domínio colonial e aos portugueses exploradores de riquezas, que acabavam derrotados pela aliança do bom selvagem com os colonizadores bons.

Assim, um dos temas comuns nas obras literárias do período era a aliança e a amizade entre portugueses e indígenas, que, passivos frente à colonização, apresentavam-se dispostos a lutar ao lado e pelos interesses dos colonizadores, além de romances entre homens portugueses e mulheres indígenas. A natureza exuberante também foi protagonista no Romantismo brasileiro. Em cenas de obras de arte ou descritas em versos e prosas, as paisagens eram recriadas para transmitir a riqueza natural do território brasileiro e elementos da identidade nacional.

Tais obras remetem a um passado idealizado pelas elites como originário da nação brasileira e caracterizam-se pela ausência de um olhar crítico sobre as grandes questões socioeconômicas intocadas pela monarquia brasileira. Assim, a produção artística assumiu o compromisso de manter a situação vigente tal qual estava sendo porta-voz dos valores e dos interesses das elites.

O mesmo pode-se afirmar sobre a nascente **historiografia** brasileira da época. No Instituto Histórico e Geográfico Brasileiro, a elite letrada se reunia para debater temas ligados aos eventos históricos que ela julgava relevante e personagens centrais que representavam suas ideias e visão de mundo. Com isso, produziram-se registros de uma história oficial, em que alguns fatos foram selecionados para fazer parte da memória nacional, enquanto outros foram deixados de lado por se chocarem com a ideologia dominante. Vem daí, por exemplo, a invisibilidade de narrativas históricas sobre o destacado papel de negros e negras na construção nacional e na árdua luta pela liberdade que protagonizaram.

> **Glossário**
>
> **Historiografia:** estudo e análise dos registros sobre os fatos históricos; estudo por meio do qual se produz o conhecimento histórico.

> **Ampliar**
>
> **Iracema em quadrinhos,**
> de José de Alencar, adaptado por Oscar D'Ambrosio (Sowilo).
>
> Adaptação em quadrinhos do livro de Alencar, fiel à linguagem original.

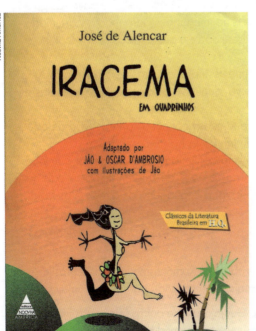

Capa do livro *Iracema em quadrinhos*.

O uso da figura do indígena pelo Império

O uso da figura indígena não se limitava ao indianismo romântico, mas fazia parte da própria linguagem oficial do Império. Como já vimos, o manto do imperador fazia referência à arte plumária indígena, com detalhe de penas de tucano.

A figura indígena, que já havia sido usada desde o século XVI como símbolo do continente americano, passava então a simbolizar o Império do Brasil. Entretanto, essa estratégia não ficou livre de críticas: como na realidade social o índio continuava a ser considerado bárbaro e selvagem, a associação de sua imagem ao governo imperial, por vezes, era usada para ridicularizar D. Pedro II.

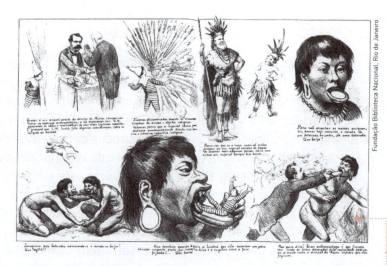

Caricatura de Ângelo Agostini, publicada na *Revista Illustrada* n. 310, de 1882, zombando do indianismo de D. Pedro II.

Sob o desenho do imperador vestido como indígena, está escrito: "Parece-nos que se o nosso imperial senhor juntasse ao seu imperial costume de papos de tucanos mais algumas penas, daria com certeza um imperial cacique bem bonito". As cenas dos demais quadrinhos fazem questão de lembrar que os indígenas são antropófagos.

 ### De olho no legado

Líder indígena na luta pela identidade dos povos nativos

Atualmente, a visão do Romantismo indianista brasileiro está ultrapassada e uma das razões para isso é a mobilização das lideranças indígenas pelos direitos dos povos originários. A atuação de Sônia Guajajara é significativa desse processo:

"Não posso, não devo, não quero desistir. Preciso mostrar para todos que vou vencer. Sou uma guerreira." Com esse mantra, Sônia enfrentou as saudades da família durante os três anos em que estudou em Esmeraldas (MG), dos quinze aos dezoito. Estava muito distante de seus pais e de seu povo, os guajajara-tenetehara, que estão espalhados por nove terras indígenas no interior do Maranhão. Acostumada desde pequena a ver sua comunidade lutar para manter sua identidade e seu espaço, ela escolheu a educação como o caminho para entrar nessa briga. […]

Sônia Bone Guajajara é a líder mais expressiva do movimento indígena brasileiro no século XXI, dando continuidade há quatrocentos anos de resistência. Onde vai denuncia os ataques, as violências e as violações sofridas por todos os povos da Amazônia. […]

Filha de pais analfabetos, ela não deixou que a falta de condições financeiras a impedisse de estudar. Determinada, tornou-se uma acadêmica mais do que exemplar. […]

Sônia acredita que conhecer a identidade e reafirmar a cultura continuam sendo o melhor caminho para dar mais visibilidade aos povos indígenas. "Para não correr o risco de querer ajudar e cair na reprodução do exótico, do índio do passado", ela explica. Preservar a linguagem, os cantos e as festas é uma forma de manter essa identidade.

Duda Porto de Souza e Aryane Cararo. *Extraordinárias: mulheres que revolucionaram o Brasil.* São Paulo: Seguinte, 2017. p. 164, 166 e 167.

 Compare como a identidade dos povos indígenas foi tratada nas obras do Romantismo indianista brasileiro e como é mobilizada no ativismo das lideranças indígenas atuais, exemplificado por Sônia Guajajara.

Discuta com os colegas em que medida a mobilização de Sônia Guajajara e de outras lideranças indígenas atuais pode ser interpretada como um fator de construção de uma nova identidade nacional brasileira.

Atividades

1 O conceito de identidade tem ganhado cada vez mais destaque nos estudos de História. O que é identidade nacional e quais elementos a constituem?

2 No contexto do Império, existia uma contradição entre a maneira como a população branca das camadas mais ricas da sociedade brasileira se enxergava e a verdadeira condição do país. Explique tal contradição.

3 Francisco Adolfo de Varnhagen é considerado o primeiro historiador brasileiro. Ele foi membro do Instituto Histórico e Geográfico Brasileiro (IHGB) e publicou, em 1850, a obra *História geral do Brasil*, em que aborda o passado de nosso país desde 1500. Pesquise e comente o papel do IHGB para a difusão de uma História oficial do Brasil e os interesses envolvidos nesse tipo de historiografia.

4 O Romantismo teve origem na Europa no final do século XVIII e ganhou projeção ao longo do século XIX, espalhando-se por vários países, inclusive fora daquele continente.

a) Contextualize o surgimento do Romantismo na Europa.

b) Quais eram as principais características do Romantismo europeu?

c) O Romantismo no Brasil assumiu características específicas, sobretudo em sua primeira geração. Quais foram elas?

5 Nessa imagem produzida em 1869, vê-se um indígena segurando uma coroa de louros sobre a cabeça de D. Pedro II. Na parte de baixo da imagem, a frase "D. Pedro II. Imperador e Defensor Perpétuo do Brasil" indica tratar-se de uma homenagem da pátria ao imperador.

a) Mobilize seus conhecimentos para explicar o significado desse documento histórico no contexto da construção da identidade nacional durante o Segundo Reinado.

b) Que razão levou o governo imperial a escolher o indígena como símbolo?

Autoria desconhecida. *O indígena, representando o Império, coroa com louros o monarca*, 1869. Xilogravura.

6 Nas narrativas das obras do Romantismo brasileiro, a população negra e escravizada ficou excluída das representações oficiais da história e da arte produzidas no período. Por que isso acontecia?

7 O escritor cearense José de Alencar (1829-1877) foi o principal nome da literatura indianista do Romantismo brasileiro. Quais são suas principais obras e qual foi seu papel como divulgador da visão oficial sobre os povos indígenas? Pesquise o assunto e, na data combinada, troque informações com a turma sobre isso. Depois, coletivamente, produzam um texto-síntese sobre o tema.

CAPÍTULO 18
Questão Religiosa e Questão Militar

Se hoje muitas pessoas acreditam que a República brasileira está em crise, no final do século XIX se passava o inverso: a forma de governo republicana ganhava força diante da constatação de crise da monarquia, principalmente entre os setores da elite agrária e liberal, das camadas médias urbanas e do Exército.

Esse novo quadro, junto a outros fatores que veremos a seguir, levou ao enfraquecimento do poder do imperador e contribuiu para a proclamação da República em 1889. Por que as elites acabaram apoiando a ideia de República? E os militares? A República trouxe benefícios para o conjunto da população brasileira? Todos tiveram direitos garantidos, como o de votar em seus representantes no governo?

Para refletir e conversar sobre esse tema, observe a charge feita em 1895 por Angelo Agostini, que mostra uma crítica ao novo regime de governo.

Ângelo Agostini. *O ano de 1896*. Charge publicada na revista *D. Quixote*, 1895.

Publicada cerca de seis anos após a proclamação da República no Brasil, a charge apresenta uma visão otimista ou pessimista do regime republicano em nosso país? Que países nela representados estão seguindo em direção à "estrada do progresso"? Que elemento da imagem permanece como símbolo da República no Brasil?

216

A monarquia chegava ao fim

A partir de 1870, o cenário político brasileiro passou por muitas transformações. Desde o início do Segundo Reinado, os partidos Conservador e Liberal controlavam o poder alternada ou simultaneamente. No entanto, como vimos, muitos liberais mostravam-se descontentes com o regime monárquico e favoráveis à implantação de uma República no Brasil. Assim, em 1868, organizaram o Partido Liberal Radical, que, dois anos mais tarde, oficializou-se como Partido Republicano.

Os membros desse novo partido defendiam a descentralização administrativa e a maior autonomia das províncias, o que deixaria o controle político local nas mãos das elites. Essa ideia, conhecida como federalismo, chocava-se com a centralização de poder praticada pelo governo de D. Pedro II.

Em diferentes províncias fundaram-se partidos que divulgavam a aspiração republicana. Dentre eles, destacou-se o Partido Republicano Paulista (PRP), formado por profissionais liberais, comerciantes, funcionários públicos e estudantes. Era controlado, sobretudo, pelos cafeicultores do oeste paulista, cujo poder econômico se desdobrava em prestígio político.

Ampliar

Museu Imperial de Petrópolis

www.museuimperial.gov.br

O prédio que abriga a instituição foi residência da família real brasileira até a proclamação da República, em 1889. No site é possível visualizar algumas peças do acervo e acompanhar as exposições temporárias.

Questão Religiosa

A crise da monarquia foi agravada por um acontecimento denominado Questão Religiosa, que resultou na perda do apoio dado pela Igreja Católica ao governo de D. Pedro II. A Constituição brasileira da época, em vigor desde 1824, estabelecia que o imperador nomeasse os bispos católicos e que os membros do clero recebessem salários do poder público.

O impasse entre Estado e Igreja teve início em 1872, quando os bispos de Olinda e de Belém, cumprindo ordens do papa, puniram seus **subordinados** por participar de reuniões da **maçonaria**. D. Pedro II, frequentador da maçonaria, considerou a atitude dos bispos como desobediência e ordenou que eles fossem processados e presos. O incidente lhe rendeu a antipatia do clero, que ficou dividido entre acatar as determinações do Vaticano e as do imperador.

Glossário

Maçonaria: associação secreta restrita aos homens, cujos membros prestavam juramento de fraternidade e auxílio mútuo e visavam ao progresso econômico e social.
Subordinado: dependente; que ocupa lugar inferior com relação a algo ou alguém.

Bordallo Pinheiro. Ilustração publicada na revista *O Mosquito*, 1876.

zoom

1. Descreva a cena representada na charge. O que está acontecendo?

2. Quais elementos da imagem possibilitam concluir que ela se refere à Questão Religiosa?

3. Qual é a crítica que a charge pretende fazer?

Caricatura de D. Pedro II, acompanhado por políticos; à direita, a do papa Pio IX rodeado por membros do clero.

217

Viver

Revoltas populares no Segundo Reinado

A década de 1870 notabilizou-se também pelo surgimento de alguns importantes movimentos populares com novas características.

[...] As novas revoltas eram desencadeadas por medidas do governo que, embora legais e parte do processo de burocratização do Estado, feriam valores e tradições arraigadas. Entre essas medidas estavam o registro civil de nascimento, casamento e morte, o recenseamento, o recrutamento, a mudança no sistema de pesos e medidas. [...] A reação contra a lei do recrutamento militar, regulamentada em 1875, espalhou-se por mais de oito províncias. Grupos de até quatrocentas pessoas, na maioria mulheres, invadiam as igrejas, onde se reuniam as juntas de recrutamento, rasgavam as listas e os livros, quebravam imagens.

Essas revoltas se deram longe da corte e dos olhos do imperador. Mas, no final de 1879 e princípio de 1880, a ira popular se manifestou nas ruas da capital do Império. [...]

O motivo da revolta foi a aprovação de uma lei, de iniciativa do ministro da Fazenda, que aumentava em vinte réis, um vintém, a tarifa dos bondes, de onde o nome Revolta do Vintém. O aumento devia ter início no dia 1º de janeiro de 1880. [...]

No dia 1º, cerca de 4 mil pessoas se concentraram no largo do Paço, onde foram incitadas a não pagar o imposto, e depois se dirigiram para o largo de São Francisco. No meio do caminho a multidão começou a quebrar bondes, agredir motoristas e destruir os trilhos da rua Uruguaiana. [...] Os distúrbios repetiram-se até o dia 4 de janeiro. A lei do vintém foi revogada. [...]

José Murilo de Carvalho. *D. Pedro II*. São Paulo: Companhia das Letras, 2007. p. 173-176.

Os primeiros bondes a circular no Rio de Janeiro eram puxados por animais.

Paço Municipal do Rio de Janeiro (RJ), final do século XIX.

❶ De acordo com o texto, qual foi o motivo da Revolta do Vintém? O que ela pode sugerir sobre o transporte público da época?

❷ O texto descreve que, a partir da década de 1870, surgiram, no Império, "movimentos populares de características novas". É possível dizer que a Revolta do Vintém foi a primeira desse tipo?

❸ É possível relacionar a Revolta do Vintém a um movimento popular recente? Descreva qual deles.

A questão da Abolição

Com a Abolição da Escravidão, em 1888, D. Pedro II perdeu o apoio de seus tradicionais aliados, os cafeicultores do Vale do Paraíba e os latifundiários do Nordeste, que se sentiram prejudicados com o fim da escravidão sem direito a indenizações. Os ex-escravizados, de seu lado, tinham a esperança de conquistar a condição de cidadãos brasileiros, o que não ocorreu, pois foram marginalizados na sociedade brasileira.

Documentos em foco

Um cadáver que não quer passar

Na *Revista Illustrada*, do Rio de Janeiro, dirigida por Angelo Agostini, foram publicadas inúmeras charges e textos relativos ao ambiente político da capital entre as décadas de 1860 a 1890. Após a promulgação da Lei Áurea, Agostini publicou um texto no qual apresentava sua opinião sobre o anúncio do então senador Barão de Cotegipe, do Partido Conservador, feito no Senado Imperial. Leia um trecho da transcrição do documento com grafia atualizada.

A indenização aos senhores de escravos já tem um grande patrono.

O Sr. barão de Cotegipe tornou-a sob a sua **égide**, e já anunciou ao mundo que ela se efetuará.

Disse S. Ex. na tribuna do Senado, que a indenização será dada aos ex-proprietários de gente, pelo partido conservador ou pelo liberal.

Se, porém, nenhum destes se mover, acrescentou S. Ex., um outro partido a dará.

Qual será esse outro partido?

Sem dúvida, o republicano.

Vejam como se **infama** um partido, antes mesmo dele ter uma existência regular!

Esta frase de S. Ex. pode ser considerada a sua plataforma eleitoral, para o cargo de presidente da república... das senzalas.

Mas, o velho político do vinho alegre e triste dos arranhões na dignidade, das notas Waring Brother's, da convenção sanitária (hum! hum! disfarcemos!) está resolvido, e é cada qual abotoar o paletó, para que na enxurrada da indenização não lhe vá, também, o relógio...

Ora, do que havia de lembrar-se o nobre barão! Indenizar os que, durante anos e anos, viveram, gozaram, divertiram-se à custa do suor alheio.

Este Sr. Cotegipe tem cada esquecimento!

Pois, não ficava muito melhor a S. Ex. apresentar um projeto de indenização... aos escravos? [...]

Angelo Agostini. *Revista Illustrada*, n. 501. p. 3, 16 jun. 1888.

Égide: proteção; defesa.
Infamar: caluniar; desacreditar.

Charge publicada na *Revista Illustrada*, em 1888. Nela se lê: "Se alguém tem direito à indenização, esse alguém é o ex-escravo, que trabalhou durante anos e anos, sempre de meia cara".

1. De acordo com o documento, que proposta foi anunciada pelo Barão de Cotegipe ao Senado Imperial?

2. As informações do documento possibilitam concluir que Agostini compartilhava da mesma opinião do Barão de Cotegipe sobre indenizar os ex-senhores de escravos? Explique sua resposta.

3. Em seu texto, Agostini usa de ironia para demonstrar sua desaprovação ao anúncio de Cotegipe feito ao Senado. Identifique ao menos uma dessas passagens e explique seu sentido.

A Questão Militar

O movimento republicano também foi apoiado por outro setor, formado por militares. Fortalecidos pela vitória na Guerra do Paraguai (1870), eles passaram a reivindicar participação política, tendo atuação significativa na crise do Império. Uma série de incidentes envolvendo militares que se insubordinavam contra o governo imperial aprofundou o isolamento político de D. Pedro II.

Na tentativa de evitar maiores desgastes, D. Pedro II nomeou, em julho de 1889, um Ministério de maioria liberal, prometendo autonomia provincial, fim do voto censitário e estímulo ao desenvolvimento econômico da nação. No entanto, como essas reformas não se concretizavam, os defensores da República articularam um golpe contra a Monarquia. Destacaram-se como líderes os militares Benjamin Constant e Sólon Ribeiro e os civis Rui Barbosa, Quintino Bocaiúva e Francisco Glicério. O Marechal Deodoro da Fonseca recebeu a missão de liderar a operação militar de deposição do imperador.

As tropas do Exército cercaram o Ministério da Guerra, no Rio de Janeiro, na manhã de 15 de novembro de 1889. Essa manifestação de rebeldia encerrou a monarquia no Brasil. A família real teve dois dias para deixar o país, exilando-se na França.

Pontos de vista

A participação popular

Sobre a proclamação da República no Brasil, muitos historiadores argumentaram que ela não foi uma construção popular.

> [...] indícios tendem a demonstrar que havia uma parcela da população que estava participando do processo de excitação que tomava o Império. [...] É claro que boa parte dos jornais que sobreviveram até nós é de caráter republicano [...], mas esses relatos não excluem uma posição mais aberta do historiador, que deve levar em consideração uma pluralidade de testemunhos que nos permite, no mínimo, duvidar de uma versão simplista como a indiferença popular. O que é certo é que durante os últimos vinte anos do Império a ideia de República pareceu cada vez mais aceitável para uma população apaixonada pelo seu monarca. Desta forma, concluímos argumentando que a visão de um povo bestializado, indiferente aos rumos políticos do país parece ser mais um fato historiográfico, uma manobra deliberada de esquecimento, que escondeu o ambiente fervilhante da propaganda republicana da segunda metade do século XIX que uma 'verdade' histórica."

Flávia Bruna Ribeiro da Silva Braga. *Para além do bestializado: diferentes interpretações acerca da (não) participação popular*. Disponível em: <http://www.hydra.sites.unifesp.br/index.php/pt/numeros/50-numeros-anteriores-2> Acesso em: out. 2018.

Benedito Calixto. *Proclamação da República*, 1893. Óleo sobre tela, 1,24 m x 2 m.

① Identifique o principal argumento acrescentado pela historiadora ao debate sobre a ausência do povo brasileiro na proclamação da República.

1 O desgaste político da monarquia aprofundou-se a partir de 1870, desdobrando-se em crises que, no seu conjunto, contribuíram para a consolidação do regime republicano no país. Quais foram as grandes questões que abalaram a monarquia nesse período?

2 Explique por que as elites brasileiras, sobretudo os latifundiários, defendiam o federalismo e criticavam a centralização de poder político do governo monárquico.

3 Observe a charge a seguir e responda às questões:

a) Na sua opinião, a charge é representativa de que período do Império? Justifique sua resposta.

b) Pensando na proclamação da República, que setor da sociedade poderia representar o homem que "empurra" o trono de D. Pedro II?

Angelo Agostini. Caricatura de D. Pedro II satirizando o Império. Publicada na *Revista Illustrada*, em 1882.

4 A respeito da proclamação da República, o jornalista republicano Aristides Lobo escreveu o comentário a seguir, publicado em um jornal da época:

Eu quisera dar a esta data a denominação seguinte: – 15 de novembro do primeiro ano da República; mas não posso infelizmente fazê-lo. [...] Por ora, a cor do governo é puramente militar, e deverá ser assim. O fato foi deles, deles só, porque a colaboração do elemento civil foi quase nula. O povo assistiu àquilo bestializado, atônito, surpreso, sem conhecer o que significava. Muitos acreditavam sinceramente estar vendo uma parada. [...].

Aristides Lobo. O povo assistiu àquilo bestializado. Acontecimento Único. *Diário Popular*. Rio de Janeiro, 15 de novembro de 1889. Disponível em: <https://imagensehistoria.wordpress.com/tema-1-republica-velha/carta-de-aristides-lobo/>. Acesso em: out. 2018.

- Por que o autor diz que o povo ficou "bestializado" diante da proclamação da República?

5 Nas décadas de 1870 e 1880, o governo imperial enfrentou diferentes revoltas populares, como a Revolta Contra o Sorteio Militar, a Revolta do Quebra-Quilos e a Revolta do Vintém, motivadas pelo descontentamento de diferentes setores sociais com as ações do Estado que interferiam em seu cotidiano e em suas tradições. Sem exceção, esses movimentos podem ser vistos como exemplo do exercício da cidadania, posto que os revoltosos reagiram a normas estabelecidas pelo governo, impondo limites à sua atuação sobre a vida privada.

Em grupo, escolha e pesquise uma dessas revoltas populares. Acesse fontes impressas e digitais com informações sobre o assunto e procure saber onde, quando e por que ela ocorreu; as principais ações e reivindicações dos revoltosos; e sua repercussão na sociedade da época.

Com essas informações em mãos, crie uma apresentação e faça uma explanação oral para a turma.

Visualização

Império do Brasil
- Projeto civilizatório
- Cultura europeia
- Monarquia
- Unidade territorial
- Escravidão

Investimento imperial
- Instituições culturais
- Faculdades de Direito
- Escolas de Medicina
- Academia de Belas Artes
- Instituto Histórico Geográfico Brasileiro

CONSTRUÇÃO DE UMA IDENTIDADE NACIONAL

Romantismo
- Nacionalismo
- Idealização do passado
- "Bom selvagem"
  - Indígena idealizado
  - Sem ligação com o real
- Narrativas da nação: visão eurocêntrica
- Ausência de olhar crítico
  - Manutenção dos valores da elite
- Historiografia brasileira
  - História oficial

Estética do Império
- Padrão europeu
- Referência de civilização
- Reflexos na cultura e no comércio
- Produção de bens

Indígenas
- Indianismo romântico
- Manto imperial
  - Arte plumária indígena
- Simbolismo imperial

Fabio Nienow

Retomar

1. No Romantismo do Brasil, as telas *Moema* e *O último tamoio* são exemplos de pinturas relacionadas à literatura. Por quê?

Victor Meirelles de Lima. *Moema*, c. 1865. Óleo sobre tela, 1,20 m × 1,90 m.

Rodolfo Amoedo. *O último tamoio*, c. 1883. Óleo sobre tela, 1,80 m × 2,61 m.

2. A valorização dos indígenas na arte brasileira melhorava a situação desses povos do Brasil? Justifique sua resposta.

3. D. Pedro II foi um grande incentivador da artes e da cultura no Brasil Imperial, contribuindo para uma vasta produção cultural ao longo de seu governo. Que importância ele atribuía ao Instituto Histórico e Geográfico e à Academia Imperial de Belas Artes?

4. Durante o Segundo Reinado, desenvolveu-se no Brasil o Romantismo. Naquele contexto, a valorização do indígena na arte brasileira esteve relacionada a alguma melhoria na situação dos indígenas no Brasil? Justifique sua resposta.

5. Levando em consideração a configuração da sociedade brasileira durante o Império (1822-1889), pode-se dizer que, na época, as condições em que a maioria dos brasileiros vivia eram melhores que as comuns nas demais repúblicas americanas recém-independentes? Por quê?

6. Durante o Império, havia uma contradição na identidade brasileira daquele período, que era considerar-se mais civilizado que a "anarquia" das repúblicas vizinhas ao mesmo tempo que permanecia no país a prática a escravidão. Identifique uma contradição na identidade brasileira contemporânea e justifique sua resposta.

7. O poema *Canção do exílio* (1843), de autoria de Gonçalves Dias, é bastante representativo da cultura brasileira formada durante a primeira fase do Romantismo. Leia seus versos iniciais:

    Minha terra tem palmeiras
    Onde canta o Sabiá;
    As aves que aqui gorjeiam
    Não gorjeiam como lá

    Senado Federal. Disponível em: <https://www2.senado.leg.br/bdsf/bitstream/handle/id/117361/1986_SETEMBRO_071h.pdf?sequence=3>. Acesso em: out. 2018.

    a) Que característica do Romantismo brasileiro está presente nesses versos?
    b) Identifique outra característica do Romantismo associada à primeira geração do movimento que se formou no Brasil durante a monarquia.

8. A pintura ao lado, intitulada *D. Pedro II*, foi produzida em 1864, no contexto do Romantismo, pelo artista brasileiro Victor Meirelles, que atuou na Academia Imperial de Belas Artes, no Rio de Janeiro. Observe-a:

Victor Meirelles de Lima. *Dom Pedro II*, 1864. Óleo sobre tela, 2,62 m × 1,73 m.

- Comente os elementos presentes na obra que possibilitam associá-la à divulgação de uma imagem positiva do Império do Brasil.

9. Analise, dentro do contexto da crise monárquica brasileira, a partir da década de 1870, a importância do processo conhecido como Questão Religiosa para o enfraquecimento do governo de D. Pedro II.

10. O ano de 1870 foi um marco na história política do Império, quando membros mais radicais do Partido Liberal fundaram o Partido Republicano. Quais as principais propostas do novo partido político?

11. No auge da crise política vivida pelo Imperador Pedro II, em meados de 1889, o monarca tentou acalmar as pressões do movimento republicano por meio da nomeação de um ministério liberal.

    a) Por que o imperador imaginava que, com essa decisão, o desgaste do governo não se agravaria?

    b) A estratégia foi bem-sucedida? Por quê?

12. No final da década de 1880, o Brasil viveu duas rupturas em seu processo histórico: o fim da escravidão e a queda da monarquia. Explique a relação entre ambas.

UNIDADE 8

> **Antever**

Um dos fenômenos que vem ganhando força no mundo contemporâneo é o dos movimentos de caráter nacionalista. Eles defendem medidas de restrição ao ingresso de imigrantes, barreiras para a importação de mercadorias, restrição aos direitos religiosos (como do islamismo em países não islâmicos), barreiras para a importação de mercadorias, entre outras.

Um dos maiores exemplos do fortalecimento do nacionalismo nos últimos anos foi a decisão da Inglaterra de sair da União Europeia em 2016. Há, ainda, outros exemplos de políticas inspiradas por ideais nacionalistas no presente. Donald Trump, presidente dos Estados Unidos, eleito em 2017, defendia desde a campanha eleitoral a criação de um muro na fronteira do país com o México para restringir a entrada de mexicanos.

As ideias nacionalistas começaram a surgir no final do século XVIII e se propagaram ao longo do século XIX, ajudando a promover transformações importantes das sociedades mundiais. Assim, para entender o crescimento do nacionalismo no presente é importante retomar esse período de intensas transformações na Europa e também nos Estados Unidos. Você conhece algum político que defenda propostas nacionalistas? Em que consistem essas propostas? Em sua opinião, o nacionalismo pode ajudar no fortalecimento das práticas democráticas em nosso mundo?

Manifestantes protestam contra as políticas de imigração do governo alemão depois de um homem ter sido esfaqueado, supostamente por dois estrangeiros. Chemnitz, Alemanha, 2018.

Liberalismos e nacionalismos

CAPÍTULO 19
Onda de revoluções no mundo europeu

No final de 2010, iniciou-se um movimento revolucionário na Tunísia, país localizado no norte da África. Esse movimento rapidamente se espalhou para o Egito e Oriente Médio. Jornalistas, intelectuais, políticos e movimentos sociais passaram a chamar essa onda revolucionária de Primavera Árabe, já que ela se disseminou pelos países árabes da região. O principal objetivo desses movimentos era promover a democratização desses países e obrigar os governos a escutar as reclamações populares por melhores condições de vida.

Essa não foi a primeira vez que um movimento revolucionário começou em um país e acabou se espalhando rapidamente pelas regiões vizinhas. Em 1848, uma revolução na França se disseminou por grandes regiões da Europa, dando origem à chamada Primavera dos Povos. Esse movimento lutava contra os poderes absolutistas dos reis e foi estimulado pela crise econômica que afetava a região. Ele foi inspirado por ideias liberais e nacionalistas e, mesmo duramente reprimido, ajudou a transformar as sociedades europeias, abrindo caminho para o surgimento de governos liberais.

Além da Primavera dos Povos, a Europa foi marcada por diversas revoluções e transformações políticas durante o século XIX. Foi nesse contexto que muitas monarquias foram derrubadas e que a Alemanha e a Itália foram unificadas, dando origem a Estados nacionais centralizados. O objetivo deste capítulo é analisar esse conjunto de transformações para entender como o Antigo Regime foi substituído, ao longo do século XIX, por uma ordem liberal na Europa.

V. Cornis. *Fábrica na Rua Aubagne*, 1861. Óleo sobre tela.

Representa o cotidiano de trabalhadores no século XIX.

A onda de revoluções

A derrota de Napoleão em 1815 abalou os princípios iluministas que vinham causando diversas transformações políticas, econômicas e sociais na Europa. Reunidos no Congresso de Viena no mesmo ano, os reis europeus pretendiam retroceder à situação anterior à Revolução Francesa, ou seja, pretendiam restaurar o absolutismo e revogar as conquistas de cidadania da burguesia, sobretudo a igualdade de todos perante a lei.

Diante disso, em diversos países começaram a se organizar movimentos revolucionários que traduziam os anseios de diferentes camadas da sociedade. A maioria desses movimentos, que se estenderam por quase todo o século XIX, era liderada pela burguesia e tinha caráter liberal e nacionalista; eles envolviam tanto as nações que tentavam acabar com os regimes absolutistas como as que buscavam autonomia política.

Além do liberalismo e do nacionalismo, as revoluções da época refletiam o crescimento da classe operária urbana, que reivindicava mais oportunidades de trabalho e melhores condições de vida.

Industrialização e urbanização

Liderada pela Inglaterra, a industrialização europeia avançava rapidamente no século XIX, alterando profundamente o cenário das cidades, que passaram a ter um número crescente de habitantes.

O proletariado, camada social formada pelos operários, crescia e continuava enfrentando as já conhecidas e difíceis condições de exploração, longas jornadas de trabalho e baixos salários. Nas cidades, moravam em habitações precárias, sem saneamento ou outros serviços públicos.

A burguesia, camada social formada pelos banqueiros, industriais, comerciantes e latifundiários, estava em plena ascensão e continuava a obter vultosos lucros com suas atividades econômicas.

As mudanças econômicas também favoreceram o crescimento de camadas médias na sociedade, formadas por pequenos comerciantes ou profissionais que tinham tido a chance de estudar, como engenheiros, advogados, médicos, professores, funcionários públicos etc.

Transformações políticas

Com o avanço do capitalismo, o fortalecimento da burguesia e o crescimento do proletariado urbano, veio também uma onda de revoluções em diversos países, apoiada nas ideias liberais. Na primeira metade do século XIX, estouraram diversos conflitos, nos quais eram reivindicados direitos políticos e o fim definitivo dos vestígios de absolutismo que ainda persistiam na Europa. O ano de 1848 foi tão marcado por revoluções que o historiador Eric Hobsbawm se refere a essa época como a Primavera dos Povos, argumentando que grande parte dos países europeus viveu, nesse momento, seu processo de transformação política e construção de uma identidade nacional.

Ampliar

Germinal, de Émile Zola (Companhia das Letras).

Conta a história dos trabalhadores de uma mina de carvão no século XIX.

> Quase que simultaneamente, a revolução explodiu e venceu (temporariamente) na França, em toda a Itália, nos Estados alemães, na maior parte do império dos Habsburgo e na Suíça (1847). [...]. Nunca houve nada tão próximo da revolução mundial com que sonhavam os insurretos do que esta conflagração espontânea e geral [...]. O que em 1789 fora o levante de uma só nação era agora, assim parecia, 'a primavera dos povos' de todo um continente.
>
> Eric Hobsbawn. *A era das Revoluções (1789-1848)*. Rio de Janeiro: Paz e Terra, 1977, p. 130.

Nesse processo de construção e de afirmação das nações da Europa, três delas se destacaram por apresentarem características que influenciaram a geopolítica do continente entre o final do século XIX e o início do XX: França, Alemanha e Itália.

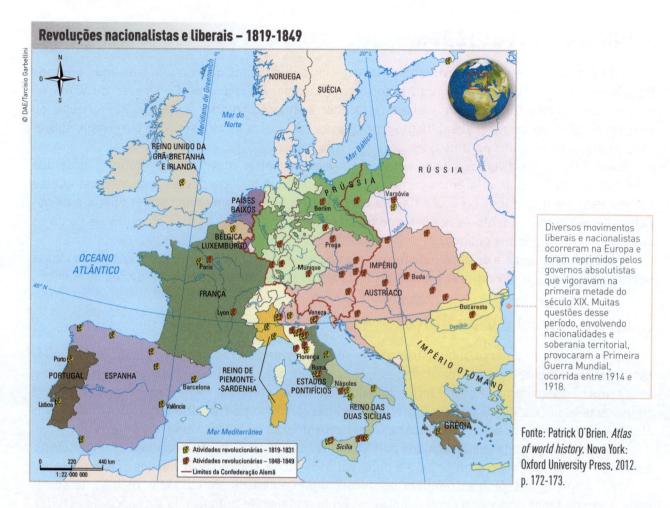

Diversos movimentos liberais e nacionalistas ocorreram na Europa e foram reprimidos pelos governos absolutistas que vigoravam na primeira metade do século XIX. Muitas questões desse período, envolvendo nacionalidades e soberania territorial, provocaram a Primeira Guerra Mundial, ocorrida entre 1914 e 1918.

Fonte: Patrick O'Brien. *Atlas of world history*. Nova York: Oxford University Press, 2012. p. 172-173.

Avanço do liberalismo na França

Na França, o autoritarismo do monarca Carlos X e o restabelecimento dos privilégios do clero e da nobreza levaram à Revolução de 1830, em que a burguesia depôs o rei e entregou o governo a Luís Filipe, o "rei burguês".

Ele subira ao trono com a intenção de favorecer a alta burguesia em detrimento da pequena burguesia e das camadas populares. Embora houvesse incentivo à produção industrial, resultando no aumento do número de empregos urbanos, a manutenção do voto censitário afastava os operários e os camponeses das eleições para a Assembleia Legislativa.

A Revolução de 1848

A impopularidade do rei burguês cresceu e levou o país à Revolução de 1848, deflagrada quando ele proibiu um banquete no qual ocorreria uma manifestação contra seu governo. A reação popular em Paris foi tão violenta que Luís Filipe abdicou em fevereiro do mesmo ano.

Formou-se então um governo provisório que implantou a república, uniu setores liberais e operários e procurou manter os ideais iluministas, estabelecendo o sufrágio universal e incentivando o emprego para todos.

Em abril de 1848, realizaram-se as eleições para a Assembleia Constituinte, em que a maioria dos representantes era formada por conservadores (alta burguesia, proprietários de terras, representantes do clero etc.). Em resposta, as camadas populares organizaram uma série de greves e revoltas que foram duramente reprimidas pela Câmara dos Deputados.

Documentos em foco

França, 1848

Em 1848, as camadas populares da França organizaram revoltas e greves, posteriormente reprimidas pela Câmara dos Deputados. Mesmo assim, o movimento repercutiu em outras partes da Europa e ajudou a consolidar o poder político da burguesia.

Horace Vernet. *Nas barricadas da Rua Soufflot, Paris, 25 de junho de 1848*, c. 1848-1849. Óleo sobre tela, 36 cm × 46 cm.

Nessa pintura, tropas do governo francês tentam derrubar as barricadas e conter o movimento.

1. Descreva a cena representada na imagem.
2. Os dois grupos que entram em confronto estão em igualdade de condições? Por quê?
3. Pela legenda, em que ano e em que país essa batalha ocorreu?
4. Elabore uma hipótese para o motivo desse confronto.
5. Você já presenciou ou soube pela imprensa de algum confronto semelhante ocorrido na atualidade?

Luís Bonaparte, mais um Napoleão no poder

Ainda em 1848 realizaram-se novas eleições para a presidência da França e o vencedor foi Luís Bonaparte, sobrinho de Napoleão. Ele usou o parentesco ilustre para obter apoio político, reprimindo com violência os movimentos populares que continuavam a ocorrer. Em dezembro de 1851, Luís Bonaparte deu um golpe de Estado e transformou a república em império, autoproclamando-se imperador com o título de Napoleão III (Napoleão II teria sido o filho de Napoleão, caso herdasse o trono, mas morreu muito jovem).

O então chamado Segundo Império perdurou até 1871, quando a França, ao ser derrotada na guerra contra a unificação da Alemanha, perdeu os territórios de Alsácia e Lorena e pagou vultosa indenização aos alemães. Luís Bonaparte foi deposto e mais uma vez a monarquia francesa deu lugar a uma república.

A unificação da Alemanha

Fonte: Cláudio Vicentino. *Atlas histórico: geral e Brasil*. São Paulo: Scipione, 2011. p. 135.

zoom A Alemanha unificada fazia fronteira com quais países europeus? De qual desses países a Prússia incorporou as regiões da Alsácia e da Lorena?

Além da França, nas últimas décadas do século XIX, outras nações europeias tinham dificuldade de manter as decisões tomadas no Congresso de Viena. Essa situação era particularmente visível na Confederação Germânica, formada na região do antigo Sacro Império Romano-Germânico por 30 estados, reinos e ducados independentes.

A unificação política da Alemanha consolidou-se apenas em 1870. No entanto, desde 1819 os Estados alemães apresentavam unidade econômica, garantida pelo *Zollverein*, uma espécie de mercado comum no qual os Estados ficavam isentos de impostos nas negociações entre eles.

A afinidade de interesses econômicos criou condições para que, ao longo do século XIX, a burguesia levasse adiante seu projeto político de unificação com base no incentivo à industrialização e no desenvolvimento comercial. Esse processo foi entremeado por diversas tentativas de unificação, reprimidas pelos governos absolutistas, sobretudo pelo rei da Prússia, ao norte, e pelo rei da Áustria, ao sul, que pretendiam fortalecer seu domínio sobre a região germânica.

Para concretizar a unificação da Alemanha sob influência da Prússia, foi decisiva a atuação, a partir da década de 1860, de Otto von Bismarck, primeiro-ministro do rei Guilherme I.

A Prússia lidera a unificação

Nos estados do norte, aliado aos interesses da burguesia industrial prussiana, Bismarck fortaleceu o *Zollverein*, a industrialização, o sistema de transportes (principalmente as ferrovias) e o exército. Com isso consolidava-se a liderança da Prússia no processo de unificação. No entanto, era preciso reduzir a influência da Áustria nos estados do sul e provocar seu enfraquecimento político. A principal estratégia foi mobilizar os estados do norte e do sul contra um inimigo externo, a França, governada por Luís Bonaparte. O governo francês, por temer a formação de uma nação vizinha forte e poderosa, era contrário à unificação da Alemanha.

Motivados pelo inimigo externo, os Estados alemães efetivaram a unificação em 1871, quando venceram a França. Guilherme I foi aclamado imperador do II Reich (Império Germânico) e a França foi obrigada a pagar uma indenização à Alemanha, além de ceder os territórios de Alsácia e Lorena, localizados na fronteira entre os dois países, que eram ricos em ferro e carvão.

Devido ao desenvolvimento industrial, à vasta extensão territorial e à abundância de jazidas minerais, a Alemanha conquistou significativa posição econômica diante dos outros países europeus no final do século XIX, representando uma ameaça à liderança principalmente da Inglaterra e da França.

A unificação da Itália

À semelhança da Alemanha, até o início do século XIX a Itália estava dividida em vários Estados absolutistas. A noroeste, ficava o reino de Piemonte, unido à Sardenha, governado pelo rei Carlos Alberto; no centro situavam-se os Estados Pontifícios, pertencentes à Igreja Católica e governados pelo papa; ao sul localizava-se o reino das Duas Sicílias, governado por Fernando II de Bourbon. A Áustria dominava o reino de Lombardia-Veneza e os Estados de Parma, Módena e Toscana.

Desde meados do século XIX, ocorreram diversos movimentos cujo objetivo era a unificação italiana, todos reprimidos pela Áustria. Os movimentos nacionalistas mais expressivos eram o Jovem Itália (Giovane Italia), partido de classe média liderado por Giuseppe Mazzini, que reivindicava a formação de uma república democrática; o Camisas Vermelhas, partido formado por voluntários sob a liderança de Giuseppe Garibaldi, que também desejava a formação da república democrática e cuja atuação concentrou-se nos estados do sul; e o Risorgimento, partido da alta burguesia piemontesa, liderado pelo conde Camilo Cavour, que almejava a formação de uma monarquia parlamentar.

Piemonte e Sardenha

A partir de 1848, a proliferação pela Europa de outros movimentos liberais e nacionalistas reforçou os anseios de formar a nação italiana. Os diversos projetos políticos agruparam-se em torno de Piemonte e Sardenha, que, de todos os Estados italianos, apresentava condições mais favoráveis para enfrentar a Áustria (principal inimigo comum) e liderar o processo de unificação. Era o mais industrializado, cuja burguesia tinha interesse em ampliar interna e externamente as atividades comerciais, desenvolver os meios de transporte (principalmente as ferrovias) e a integração entre as diversas regiões da Península Itálica.

O conde Cavour foi o principal articulador desse processo, desenvolvido em várias etapas. Em 1859, em guerra contra a Áustria, obteve o apoio de Napoleão III. No entanto, em guerra com a Prússia, a França assinou a paz com a Áustria em 1870. Nessa época, Cavour faleceu e o trono de Piemonte e Sardenha foi ocupado por Vítor Emanuel II (sucessor do rei Carlos Alberto), que manteve os planos traçados por Cavour.

A ilustração do século XIX mostra o encontro entre Giuseppe Garibaldi e o rei Victor Emmanuel II em 26 de outubro de 1860, na comuna Teano, Itália.

Garibaldi, que já havia lutado no Brasil, na Revolução Farroupilha do Rio Grande do Sul, liderava os Camisas Vermelhas, o setor mais revolucionário nas lutas pela unificação italiana. Embora se opusesse à adoção da monarquia, ele cedeu aos interesses da burguesia piemontesa, a fim de não dividir a nação em uma guerra civil, o que enfraqueceria o projeto unificador. A unificação se fez em torno da adoção de uma monarquia parlamentar chefiada pelo rei Vítor Emanuel II, que governava o reino de Piemonte e Sardenha.

As guerras na Península Itálica

Fonte: José Jobson de A. Arruda. *Atlas histórico básico*. São Paulo: Ática, 2011. p. 26.

A formação da Itália prosseguiu, favorecida pelos conflitos que surgiram durante o processo de unificação alemã: as guerras entre Áustria e Prússia (1866-1871) e entre França e Prússia (1870-1871). Em 1871, Veneza foi anexada pelos italianos após a vitória da Prússia sobre a Áustria.

Os Estados Pontifícios não aceitavam a unificação italiana porque não queriam perder a soberania sobre seus territórios. Inicialmente, a Igreja foi apoiada por Napoleão III. No entanto, com a derrota francesa na guerra contra a Prússia (1871), ela perdeu esse apoio e os Estados Pontifícios foram incorporados ao reino de Piemonte e Sardenha. Concretizou-se assim a unificação italiana sob o governo do rei Vítor Emanuel II.

Estado do Vaticano

O papa Pio IX recusava-se a reconhecer a autoridade do rei sobre os antigos territórios pontifícios e considerou-se prisioneiro do governo italiano. O impasse permaneceu sem solução até o século XX: em 1929, foi criado o Estado do Vaticano, dentro dos limites da cidade de Roma, no qual a Igreja Católica tem completa autonomia política.

A situação entre a Igreja e o governo italiano foi definida pela assinatura do Tratado de Latrão, pelo qual também se instituiu a adoção do catolicismo como religião oficial da Itália.

O desenvolvimento científico no século XIX

O século XIX também caracterizou-se pelo notável desenvolvimento científico. Um dos cientistas que se destacaram nesse período foi o naturalista inglês Charles Darwin.

Seus estudos sobre as transformações ocorridas com os seres vivos durante o processo de evolução basearam-se em criteriosa observação de animais e plantas. Em sua obra, Darwin tenta explicar por que algumas espécies surgem, enquanto outras desaparecem ou sofrem mutações. Com relação à adaptação das espécies ao meio ambiente, a principal conclusão de Darwin foi que, ao longo do tempo, as características favoráveis tendem a ser mantidas, ao passo que as desfavoráveis tendem a ser eliminadas.

Embora ele não mencionasse os seres humanos, sua obra foi muito mal recebida pela maioria dos cientistas e pela conservadora sociedade da época, pois foi interpretada como um questionamento do criacionismo e da explicação bíblica da origem humana.

As ideias de Darwin influenciaram profundamente o pensamento da época, bem como as pesquisas científicas e as obras literárias. Somente com o passar do tempo e a retomada das pesquisas de Darwin por outros cientistas é que o pioneirismo de sua teoria foi devidamente reconhecido.

1 No início de 1848, o pensador Alexis de Tocqueville fez um alerta na França. Segundo ele,

Estamos dormindo sobre um vulcão... Os senhores não percebem que a terra treme mais uma vez? Sopra o vento das revoluções, a tempestade está no horizonte.

Eric Hobsbawn. *A Era do Capital*. Rio de Janeiro: Paz e Terra, 2015. E-book.

Com base no texto e em seus conhecimentos históricos, responda:

a) De que modo a imagem do vulcão pode ser comparada ao contexto político europeu de 1848?

b) O que as revoluções liberais de 1830 e 1848 ocorridas na França têm em comum?

2 Observe a imagem a seguir, depois responda ao que se pede.

Autoria anônima. *O povo queimando o trono na Bastilha em 1848*. Litografia colorizada.

a) Descreva a imagem e formule uma hipótese para explicar a situação que ela está representando.

b) Quais transformações sociais ajudam a entender o movimento representado pela imagem?

3 Uma das principais características da história política do continente europeu do século XIX foi a disseminação de ideias nacionalistas. Elas foram utilizadas por diferentes grupos políticos para organizar movimentos emancipacionistas ou de centralização política no continente. Dois exemplos disso foram os movimentos de unificação da Alemanha e da Itália, já que ambos foram profundamente influenciados por ideias nacionalistas. Com base nisso, responda ao que se pede.

a) Qual foi a estratégia do primeiro-ministro Bismarck para unir os Estados germânicos em torno da ideia de unificação da Alemanha e como isso pode ser relacionado com os ideais nacionalistas?

b) De que modo as ideias nacionalistas ajudaram a estimular os movimentos de unificação da Itália e como isso se relaciona com a liderança assumida pela região de Piemonte e Sardenha.

c) Identifique semelhanças entre os processos de unificação da Alemanha e da Itália.

4 Veja o que afirma o professor de química Attico Chassot sobre as ideias de Darwin:

É indiscutível a importância de *A origem das espécies*, não apenas para as ciências biológicas, psicológicas e sociais, mas para todos os ramos do pensamento humano, e mais uma vez se verifica o quanto a humanidade avança na busca do próprio entendimento. Com Darwin, o universo dos seres vivos foi colocado dentro dos domínios da lei natural. É evidente que também o darwinismo teve e tem mau uso. A ideia de raça superior, e, portanto, detentora de supremacia sobre outras, levou (e leva) ao cometimento de muitas barbáries, que atestam o quanto os ditos superiores são inferiores.

Attico Chassot. *A ciência através dos tempos*/Attico Chassot – 2. ed. Reform. (Coleção Polêmica). São Paulo: Moderna. 2. ed. 2004. p. 200.

• De acordo com o texto, os estudos de Darwin foram bem recebidos no século XIX? Justifique.

Caleidoscópio

A VIAGEM DE DARWIN

Charles Darwin tinha 22 anos quando embarcou na aventura que mudaria sua vida e a maneira como a ciência encarava a evolução das espécies. De 1832 a 1836, ele circum-navegou o globo a bordo do HMS Beagle, navio da Marinha britânica comandado pelo capitão Robert FitzRoy. Na viagem de exploração hidrográfica e cartográfica, Charles Darwin foi admitido como naturalista, cuja função era pesquisar a geologia, os animais e as plantas. Seus estudos renderam matéria-prima para a elaboração de A origem das espécies (1859), em que o pesquisador defende a teoria da seleção natural [...].

Cíntia Cristina da Silva. Charles Darwin: Viagem fantástica. *Superinteressante*.
Disponível em: <super.abril.com.br/ciencia/charles-darwin-viagem-fantastica>. Acesso em: out. 2018.

→ Trajetória do HMS Beagle
● Pontos de parada

As Ilhas Galápagos

Em 1835, o HMS Beagle passou pelas Ilhas Galápagos, localizadas a oeste da costa do Equador. Lá, Darwin observou uma variedade de flora e fauna diferente da observada anteriormente em outros pontos da América do Sul, o que despertou uma série de questões fundamentais para o desenvolvimento de sua teoria.

Os jabutis-gigantes eram muito comuns em Galápagos. Darwin observou que eles eram diferentes dos outros jabutis sul-americanos e que, mesmo dentro do próprio arquipélago de Galápagos, era possível identificar variações entre os jabutis de ilhas diferentes.

Os tentilhões

Os tentilhões apresentavam grande diversificação nas as Ilhas Galápagos, mesmo em uma única ilha. Darwin estudou a relação entre o formato do bico dos tentilhões e o hábitat e alimentação de cada um.

Ainda em Galápagos, Darwin encontrou diferentes variações de tentilhões. Eles diferenciavam-se quanto ao formato de bico, alimentação e formas de obter alimento. As observações de gradação e da diversidade de estruturas desse pequeno grupo de animais auxiliaram Darwin a concluir que eles provavelmente teriam um ancestral comum que, com o passar do tempo e das gerações, originou linhagens adaptadas para diferentes fins.

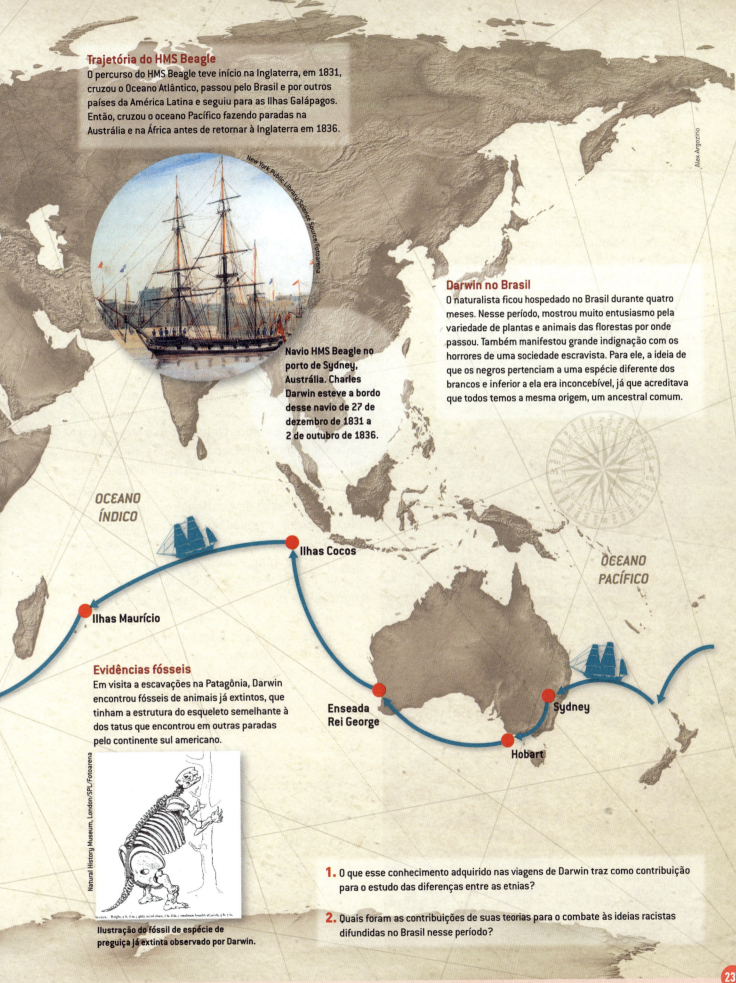

Trajetória do HMS Beagle
O percurso do HMS Beagle teve início na Inglaterra, em 1831, cruzou o Oceano Atlântico, passou pelo Brasil e por outros países da América Latina e seguiu para as Ilhas Galápagos. Então, cruzou o oceano Pacífico fazendo paradas na Austrália e na África antes de retornar à Inglaterra em 1836.

Navio HMS Beagle no porto de Sydney, Austrália. Charles Darwin esteve a bordo desse navio de 27 de dezembro de 1831 a 2 de outubro de 1836.

Darwin no Brasil
O naturalista ficou hospedado no Brasil durante quatro meses. Nesse período, mostrou muito entusiasmo pela variedade de plantas e animais das florestas por onde passou. Também manifestou grande indignação com os horrores de uma sociedade escravista. Para ele, a ideia de que os negros pertenciam a uma espécie diferente dos brancos e inferior a ela era inconcebível, já que acreditava que todos temos a mesma origem, um ancestral comum.

Evidências fósseis
Em visita a escavações na Patagônia, Darwin encontrou fósseis de animais já extintos, que tinham a estrutura do esqueleto semelhante à dos tatus que encontrou em outras paradas pelo continente sul americano.

Ilustração do fóssil de espécie de preguiça já extinta observado por Darwin.

1. O que esse conhecimento adquirido nas viagens de Darwin traz como contribuição para o estudo das diferenças entre as etnias?

2. Quais foram as contribuições de suas teorias para o combate às ideias racistas difundidas no Brasil nesse período?

CAPÍTULO 20
EUA: da prosperidade à secessão

Após a independência política em relação à Inglaterra e a consolidação de um governo republicano no final do século XVIII, os Estados Unidos promoveram um processo contínuo de expansão de suas fronteiras. Aos poucos, os estadunidenses ocuparam grandes regiões a oeste e ampliaram os territórios de seu país. Por isso, esse período da História dos Estados Unidos é associado à ideia de fronteira aberta e em constante expansão.

Atualmente, a postura dos Estados Unidos no que se refere a sua fronteira é bastante diferente daquela vigente no século XIX. A ideia de uma fronteira aberta não existe mais. O processo de expansão de fronteira se encerrou e o território do país encontra-se definido e fixado. Em 2017, Donald Trump tomou posse como presidente dos Estados Unidos. Uma de suas promessas durante as eleições foi a construção de um grande muro na fronteira dos Estados Unidos com o México para garantir a completa separação dos dois países. Além da fronteira física, Donald Trump e seus aliados tomaram medidas diversas para restringir o ingresso de estrangeiros no país. Entre elas, estavam o maior rigor nas exigências para a concessão de documentos necessários para ingressar no país, a expulsão de imigrantes ilegais e até mesmo a proibição temporária do ingresso de habitantes de países considerados inimigos dos Estados Unidos.

Todas essas medidas indicam o fortalecimento de práticas xenófobas e intolerantes entre setores da sociedade estadunidense, que apontam os estrangeiros como ameaça à ordem e ao desenvolvimento do país. Esse tipo de ideia está diretamente relacionado ao processo de construção do sentimento de nacionalidade do povo estadunidense, que ocorreu, justamente, durante sua expansão territorial no século XIX.

Museu de História de Chicago, Chicago

Vista do hotel Sherman House, em Chicago. Estados Unidos, 1858.

Na segunda metade do século XIX, Chicago era um importante centro industrial dos Estados Unidos. Fundada em 1833, experimentou um rápido processo de modernização e de urbanização, exemplificados pelos muitos edifícios de quatro andares construídos na cidade e pelas ferrovias que a conectavam a outras regiões. Na fotografia, veem-se as imediações da Rua Randolph, com vários prédios compondo a paisagem urbana. A imagem integra o arquivo de Museu de História de Chicago.

Um tempo de prosperidade

Consolidada a independência, os Estados Unidos ingressaram no século XIX como uma jovem nação que se desenvolvia rapidamente. Nos estados do Norte prosperavam indústrias e crescia a mão de obra assalariada, composta principalmente de imigrantes que chegavam da Europa. A burguesia investia mais e mais capital em suas empresas. Nos estados do Sul, era mantida a economia baseada nas grandes propriedades rurais e na mão de obra escrava. A produção de algodão, matéria-prima para as indústrias de tecidos, também ganhava mais mercados, tanto na Europa quanto no próprio país, nos estados nortistas.

Essa expansão econômica acabou levando também à expansão territorial. Foi no século XIX que as áreas a oeste das antigas 13 colônias começaram a ser incorporadas ao país.

Expansão territorial

O processo de expansão territorial dos Estados Unidos ocorreu basicamente de duas formas: pela compra e pela conquista de territórios. Em 1803, o estado de Louisiana foi comprado da França; em 1819, a Espanha vendeu a Flórida; e em 1867, foi a vez do Alasca ser comprado da Rússia, visando facilitar os contatos comerciais com a Ásia.

A conquista territorial provocou violentos conflitos entre os estadunidenses e os nativos que viviam a oeste. Estes foram, em sua maioria, aniquilados ou expulsos de suas terras.

A conquista do Oeste

Interessado em ocupar o território e em dominar também a costa do Oceano Pacífico, o governo estimulou a marcha para o oeste por meio da construção de ferrovias, da criação de reservas indígenas e de incentivos aos que se aventurassem nessa empreitada. Desejava também garantir, ao sul, o acesso à América Central.

Ampliando a marcha na direção sudoeste, os estadunidenses conquistaram o Texas em 1845, na época território mexicano, o que provocou uma guerra que perdurou até 1848. Terminada a guerra, o México, mediante indenização de aproximadamente 15 milhões de dólares, cedeu os territórios da Califórnia, Novo México, Arizona, Colorado, Nevada e Utah. Em 1846, foi anexada a região do Oregon. Concretizavam-se, assim, o acesso ao Pacífico, bem como a abertura de rotas comerciais com países do Oriente, demonstrando o alcance do imperialismo e da hegemonia estadunidense sobre o continente.

Fonte: Jeremy Black. *World history atlas*. Londres: Dorling Kindersley, 2008. p. 129.

Documentos em foco

A MARCHA PARA O OESTE

Durante todo o processo de expansão colonial, os colonos sempre almejaram conquistar o Oeste, cuja fronteira foi se deslocando no tempo e no espaço.

No século XVII, no início do povoamento da costa atlântica, os colonos consideravam como Oeste toda a imensa região que se encontrava além dos Montes Apalaches.

A partir do século XVIII, quando os colonos ultrapassam os Montes Apalaches, o Oeste se deslocou para as proximidades dos atuais estados do Kentucky e Tennessee.

No começo do século XIX, com a aquisição da Louisiana, começou a expansão na direção desse novo Oeste, no intuito de conquistar a imensa região situada entre o Mississippi e o Pacífico.

Posteriormente, com a anexação do Texas (1845), do Oregon (1846) e das terras adquiridas como resultado da guerra com o México (1848), a linha limítrofe do Oeste avançou para aquelas regiões. Essa faixa de terra corresponde ao último Oeste desbravado pelos colonos norte-americanos.

Consagrado a partir de então como o Velho Oeste (ou Far West), seria imortalizado, no século seguinte, em milhares de livros, filmes, canções e dezenas de lendas e mitos, envolvendo caubóis, bandidos, mineradores, colonos, índios, a cavalaria etc. [...]

José Antônio Sola. *Os índios norte-americanos: cinco séculos de luta e opressão.*

1 De acordo com o texto, ao longo do tempo os estadunidenses desenvolveram diferentes concepções do "Oeste". Identifique cada uma delas.

A febre do ouro

A descoberta de ouro na Califórnia, no final da década de 1840, acelerou ainda mais a expansão territorial e o crescimento populacional nos Estados Unidos. Intensificou-se a integração comercial entre as costas leste e oeste, principalmente por meio das estradas de ferro; intensificaram-se também as atividades agrícolas e pecuárias, bem como a formação de novos núcleos urbanos.

Esse conjunto de acontecimentos contribuiu para que aflorassem as diferenças históricas entre as antigas colônias nortistas e sulistas e se polarizassem cada vez mais dois lados antagônicos da mesma nação: o Sul escravista e agrário; o Norte industrializado e capitalista.

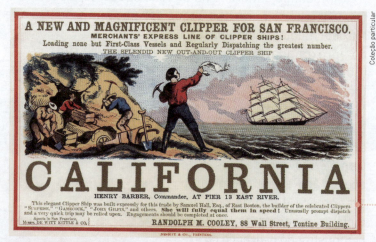

Cartaz de 1850 anuncia viagem marítima para a Califórnia, estimulando a febre do ouro.

Na cena retratada, à esquerda, destacam-se mineradores e suas ferramentas de trabalho; ao centro, minerador olha e acena para embarcação, em gesto de boas-vindas aos aventureiros. As notícias de que havia ouro na Califórnia atraíam milhares de pessoas em busca de enriquecimento. Estima-se em 90 mil o número dos que lá chegaram em 1849, um ano após a descoberta das primeiras minas.

240

Sul *versus* Norte

Embora o país fosse independente desde 1776, os estados do Sul ainda guardavam as marcas da colonização e da *plantation*. Lá se constituiu uma aristocracia rural cujos interesses eram a produção para o mercado externo, o livre-comércio e a manutenção da escravidão. Dessa forma, os grandes proprietários de terras pretendiam garantir a produção e o fornecimento de matérias-primas (sobretudo algodão) para a Inglaterra, em troca do livre-cambismo na compra de produtos importados. Esses latifundiários conquistaram significativo espaço político após a independência, passando a eleger a maioria dos presidentes e parlamentares. Foram eles que deram origem ao Partido Democrata, que defendia a ideia da autonomia dos estados.

Os estados do Norte

Nos estados do Norte, cuja economia baseava-se na pequena propriedade e no desenvolvimento agrícola e industrial desde os tempos coloniais, desenvolvera-se uma poderosa burguesia interessada na ampliação do mercado interno. Para isso, a expansão territorial, o crescimento populacional e o fim da escravidão – com o consequente estabelecimento da mão de obra livre e assalariada – constituíam formas de ampliar o mercado consumidor de seus produtos. Além disso, essa burguesia defendia uma política protecionista que restringisse as importações; nessa política residiram as bases do Partido Republicano.

> **Ampliar**
>
> **Em busca do ouro,** Estados Unidos, 1925. Direção: Charles Chaplin, 96 min.
>
> Carlitos vai tentar a sorte como garimpeiro no Alasca, em plena corrida do ouro de 1898. Lá, ele se envolve nas confusões típicas de seu personagem.

> **Glossário**
>
> **Secessão:** separação, desunião.

A eleição de Abraham Lincoln

A divergência de interesses entre o Sul escravista e o Norte liberal agravou-se em 1860, quando Abraham Lincoln – republicano e nortista – foi eleito presidente dos Estados Unidos. Em seu programa de governo, duas propostas eram frontalmente contrárias aos interesses sulistas: o fim da escravidão e a criação de tarifas alfandegárias protecionistas.

Organizada em uma frente composta de 11 estados, a aristocracia sulista rebelou-se contra o governo federal e criou os Estados Confederados da América, elegendo seu próprio presidente (Jefferson Davis). Iniciou-se, dessa forma, a Guerra de **Secessão**, uma guerra civil que se estendeu de 1861 a 1865.

George Barnard. Fotografia de indivíduos escravizados retornando do trabalho nos campos de algodão. Carolina do Norte, Estados Unidos, século XIX.

O fim da Guerra de Secessão

A vitória do Norte consolidou o sistema capitalista nos Estados Unidos e deixou profundas marcas na sociedade estadunidense, como a ausência de políticas sociais que integrassem os ex-escravos ao mercado de trabalho após a guerra civil. Livres da escravidão, os negros enfrentaram o agravamento do preconceito racial. As opiniões se dividiram, à época, oscilando entre os defensores da liberdade e da dignidade humanas e os partidários da **segregação racial**.

Nesse contexto, surgiram associações secretas, como a Ku Klux Klan (fundada em 1867 e existe até hoje, mas com pequena expressão política), que, por meio da violência e do anonimato, promoviam atentados contra negros para impedi-los de exercer seus direitos.

> **zoom**
> Desde sua fundação no final do século XIX nos Estados Unidos, a Ku Klux Klan se caracteriza pelo uso de capuzes e vestes largas que garantem o anonimato de seus membros. Informe-se sobre o tema e elabore uma hipótese para explicar por quê.

> **Glossário**
> **Segregação racial:** é a separação imposta entre grupos que apresentam características físicas distintas. No caso dos Estados Unidos, uma separação entre brancos e negros, na qual os negros, considerados inferiores, foram marginalizados social, econômica e juridicamente.

Conviver

A conquista do Oeste nas telas do cinema

Os filmes do gênero *western* (ou faroeste, na Língua Portuguesa), produzidos nos Estados Unidos sobretudo entre as décadas de 1940 e 1960, tiveram importante papel na idealização do processo histórico da conquista do Oeste e da expansão territorial estadunidense.

A conquista do Oeste por milhares de aventureiros em busca de riqueza ou, na pior das hipóteses, de uma vida melhor, faz parte da história estadunidense e foi retratada em diversos filmes. A maioria dessas produções, feitas antes de 1950, procurava legitimar a conquista dos territórios ocupados pelos indígenas, retratando-os como selvagens impiedosos, bárbaros que precisavam ser pacificados. A intenção era validar a atitude dos conquistadores e, por isso, era comum exagerarem na agressividade e selvageria das tribos. Na verdade, como se sabe hoje, a história era outra. Com raras exceções, os índios fugiam do combate e suas técnicas de guerra eram rudimentares diante do poderio dos invasores. [...]

Atores do filme de faroeste *Gigantes em luta*, 1967.

Cineclick. Disponível em: <www.cineclick.com.br/noticias/a-historia-do-western-conheca-o-genero-que-tarantino-resgata-em-django-livre>. Acesso em: out. 2018.

1 Reúna-se em grupo e, juntos, escolham um filme de faroeste. Após assisti-lo, discutam como os indígenas e os brancos foram representados no filme e a forma que a obra aborda a questão da conquista do Oeste. Compartilhem as conclusões da discussão em sala de aula.

Atividades

1. Utilize seus conhecimentos sobre a expansão territorial dos Estados Unidos para justificar a afirmação: A expansão territorial estadunidense no século XIX envolveu interesses econômicos.

2. A Guerra Civil dos Estados Unidos abalou uma das nações mais prósperas do continente americano, ameaçando sua unidade territorial e política. Na ocasião, os interesses divergentes entre os estados do Sul e os do Norte levaram ao conflito. Identifique e explique os interesses em questão e aponte quais foram os principais desdobramentos do conflito para os estados do Sul.

3. Observe a imagem abaixo e faça o que se pede.

Bebedouro segregado em uso no Sul dos EUA.

Na fotografia, vê-se em primeiro plano um homem em bebedouro com a inscrição "apenas para negros" (*for colored only*), em cidade no Sul dos Estados Unidos.

a) Descreva a imagem.

b) Em que local essa fotografia foi tirada?

c) Pela observação da fotografia, é possível concluir que na sociedade estadunidense o racismo permaneceu mesmo após a abolição da escravatura?

d) O presidente dos Estados Unidos eleito em 2008 foi o primeiro afrodescendente a governar o país. Você acha que na atualidade a sociedade estadunidense superou as ideias racistas?

4. O depoimento de Satanta, chefe dos kiowas, colhido por volta de 1870 e transcrito a seguir, demonstra como muitas nações indígenas norte-americanas se relacionavam com a natureza e como elas encaravam a invasão de suas terras pelo homem branco. Os comissários a que Satanta se refere eram os representantes do governo dos Estados Unidos, que costumavam realizar as negociações com o objetivo de confinar os povos indígenas em reservas. Leia atentamente o texto e, em seguida, responda às questões.

Satanta, chefe kiowa, também chamado de Urso Branco. Fotografado em 1870.

Soube que pretendem colocar-nos em uma reserva perto das montanhas. Não quero ficar nela. Gosto de vagar pelas pradarias. Nelas me sinto livre e feliz; quando nos estabelecemos, ficamos pálidos e morremos. Pus de lado minha lança, o arco e o escudo, mas me sinto seguro na sua presença. Disse-lhes a verdade. Não tenho pequenas mentiras ocultas em mim, mas não sei como são os comissários. São tão francos quanto eu? Há muito tempo, esta terra pertencia aos nossos antepassados; mas quando subo o rio, vejo acampamentos de soldados em suas margens. Esses soldados cortam minha madeira, matam meu búfalo e, quando vejo isso, meu coração parece partir; fico triste... Será que o homem branco se tornou uma criança que mata sem se importar e não come o que matou? Quando os homens vermelhos matam a caça, é para que possam viver e não morrer de fome.

Dee Brown. *Enterrem meu coração na curva do rio*.
São Paulo: Círculo do Livro, s.d. p. 173.

a) Qual é o principal argumento do chefe indígena contra viver nas reservas onde querem colocá-lo?

b) Em relação a matar animais, qual é a diferença, segundo o chefe indígena, entre seu povo e os brancos?

c) De que modo é possível relacionar a proposta de enviar os kiowas para reservas indígenas com a Doutrina do Destino Manifesto?

243

CAPÍTULO 21
A Era do Imperialismo

O processo de ocupação do continente africano por nações europeias ocorreu principalmente entre as décadas finais do século XIX e o início do século XX e foi expressão de uma prática política conhecida como imperialismo. No período, praticamente todo o continente foi dividido em territórios coloniais das grandes potências industriais, como França, Inglaterra, Bélgica, Portugal, Espanha, Itália e Alemanha.

Mas não foi somente a África o alvo das potências imperialistas. Processo semelhante ocorreu na Ásia, e diversas regiões daquele continente foram transformadas em colônias pelas potências europeias. A dominação imperialista foi muito violenta. Diversos grupos sociais foram reprimidos ou exterminados para assegurar o controle dos territórios. Além disso, as potências imperialistas passaram a explorar de forma predatória os recursos econômicos de suas colônias, inclusive saqueando muitas obras de arte.

É por essa razão que políticos e ativistas de países africanos exigem o retorno delas para seus países de origem, já que estão na Europa como resultado da exploração imperialista imposta no passado. Ainda assim, poucas instituições europeias tomaram a iniciativa de devolver as obras roubadas na época do imperialismo. Alguns museus europeus estão começando a trabalhar na identificação dos países de origem das obras de seus acervos para avaliar a possibilidade de devolvê-las.

Esse é um dos muitos problemas do presente que são desdobramentos das políticas imperialistas adotadas no século XIX. Assim, é fundamental entender esse processo para analisar a realidade social, política, econômica e cultural dos países imperialistas e dos territórios coloniais que eles formaram. Esse é o tema deste capítulo.

Rebocadores puxando um navio no recém-inaugurado Canal do Panamá, 1915.

Entre o final do século XIX e o início do século XX, foram inaugurados os canais de Suez (1869, Egito), de Manchester (1894, Inglaterra) e do Panamá (1913, Panamá). Localizados em pontos estratégicos dos continentes africano, europeu e americano, foram abertos para facilitar o intercâmbio comercial a longa distância e permanecem em atividade. A importância desses canais pode ser avaliada pelas disputas entre as nações industrializadas pelo controle deles.

Rivalidades entre as nações imperialistas

Egípcios limpando os sapatos de europeus. Cairo, Egito, c. 1870.

No final do século XIX crescia a concorrência entre as nações industrializadas. Elas disputavam os mercados consumidores e fornecedores de matérias-primas, mão de obra e locais para investir o capital excedente. Assim, as nações ricas passaram a dominar áreas fora de seus territórios para continuar seu desenvolvimento tecnológico e industrial.

Adotaram práticas visando exercerem formas de domínio econômico, cultural e político sobre regiões, povos e governos, em um fenômeno conhecido por imperialismo. Naquele contexto, a burguesia industrial e a financeira foram as camadas mais favorecidas.

zoom — Associando o texto acima com a fotografia, a que conclusão você pode chegar?

Imperialismo na América

No início do século XIX, o governo dos Estados Unidos já demonstrara preocupação em demarcar áreas de influência da economia estadunidense. Em 1823, o então presidente James Monroe criou a Doutrina Monroe, sintetizada no lema "América para os americanos".

A intenção da doutrina era afastar a presença de capital e produtos europeus (sobretudo ingleses) dos países americanos recém-libertados do domínio metropolitano. Era o primeiro passo da política externa dos Estados Unidos para controlar as nações do continente. Essa ação imperialista foi facilitada pelas condições em que haviam ocorrido os processos de independência colonial: fragmentação política, poder local nas mãos da aristocracia, permanência de estruturas típicas da colonização.

Durante o governo Roosevelt (entre 1901 e 1909), reafirmou-se a Doutrina Monroe a pretexto de assegurar a ordem e a democracia e justificar as ações militares estadunidenses no continente.

W. A. Rogers. Charge representando a política do presidente estadunidense Theodore Roosevelt, chamada de "Big Stick" (em português, "grande porrete"), de 1904.

Essa postura orientou a política externa dos Estados no século XX, servindo como justificativa para muitas intervenções militares no continente, sobretudo na América Central.

Ações imperialistas dos Estados Unidos

Fonte: Jeremy Black. *World history atlas*. Londres: Dorling Kindersley, 2008. p. 133.

Um exemplo de intervenção imperialista dos Estados Unidos foi o apoio à consolidação da independência do Panamá, ocorrida em 1901. Em troca de apoio político e militar, em 1913 o governo estadunidense terminou a construção e garantiu para si o controle sobre o Canal do Panamá (a passagem entre os oceanos Atlântico e Pacífico).

O canal solucionou uma antiga preocupação do país, por facilitar a integração terrestre e a marítima com o restante do continente – a terrestre, que até então era dificultada pelos Apalaches e pelas Montanhas Rochosas, e a marítima, que era prejudicada pela necessidade de circum-navegação da América.

Em relação à independência de Cuba, a situação foi semelhante: o governo dos Estados Unidos pressionou o governo cubano a incluir a Emenda Platt na Constituição de 1901, estabelecendo o direito de construir bases militares estadunidenses naquele país.

Barack Obama e a Base de Guantánamo em Cuba

Ao assumir a presidência dos Estados Unidos, em janeiro de 2009, uma das primeiras decisões de Barack Obama foi ordenar o fechamento da prisão de Guantánamo, em Cuba. No entanto, o fechamento não ocorreu e o presidente seguinte, Donald Trump, chegou a afirmar que o presídio não seria mais fechado.

Esse presídio está localizado em uma antiga base militar estadunidense construída em águas cubanas. Para lá foram enviados muitos prisioneiros de guerra acusados de práticas terroristas. Guantánamo é um assunto polêmico porque parte dos detentos não foi julgada, além de ser alvo de denúncias de tortura, o que contraria os direitos humanos.

A história da Base de Guantánamo é marcada por altos e baixos: as relações diplomáticas entre Cuba e EUA estavam em boa fase no início do século XX, quando ela foi construída. No entanto, foram rompidas em 1961, em consequência da Revolução Cubana, em 1959.

1 Com base em seus conhecimentos desse tema, explique a situação histórica que deu origem à construção da prisão de Guantánamo.

2 Pesquise a situação atual da Base de Guantánamo e das relações entre Cuba e os Estados Unidos e escreva um breve texto sintetizando as informações coletadas.

Imperialismo na África: a dominação europeia

Até 1880, a maior parte das sociedades africanas era governada por seus próprios reis, rainhas, chefes de clãs e de linhagens em impérios, reinos, comunidades e unidades políticas de porte e de natureza variados.

Nas décadas seguintes, ocorreu uma transformação radical nessa situação. Entre 1885 e 1887, os principais países industrializados europeus organizaram a Conferência de Berlim, a fim de regular a partilha da África. Dessa forma, garantiriam a exploração de recursos naturais, como petróleo, ferro e pedras preciosas, e ampliariam as transações comerciais e a produção industrial, utilizando mão de obra barata.

A colonização do Congo

A necessidade de regras para a extração de matérias-primas começou em 1876, quando Leopoldo II, rei da Bélgica, transformou a região africana do Congo em seu domínio pessoal e iniciou a exploração da região, principalmente de borracha.

Leopoldo II justificou o controle daquele território com propagandas que valorizavam a ação belga como necessária ao desenvolvimento cultural, econômico e social dos congoleses.

A Alemanha admite a dependência econômica em relação às áreas dominadas – sudoeste africano e África Oriental – com a frase: "Sem nossas colônias, não teríamos matéria-prima!", 1919.

 Documentos em foco

Levar "civilização" à África

O pretexto "civilizatório" da colonização do Congo pode ser comprovado pelo texto a seguir, publicado na época.

> A Associação Internacional do Congo é uma associação de ricos filantropos e homens de ciência que, com objetivos desinteressados de civilização e amor ao progresso, procuram abrir a Bacia do Congo. A Associação construiu, às suas expensas e sem nenhum auxílio, um caminho livre do mar para a bacia superior do Congo e está procurando estabelecer postos no rio destinados a serem centros de civilização; e, para fazer isso legalmente, ela obteve de certos chefes nativos a desistência de seus direitos soberanos, assim como grandes concessões de muitos outros chefes.

Laima Mesgravis. *A colonização da África e da Ásia*. São Paulo: Atual, 1994. p. 27.

1. Procure no dicionário o significado da palavra **filantropia**.

2. Com base na definição da palavra, é possível afirmar que existiam ideais filantrópicos nas ações dos negociantes belgas na região do Congo? Justifique sua resposta.

Estratégias de dominação e de resistência na África

A tese de superioridade racial e cultural dos europeus sobre os povos africanos foi amplamente adotada pelas nações europeias para justificar sua política imperialista. O discurso racista depreciava os povos africanos. Com base em pesquisas nas áreas de Genética, Psicologia e Antropologia, tal discurso se provou infundado, sem qualquer base científica.

Nos muitos reinos, clãs e impérios africanos, as lideranças locais seguiram diferentes rumos. Vários chefes tinham clareza dos interesses capitalistas e, de forma hábil, incorporaram estruturas administrativas europeias, sem, contudo, abandonar as tradições políticas de seu povo, mantendo a autoridade sobre ele. No reino de Bamun, por exemplo, que atualmente integra a República dos Camarões, o rei usou a diplomacia para evitar a dominação colonial, enquanto a população assimilava, dos alemães, técnicas de metalurgia, construção de moinhos e imprensa tipográfica.

A partilha da África

Na partilha da África, os territórios ricos em recursos naturais eram os mais cobiçados, acentuando as rivalidades europeias, sobretudo entre França e Inglaterra. Entretanto, o sistema de dominação colonial dependeu da cooperação da população local. O controle dos extensos territórios era feito por meio do recrutamento de africanos para o serviço militar. As revoltas eram evitadas deslocando-se os soldados para atuar em regiões diferentes daquelas de sua origem. Os nativos também ocuparam cargos secundários na administração. É importante ressaltar que as decisões das autoridades locais e das linhagens tradicionais não sofriam interferência dos europeus.

Assim, formou-se uma elite de negros e mestiços com acesso à educação formatada pelos europeus e ao convívio com missionários cristãos, recebendo influência da cultura ocidental. Desse grupo, emergiram diferentes lideranças políticas e intelectuais que, na metade do século XX, passaram a lutar pela independência das nações africanas.

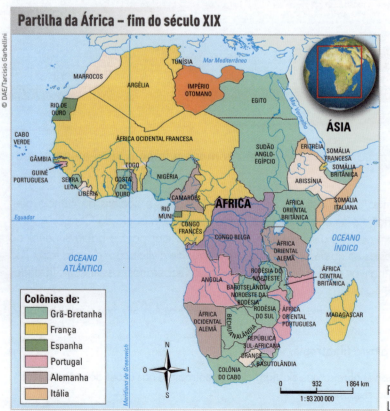

Partilha da África – fim do século XIX

Fonte: Jeremy Black. *World history atlas*. Londres: Dorling Kindersley, 2008. p. 94-95.

zoom: Aparentemente qual critério foi usado para a divisão do continente africano: as fronteiras naturais ou as fronteiras estabelecidas com base em interesses geopolíticos?

Imperialismo na Ásia

Na Ásia, a partilha ampliou os conflitos já existentes entre os países industrializados da época, envolvendo Estados Unidos, Japão e Rússia, além de Inglaterra, França, Alemanha, Holanda e Bélgica. Caracterizou-se pela exploração de produtos agrícolas e artesanais a baixo custo e pelo interesse em ampliar os mercados consumidores, uma vez que os governos locais dificultavam o comércio com países ocidentais (era o caso, principalmente, da China e do Japão).

As exigências dos países imperialistas aos governos asiáticos consistiam em obter acesso aos portos e às regiões do interior com o objetivo de desenvolver as relações de comércio internacional. Para isso, propunham a construção de ferrovias e estradas, a venda de maquinários ocidentais e melhorias nos serviços públicos.

A Índia e a China foram os países asiáticos que mais despertaram a cobiça estrangeira.

A Índia esteve sob domínio britânico entre 1750 e 1947: inicialmente com governo próprio e como aliada econômica; a partir de 1876, como possessão oficial, o que na prática representou a perda da autonomia política (a rainha Vitória, da Inglaterra, foi coroada como imperatriz da Índia, assim como seu filho e sucessor, Eduardo VII).

Desfile popular durante a coroação de Eduardo VII como imperador da Índia. Délhi. Índia, 1903.

Após a morte da rainha Vitória em 1901, seu filho, Eduardo VII, assumiu o trono da Inglaterra e de suas colônias.

Alguns boxers mantidos prisioneiros durante a guerra. China, c. 1900.

Os boxers eram um grupo nacionalista chinês cuja resistência armada ao imperialismo europeu provocou a chamada Guerra dos Boxers, entre 1898 e 1900.

A Guerra do Ópio

A China foi disputada por diversos países porque representava significativo mercado consumidor (estimativas apontam para uma população de 500 milhões de habitantes no século XIX) e constituía vasto território para investimentos de capital em transportes e industrialização.

Uma das estratégias para vencer a resistência do governo chinês foi incentivar a população ao consumo generalizado de ópio, droga extraída da papoula e tradicionalmente usada no país para fins medicinais. O produto vinha da Índia e era revendido por comerciantes ingleses.

A crescente dependência química da população chinesa fez com que o governo proibisse o uso da droga, que era contrabandeada pelos ingleses. Como a medida contrariava os interesses econômicos da Inglaterra, em 1840 foi declarada a Guerra do Ópio, que se prolongaria em sucessivas etapas por quase 20 anos, envolvendo interesses de outros países, como a França e os Estados Unidos.

Derrotada e isolada após a guerra, a China viu-se forçada a assinar acordos comerciais que promoveram a abertura da economia para os países ocidentais.

1. Sobre a dominação imperialista no continente africano, o historiador Héctor Bruit fez a seguinte análise:

> A África foi, provavelmente, o continente que mais sofreu com a devastadora ação do imperialismo, talvez porque fosse o mais débil ou, ao contrário, como aconteceu em algumas áreas, a resistência que opôs significou um esmagamento maior. Em todo caso foi o único continente a ser dividido sem que se respeitasse a unidade linguística e cultural de seus povos.
>
> Héctor Bruit. *O imperialismo*. 20. ed. São Paulo: Atual, 1994. p. 15.

a) Identifique no texto dois prováveis motivos, de acordo com o historiador, para a África ter sido o continente mais devastado pelo imperialismo.

b) Pelo texto, é possível concluir que a "partilha" da África pelas nações europeias respeitou as culturas e tradições dos povos que ali viviam? Justifique sua resposta citando um trecho.

2. Na história das sociedades europeias, entre os séculos XV e XVII, criou-se um outro contexto de colonização, feita para atender aos interesses capitalistas da época.

a) Com base no que você estudou, faça um quadro comparativo entre aquele colonialismo (séculos XV a XVII) e o da época do imperialismo (século XIX a meados do século XX) considerando os seguintes aspectos:

- etapas do capitalismo em que se desenvolveram;
- razões da conquista e exploração colonial;
- países que se destacaram nesse processo;
- regiões que sofreram a ação colonial;
- formas de exploração colonial;
- reações das sociedades dominadas.

b) Com base no quadro feito por você, aponte semelhanças e diferenças entre os dois processos colonialistas.

3. Observe a imagem abaixo para responder às questões.

No cartaz da charge está escrito em inglês "Doutrina Monroe, tire suas mãos!"; na parte inferior da imagem, está escrita a frase "Doutrina Monroe proclamada em 1823".

Charge sobre a Doutrina Monroe, século XX.

a) Descreva a imagem.

b) A charge apresenta uma divisão dos territórios coloniais em dois grandes grupos. Explique como isso ocorre.

c) De que modo é possível relacionar a charge com o contexto histórico da construção do Canal do Panamá?

4) Leia o texto a seguir, que descreve a administração do Congo Belga. Em seguida, responda ao que se pede.

> Para garantir a posse, Leopoldo criou um fictício Estado Livre do Congo, que foi reconhecido como seu domínio pessoal. A partir de então começou a exploração desvairada da região sem nenhuma preocupação com a população local.
>
> Os congoleses deviam pagar impostos, e os pagavam em espécie ou com trabalho, pois não existia legislação a respeito nem moeda própria. O país foi dividido em postos chefiados por civis ou militares encarregados de obter o máximo possível de marfim e borracha.
>
> Eles cobravam das aldeias todo tipo de tarefas, como: construções, transporte, plantio, coleta, caça, pesca etc. As cotas eram cobradas segundo seu arbítrio e o pagamento era ínfimo, resumindo-se em punhados de sal e pedaços de tecido. [...]
>
> Esses administradores governavam suas áreas com plenos poderes e muita ganância, explorando a população com exigências excessivas, que eram cobradas implacavelmente. Enquanto mulheres, crianças e velhos eram acorrentados e mantidos como reféns, os homens deviam ir para a floresta coletar borracha e marfim. Os que falhavam na entrega das cotas eram mortos ou tinham dedos, mãos, pés ou narizes decepados. [...]
>
> O manto do silêncio que Leopoldo II conseguiu manter sobre o Congo permitiu manter essa situação, mas, finalmente, rumores começaram a transpirar e em 1903 foi divulgado o Diário do missionário batista A. E. Scrivener, um dos mais terríveis documentos sobre a colonização africana. [...]

Laima Mesgravis. *A colonização da África e da Ásia*. 3. ed. São Paulo: Atual, 1994. p. 31-33.

a) De acordo com a historiadora Laima Mesgravis, qual foi o resultado, para os congoleses, da colonização do Congo pela Bélgica?

b) Como o governo belga organizou a administração do Congo para controlar melhor a exploração da região?

c) Relacione esse tipo de administração com os interesses do imperialismo.

5) Entre outubro e novembro de 2018, uma crise migratória abalou ainda mais as relações diplomáticas entre México e EUA por conta de uma caravana de milhares de imigrantes de diversos locais da América Central que, motivados principalmente pela violência, pela miséria e pelo desemprego, arriscam-se a abandonar seus países de origem e arriscar a vida na tentativa de entrar ilegalmente nos EUA. A resposta do presidente estadunidense Donald Trump, tem sido taxativa no sentido de não conceder asilo a eles, bem como na intenção de expulsar os ilegais.

Próximos à fronteira do México, imigrantes de Honduras tentam chegar aos EUA, 2018.

- Em que sentido pode-se argumentar que as atitudes de Trump reforçam a postura imperialista dos Estados Unidos perante o continente americano?

Visualização

ONDA DE REVOLUÇÕES

Transformações
- Derrota napoleônica
- Congresso de Viena
- Burguesia nacionalista
- Liberalismo
- Reivindicação popular

Desenvolvimento científico
- Charles Darwin
- Evolução das espécies
- Crítica da sociedade conservadora
- Pioneirismo reconhecido posteriormente

Indústrias e cidades
- Proletariado
- Em expansão
- Exploração do trabalho
- Burguesia
- Plena ascensão
- Lucro crescente
- Camadas médias

Unificação italiana
- Itália fragmentada
- Estados absolutistas
- Repressão austríaca
- Movimentos nacionalistas
- Jovem Itália
- Camisas Vermelhas
- Risorgimento
- Piemonte e Sardenha
- Influência das revoluções de 1848
- Liderança no processo de unificação
- Confronto com a Áustria
- Unificação alemã
- Enfraquecimento dos opositores da Itália
- Igreja Católica
- Oposição
- Incorporação dos Estados Pontifícios
- Século XX: Estado do Vaticano

Alterações políticas
- Pressão por direitos políticos
- Ideias liberais
- Primavera dos Povos
- Fim do absolutismo
- Afirmação das nações

Revolução de 1830 e de 1848
- Rei francês Carlos X
- Autoritarismo
- Deposição
- Rei burguês
- Governo impopular
- Abdicação
- Implantação da república
- Repressão do governo burguês
- Golpe de Estado: fim da República
- Imperador Napoleão III

Unificação alemã
- Confederação Germânica
- *Zollverein*: unidade econômica
- Projeto burguês
- Incentivo à industrialização
- Desenvolvimento comercial
- Oposição absolutista: Prússia e Áustria
- Otto von Bismarck
- Aliado da burguesia
- Fortalecimento da Prússia
- Guerra franco-prussiana
- Vitória contra os franceses
- Tomada de territórios
- Formação do II Reich

252

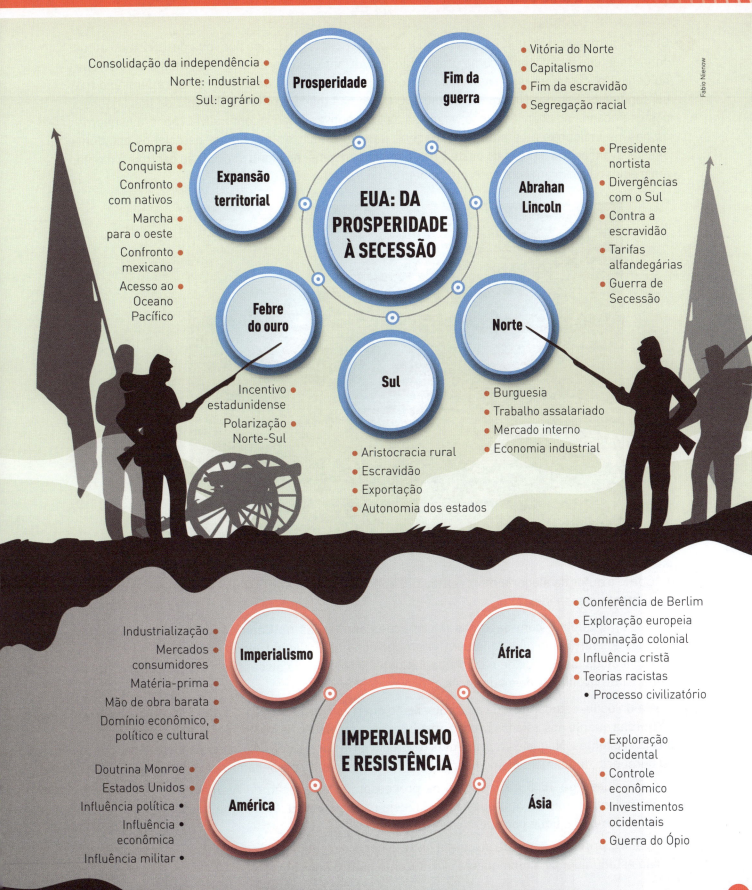

Retomar

1. Observe a imagem a seguir, intitulada *Progresso Americano*, produzida por volta de 1872. Seu autor, John Gast, concebeu a obra como uma alegoria. Portanto, ela apresenta diferentes símbolos que, no conjunto, compõem seu significado: na cena principal, vê-se Colúmbia, a figura feminina que personifica os Estados Unidos do século XIX, tendo nas mãos um livro e um rolo de fios ligados a postes fincados no chão; ao fundo, veem-se as locomotivas e seu inconfundível vapor; à esquerda, os nativos indígenas e os animais selvagens parecem fugir, ao passo que os colonos estadunidenses avançam na direção do oeste a pé ou em carruagens; no plano inferior, ao centro e à direita, mais colonos avançam com seus instrumentos de trabalho agrícola.

John Gast. *Progresso americano*, 1872. Óleo sobre tela.

- Como o autor da alegoria representou o "Progresso Americano"? Quais elementos da imagem sustentam essa ideia?

2. Forme uma dupla e com base nas informações analisadas no Capítulo 20, discutam: Qual foi o papel dos filmes do gênero *western* – produzidos nos Estados Unidos entre 1940 e 1960 – na construção da identidade da nação estadunidense? No final da discussão, elabore um texto individual sintetizando as ideias de vocês.

3. Nesta unidade, estudamos que as revoluções e guerras civis ocorridas durante o século XIX, tanto na Europa quanto nos Estados Unidos, resultaram na formação de novas nações ou na consolidação das já existentes. Naqueles movimentos revolucionários prevaleceu o projeto político e econômico da burguesia, fundamentado no liberalismo. A esse respeito, responda às perguntas a seguir.

   a) A Revolução de 1848 na França e os processos de unificação da Alemanha e da Itália são exemplos de projetos vitoriosos da burguesia para a construção de uma nação nos moldes do liberalismo. Explique por quê.

   b) Qual é o principal ponto de discórdia entre o norte e o sul dos Estados Unidos, que levou a nação estadunidense a uma guerra civil durante quatro anos?

c) De que forma é possível relacionar o avanço da dominação imperialista com os interesses das burguesias europeia e estadunidense?

4 O documento a seguir foi escrito pelo francês J. Folliet no século XIX. Leia-o com atenção para responder às questões.

A humanidade não deve nem pode aceitar mais que a incapacidade, a negligência, a preguiça dos povos selvagens deixem indefinidamente sem emprego as riquezas que Deus lhes confiou, com a missão de utilizá-las para o bem de todos. Se foram encontrados territórios mal administrados por seus proprietários, é direito das sociedades – prejudicadas por essa administração defeituosa – tomar o lugar desses administradores incapazes e explorar, em benefício de todos, os bens dos quais eles não sabem tirar partido.

Héctor Bruit. *O imperialismo.* 20. ed. São Paulo: Atual, 1994. p. 12.

a) O documento apresenta argumentos favoráveis ou contrários ao imperialismo? Identifique um trecho do texto que comprove sua resposta.

b) Qual é a denominação usada pelo documento para se referir às populações dominadas pelos europeus? Que significado o autor dá a essa denominação?

c) Que argumento é usado no documento para justificar a apropriação das riquezas de outros povos?

5 A transição entre o capitalismo industrial e o financeiro é chamada, por alguns historiadores, de Segunda Revolução Industrial, pois representou uma fase de altos investimentos em recursos tecnológicos e científicos. Naquela época, muitas empresas alteraram suas estruturas para enfrentar melhor a crescente concorrência, utilizando estratégias como fusão de empresas, parcerias entre bancos e indústrias, acordos de empresários para controle do mercado.

Atualmente o sistema capitalista está na fase da globalização: integração de mercados, fusões de grandes empresas, internacionalização do trabalho, comunicações em tempo real, empresas transnacionais com investimentos em países emergentes etc.

Pesquise, discuta e escreva um texto sobre as formas de dominação que estão relacionadas nessa nova fase do sistema capitalista. Depois, exponha seu texto no mural da sala, com os dos colegas, para que todos os leiam.

6 No século XIX, a Europa viveu um período de agitações sociopolíticas e de movimentos nacionalistas, com desdobramentos nas unificações da Alemanha e da Itália. Entretanto, o nacionalismo não se restringe ao contexto das revoluções liberais da época. O fenômeno pode ser observado hoje, motivado por impasses específicos de cada país ou região. Um caso recente envolveu a Ucrânia e a Rússia, na Europa oriental. Em 2014, grupos separatistas do leste da Ucrânia desafiaram o governo do país, sediado na capital, Kiev, com a formação das repúblicas populares de Donetsk e Lugansk, na fronteira com a Rússia. A ação dos rebeldes recebeu apoio de grande parte da população local, cuja origem é russa, e deflagrou a reação do governo ucraniano, que enviou tropas para recuperar o controle da região. Na visão desses grupos, o rompimento com a Ucrânia e a implantação de governos autônomos aliados a Moscou é um processo legítimo. Os argumentos deles se baseiam no fato de compartilharem uma identidade étnica e cultural com os russos, além das ligações históricas entre ambos.

Em sua opinião, a situação acima colocou em risco a soberania do Estado ucraniano? Justifique seu ponto de vista e troque ideias com os colegas sobre o assunto.

Referências

ALENCASTRO, Luiz Felipe de; NOVAIS, Fernando A. (Org.) *História da Vida Privada no Brasil* – Império: a Corte e a modernidade nacional. São Paulo: Companhia das Letras, 1997.

ALMEIDA, Maria Regina Celestino de. *Os índios na história do Brasil*. Rio de Janeiro: Editora FGV, 2010.

BOTELHO, André; SCHWARCZ, Lilia Moritz (Org.). *Agenda brasileira:* temas de uma sociedade em mudança. São Paulo: Companhia das Letras, 2011.

BOXER, Charles R. *A idade de ouro do Brasil*. São Paulo: Companhia Editora Nacional, 1969.

BRESCIANI, Maria Stella Martins. *Londres e Paris no século XIX*: o espetáculo da pobreza. São Paulo: Brasiliense, 1984.

CANEDO, Letícia Bicalho. *A Revolução Industrial*. São Paulo: Atual, 1994.

CARVALHO, José Murilo de. (Org.). *A Construção Nacional (1830-1889)*. v. 2. Rio de Janeiro: Fundación Mapfre e Editora Objetiva, 2012.

_____ *D. Pedro II*. São Paulo: Companhia das Letras, 2007.

CATANI, Afrânio Mendes. *O que é imperialismo*. 4. ed. São Paulo: Brasiliense, 1984.

CHARTIER, Roger (Org.). *História da Vida Privada 3*: da Renascença ao Século das Luzes. São Paulo: Companhia das Letras, 2009.

CORVISIER, André. *História Moderna*. São Paulo/Rio de Janeiro: Difel, 1976.

COSTA, Emília Viotti da. *Da Monarquia à República*: momentos decisivos. 2. ed. São Paulo: Ciências Humanas, 1979.

DEBRET, Jean-Baptiste. *Caderno de viagem*. Texto e organização de Julio Bandeira. Rio de Janeiro: Sextante, 2006.

DEL PRIORE, Mary, *Conversas e histórias de mulher*. São Paulo: Planeta, 2013.

_____ *et al. 500 anos de Brasil*: histórias e reflexões. São Paulo: Scipione, 1999.

_____ (Org.). *Documentos de História do Brasil*: de Cabral aos anos 90. São Paulo: Scipione, 1997.

_____ (Org.). *História das crianças no Brasil*. São Paulo: Contexto, 2013.

_____ VENANCIO, Renato. *Uma breve história do Brasil*. São Paulo: Planeta, 2010.

DIAS, Maria Odila Leite da Silva. *A interiorização da metrópole e outros estudos*. São Paulo: Alameda, 2005.

DORATIOTO, Francisco. *Maldita guerra*. São Paulo: Companhia das Letras, 2002.

ELIAS, Norbert. *O processo civilizador*: uma história dos costumes. Rio de Janeiro: Zahar, 1990.

FLORENZANO, Modesto. *As revoluções burguesas*. São Paulo: Brasiliense, 1981.

FORTES, Luiz Roberto Salinas. *O Iluminismo e os reis filósofos*. São Paulo: Brasiliense, 1981.

GRESPAN, Jorge. *Revolução Francesa e Iluminismo*. São Paulo: Contexto, 2014.

HOBSBAWM, Eric. *A Era das Revoluções*: 1789-1848. Rio de Janeiro: Paz e Terra, 1977.

_____ *A Era do Capital*. Rio de Janeiro: Paz e Terra, 1997.

HOLANDA, Sérgio Buarque de. *Raízes do Brasil*. Rio de Janeiro: José Olympio, 1978.

_____ *Sobre história*. São Paulo: Companhia das Letras,

[...]MAN, Leo. *História da riqueza do homem*. Rio de [...]LTC, 1986.

[...]nn. *Política, cultura e classe na Revolução Francesa*. [...]: Companhia das Letras, 2007.

KI-ZERBO, Joseph. *História da África Negra*. Lisboa: Europa-América, 1980.

LUSTOSA, Isabel. *D. Pedro I*: um herói sem nenhum caráter. São Paulo: Companhia das Letras, 2006.

MACEDO, José Rivair. *História da África*. São Paulo: Contexto, 2013.

MAESTRI, Mário. *O escravismo no Brasil*. São Paulo: Atual, 1997.

MALERBA, Jurandir (Org.). *Independência brasileira*: novas dimensões. Rio de Janeiro: FGV Editora, 2006.

MANCHESTER, Alan K. *Preeminência inglesa no Brasil*. São Paulo: Brasiliense, 1973.

MARINS, Paulo César Garcez. *Através da rótula*: sociedade e arquitetura no Brasil, século XVII a XX. São Paulo: Humanitas / FFLCH / USP, 2001.

MATTOS, Regiane Augusto de. *História e cultura afro-brasileira*. São Paulo: Contexto, 2016.

MELATTI, Julio Cezar. *Índios do Brasil*. São Paulo: Edusp, 2007.

MICELLI, Paulo. *As revoluções burguesas*. São Paulo: Atual, 1987.

MONTEIRO, John Manuel. *Tupis, tapuias e historiadores* - Estudos de História Indígena e do Indigenismo. (Tese Apresentada para o Concurso de Livre Docência - Área de Etnologia, Subárea História Indígena e do Indigenismo) Campinas, agosto de 2001.

MORIN, Tania Machado. *Virtuosas e perigosas: as mulheres na Revolução Francesa* 1. ed. São Paulo: Alameda, 2014.

MUNANGA, Kabengele. *Rediscutindo a mestiçagem no Brasil*. Petrópolis: Vozes, 2003.

NEGRO, Antônio L.; SOUZA, Evergton Sales; BELLINI, Ligia (Org.). *Tecendo histórias*: espaço, política, identidade. Salvador: EDUFBA, 2009.

NOVAIS, Fernando (dir.). *História da Vida Privada no Brasil*. São Paulo: Companhia das Letras, 1997-1998.

PERROT, Michelle (Org.). *História da Vida Privada 4*: da Revolução Francesa à Primeira Guerra. São Paulo: Companhia das Letras, 1991.

PRADO JÚNIOR, Caio. *História econômica do Brasil*. São Paulo: Brasiliense, 1962.

PRADO, Maria Ligia; PELLEGRINO, Gabriela. *História da Latina*. São Paulo: Contexto, 2014.

RUY, Affonso. *A primeira revolução social brasileira (1798)*. São Paulo: Companhia Editora Nacional, 1978.

SALINAS, Samuel Sérgio. *México*: dos astecas à independência. São Paulo: Brasiliense, 1994.

SANTILLI, Márcio. *Os brasileiros e os índios*. São Paulo: Senac, 2000.

SCHWARCZ, Lilia Moritz; STARLING, Heloisa Murgel. *Brasil: uma biografia*. 1. ed. São Paulo: Companhia das Letras. 2015.

SLENES, Robert W. *Na senzala, uma flor*. Campinas: Editora da Unicamp, 2011.

SILVA, Alberto da Costa e (Org.). *Crise colonial e Independência (1808-1830)*. v. 1. Rio de Janeiro: Fundación Mapfre e Editora Objetiva, 2011.

SILVA, Kalina V. e SILVA, Maciel H. *Dicionário de conceitos históricos*. 3. ed. São Paulo: Contexto, 2014.

SPOSITO, Maria Encarnação Beltrão. *Capitalismo e urbanização*. São Paulo: Contexto, 1997.

STEIN, Stanley; STEIN, Barbara H. *A herança colonial da América Latina*: ensaios de dependência econômica. Rio de Janeiro: Paz e Terra, 1977.

VAINFAS, Ronaldo. *Dicionário do Brasil Imperial (1822-1889)*. Rio de Janeiro: Objetiva, 2002.

VERGER, Pierre Fatumbi. *Lendas africanas dos Orixás*. Salvador: Corrupio, 2011.